목민고 · 목민대방

역주 **김용흠**(金容欽)

서울대학교 국사학과 졸업
연세대학교 대학원 문학석사
연세대학교 대학원 문학박사
현 연세대학교 국학연구원 HK연구교수

주요 논저
『조선후기 정치사 연구 1』(2006), 「한국 중세 국가 연구의 방향과 사회인문학」(2010), 「18세기 '牧民書'와
지방통치-『牧民攷』를 중심으로」(2010), 「洪良浩 實學思想의 系統과『牧民大方』」(2011), 「18세기 官人·實學
者의 政治批評과 蕩平策-耳溪 洪良浩를 중심으로」(2011), 「'조선후기 실학'과 사회인문학」(2011)

연세근대한국학총서 64 (H-013)

목민고 · 목민대방

김 용 흠 역주

2012년 2월 15일 초판 1쇄 발행

펴낸이 · 오일주
펴낸곳 · 도서출판 혜안
등록번호 · 제22-471호
등록일자 · 1993년 7월 30일

주 소 · ⑨ 121-836 서울시 마포구 서교동 326-26번지 102호
전 화 · 3141-3711~2 / 팩시밀리 · 3141-3710
E-Mail · hyeanpub@hanmail.net

ISBN 978-89-8494-445-9   93910

값 24,000 원

목민고 · 목민대방

김 용 흠 역주

혜안

조선후기 목민서의 번역 · 발간에 붙여

뜻을 같이하는 사람들이 모여 조선후기 목민서를 강독하며 함께 공부한 지 오랜 시간이 흘렀다. 본격적으로 번역에 착수한 지도 많은 시간이 지났는데, 이제야 비로소 어느 정도 정돈하여 8종의 목민서 번역본을 간행한다.

목민서는 조선후기 연구자들에게는 매우 친숙한 자료이다. 조선후기 연구자들은 목민서의 안내를 받으며 조선시대 지방사회에 접근하는 경우가 많다. 목민서는 조선후기 지방사회의 실상을 드러내고, 국가와 관인층의 지방통치 방식을 보여주며, 당대 지식인들의 문제의식과 대응 노력을 담고 있다.

조선후기의 가장 대표적인 목민서가 바로 다산 정약용이 저술한 『목민심서』이다. 한국인이 무척 아끼고 사랑하는 고전 가운데 하나인 이 책은 조선후기 목민서 저술의 전통으로부터 만들어졌던 바, 이러한 사실은 이후 다수의 목민서가 발굴되어 소개되면서 알려지게 되었다. 목민서는 『목민심서』가 그렇듯이 '지방관을 위한 지방통치 지침서'이다. 수령을 행위 주체로 설정하여 지방사회라는 정치 공간에서 어떻게 하여야 나라가 부여한 임무를 제대로 수행하고 민을 보살피는 통치를 할 수 있을지 구체적인 방법을 제시한 책이다.

조선시대 누군가가 목민서를 저술하면 사람들은 이를 베껴서 간직하기도 하고 지방관으로 나가는 자제에게 주기도 하고, 베끼는 도중에 자신이 지방관을 하면서 얻은 지식을 보태기도 하였다. 때로는 여러 종의 목민서를 연달아 필사하여 한 책으로 꾸미기도 하고, 여러 종의 목민서를 토대로 체제를 새롭게 하여 새로운 책을 만들기도 하였다. 오늘날 규장각, 국립중앙도서관, 장서각, 연세대학교 도서관, 고려대학교 도서관 등에는 많은 목민서가 소장되어 있는데, 대부분 필사본으로서 베끼면서 덧붙이고 구성을 바꾸고 종합본을 만드는 등 목민서 유통의 역사를 그대로 담고 있다.

조선후기에 '어떤 목민서들이 만들어졌는가?', '이들 목민서는 지방관에게 어떤 통치술을 제안하였는가?', '이들 목민서는 지방통치를 어떤 방향으로 개선하려고 하였는가?', '어떤 내용의 목민서가 가장 많이 유통되었는가?', '왜 이 시기에 목민서가 많이 나타났는가?' 등등의 질문에 대답하기 위해서는 우선 다양한 목민서의 여러 판본들을 계통별로 정리하여 볼 필요가 있다.

조선후기의 목민서를 수집하여 계통적으로 정리하여 보려는 시도는 오래 전부터였다. 일제 치하 나이토 요시노스케(內藤吉之助)는 여러 종류의 목민서를 수집하여 중복된 내용은 빼고 편명을 새로 붙이는 등 재편집하여 일종의 새로운 종합본인 『조선민정자료 목민편』을 간행하였다. 이 책은 지금도 많은 연구자들이 편리하게 이용하는 자료이지만, 여러 자료를 재편집하여 간행함으로써 목민서 원본의 모습을 상실하였으며, 다양한 판본의 존재를 짐작하기 어렵게 만들었다.

　목민서를 조선후기 지방사회의 실상을 이해하기 위한 안내서로만이 아니라 당대인들이 자신들의 사회문제에 개입하기 위한 지적인 노력, '지방통치의 이념 및 실천에 관한 지식 학술 체계(가칭 목민학)'의 산물로서 바라보기 위해서는 목민서가 저술되고, 덧붙여지고, 재구성되어 유통되며, 사회적 영향력을 행사하던 본 모습 그대로를 최대한 드러내어 살필 필요가 있다.

　이 같은 문제의식으로 우리는 규장각, 국립중앙도서관, 장서각, 연세대학교 도서관, 고려대학교 도서관 등에 소장되어 있는 목민서를 수집하여 이를 계통화하였다. 이러한 계통화의 결과 다음과 같은 결론을 얻었다.

　첫째, 18세기 전반에 『목민고』류에 포함되는 목민서들이 저술되었다. 18세기 중반이 되면 6~8편의 목민서를 같이 필사하여 한 질로 만든 종합본 '목민고'류가 나왔다. 18세기 말 이후에 '목민고'류의 영향 아래 내용은 '목민고'류 그대로이되 항목을 재구성한 책, 내용을 보충하고 체계를 재구성하여 새롭게 만든 책, 영향은 받았으나 독립적인 저술로 볼 수 있는 책들이 나왔다.

　둘째, 18세기 말경에는 조선 목민서의 한 계통을 형성하는 『선각』이 편집되었다. 이후 『선각』은 다양한 필사본, 새로운 내용 첨가본, 재구성본 등이 나옴으로써 현존 목민서 가운데 가장 많은 이본이 존재하는 '선각'류를 이룬다.

셋째, 18세기 전반~19세기 전반 '목민고'류나 '선각'류에 속하지 않은 다양한 단독 저술이 동시에 이루어졌다. 18세기 중반의 안정복의『임관정요』, 18세기 말 홍양호의『목민대방』, 19세기 전반의 필자를 알 수 없는 『사정고』, 정약용의『목민심서』, 또 필자 불명의『거관대요』등이 그것이다.

목민서의 효시가 되는 문헌은 이미 15, 16세기에 출현하였지만 어느 정도의 체제를 갖춘 목민서는 18세기 전반에 출현하였으며, '선각'류와 '목민고'류라는 두 계통의 목민서의 다양한 이본에 개인 저술의 개성적인 목민서들이 가세함으로써 18~19세기 조선 목민학의 세계는 풍성해졌다.

우리는 목민서의 이와 같은 계통과 각 계통의 다양한 이본의 존재, 기존의 목민서 번역 현황을 감안하여 다음 9종의 목민서를 번역 대상으로 선정하였다.

『선각(先覺)』(규장각 소장) : 주봉길(朱逢吉)의『목민심감』과 이원익(李元翼, 1547~1634)의 편지글을 기반으로 편집하였다.

『칠사문답(七事問答)』(규장각 소장) :『선각』이본의 하나이다. 「칠사문답」을 맨 앞에 수록하였다.

『임관정요(臨官政要)』(순암전서본) : 안정복(1712~1791)이 46세(1757) 때에 완성하였다.

『목민고(牧民攷)A』(장서각 소장) : 이광좌(李光佐, 1674~1740), 한덕일(韓德一), 조현명(趙顯命, 1690~1752) 등 소론 계통의 인물이 쓴 목민서를 종합한 책이다.

『목민대방(牧民大方)』(규장각 소장) : 홍양호(洪良浩, 1724~1802)가 67세 (1791) 때인 평안도 관찰사 시절 저술하였다.

『목민고(牧民攷)B』(규장각 소장) :『목민고A』를 바탕으로 새로운 내용을 첨가하여 항목을 새롭게 구성하였다. 윤증(尹拯, 1629~1714)의 편지글을 대거 수록하고 있는 것으로 보아 역시 소론 계통의 목민서로 생각된다.

『거관대요(居官大要)』(규장각 소장) : 19세기 전반의 저술로서, 각 분야에 걸쳐 지방통치 지침을 요령 있게 정리하였다.

『목강(牧綱)』(고려대학교 도서관 소장) : 19세기 전반의 저술로서 재판에 관한 부분이 상세하다.

『사정고(四政考)』(국립중앙도서관 소장) : 19세기 전반의 저술로서, 조세 행정과 진휼이 중심을 이룬다.

번역을 마친 후, 우리는『칠사문답』을 제외한 8종만 6책으로 묶어 출판하기로 하였다.『칠사문답』이『선각』과 내용상 많이 겹치기에, 굳이 독자적인 책으로 낼 필요가 없다는 판단에서였다. 대신『칠사문답』과『선각』과의 연관성은『선각』의 해제에서 다루어 그 의미를 드러내기로 했다. 또, 장서각 소장본인『목민고 A』는『목민고』로, 규장각 소장 자료인『목민고 B』는 『신편 목민고』로 이름을 새로 정했다. 그리하여 출판되는 6책은『목민고』· 『목민대방』,『임관정요』,『신편 목민고』,『선각』,『거관대요』·『목강』,『사정고』로 제목이 정해졌다.

이 목민서들이 번역·발간됨으로써 조선후기의 지방사회 연구와 조선시대 학문의 한 갈래로서 '목민학' 연구가 활성화될 것을 기대한다. 나아가서 목민서 또는 목민학의 전통을 상실한 오늘날, 지방자치와 지방화 시대를 맞이하여 다시 한번 현재의 맥락에서 새롭게 목민학의 전통이 부활하기를 꿈꾼다.

각 연구자마다 자신의 공부의 역사를 담고 있는 자료가 있다. 우리 팀에게는 목민서가 그런 책이다. 필자는 연세대학교 학부 시절 김용섭 선생님의 강의 시간에 홍양호의 『목민대방』을 처음 읽었다. 이후, 연세대학교 대학원에서 오일주, 방기중, 백승철, 최원규 선배님, 윤정애 학형 등과 함께 목민서를 강독했으며, 시간이 조금 흐른 뒤 다시 왕현종, 정호훈, 원재린 등 후배들과 더불어 공부를 이어 나갔다. 그러다가 2005년, 연구책임자 백승철, 전임연구원 김선경, 김용흠, 정호훈, 원재린, 공동연구원 구덕회 선생님 등으로 번역과제 팀을 꾸려 학술진흥재단의 지원을 받을 수 있었다. 이때, 정두영·김정신 박사생이 보조 연구원으로 참여하였다.

번역은 전 연구원이 매주 한번 모여 강독하는 방식으로 진행했으며 이를 마무리하는 데 꼬박 1년이 걸렸다. 연구원별로 특정 서책을 분담하여 번역하는 것을 원칙으로 하되, 의심스러운 부분은 강독회에서 하나하나

검토하며 마무리하였다. 이번에 책을 출간하면서 번역의 최종 책임은 개별 서책을 담당한 번역자에게 있으므로, 책마다 번역자를 달리하여 명기했다.

그동안 목민서에 애정을 갖고 출판을 약속해주시고 또 우리 팀의 더딘 작업을 기다려주신 도서출판 혜안의 오일주 사장님께 깊은 감사를 드린다. 그리고 출판 지원을 해주신 연세대학교 원주캠퍼스 근대한국학연구소에도 감사를 드린다.

2012년 2월 1일
연구팀을 대표하여 김선경 씀

목 차

범 례

1 번역 대본으로서 『목민고(牧民攷)』는 장서각(藏書閣)본(B12FB11)을, 『목민대방(牧民大方)』은
   『이계집(耳溪集)』 외집(外集) 권11(『標點影印 韓國文集叢刊』 242책, 민족문화추진회)을 활용
   하였다.

2 번역문은 가능한 한 현대 우리말로 풀어쓰는 것을 원칙으로 하였다. 그러나 당대에 상용한
   용어에 대해서는 처음 나왔을 때 괄호 안에 한자를 병기하고, 그 개념을 해설한 다음 그대로
   사용하였다. 이는 지나치게 풀어쓰는 경우 오히려 본문의 내용에 대한 이해를 해칠 우려가
   있다는 판단에 따른 것이다.

3 번역문에서 한자(漢字)는 필요한 경우 처음 나올 때 '( )'로 묶어 한글과 병기하였다.

4 번역문에서 표현이 바뀌어 원문의 한자 표기를 밝힐 필요가 있을 때에는 '[ ]' 안에 병기하였다.

5 숫자는 특별한 경우가 아니면 아라비아 숫자로 표기하는 것을 원칙으로 하였다.

6 목민서의 판본이 여러 가지인 경우, 그 원문(原文)이 다르면, 판본 검토를 통하여 가장 적합하다
   고 판단되는 원문을 확정하여 번역과 주해에 임하였다.

7 주해는 참고문헌에 제시된 각종 사전과 고전번역을 참고하여 작성하였으며, 대학교 학부
   강의에서 활용할 수 있도록 그 수준을 조절하였다.

【목민고】

『목민고(牧民攷)』해제

1. 구성

『목민고(牧民攷)』에는 현재 장서각 소장본(B12FB11)과 규장각 소장본(奎古5120-172, 이하 『신편 목민고』로 표기함)이 있는데 여기서 번역한 것은 장서각 소장본인 『목민고』다. 이 책은 유사한 판본이 많은 목민서이다. 우선 이 책의 출발점이 된 것은 규장각 소장의 『치군요결(治郡要訣)』(奎12357)이다. 『치군요결』은 내등길지조(內藤吉之助)에 의해 조선의 목민서 가운데 가장 오래된 것으로 평가받았다.[1] 이 책은 원편(原篇)과 부편(附篇)으로 구성되어 있는데, 부편 안에 이광좌(李光佐, 1674~1740)가 한지(韓祉, 1675~?)에게 보낸 편지와 박사한(朴師漢, 1677~?)에게 보낸 편지가 수록되었다.

『목민고』는 여기에 한지의 아들인 한덕일(韓德一, 1708~?)이 이천부사(利川府使)로 있을 때 누군가에게 보낸 편지(「이천부사한함지서」)와 조현명(趙顯命, 1690~1752)이 그 조카 조재건(趙載健, 1697~1733)에게 보내는

---

1) 내등길지조(內藤吉之助), 『조선민정자료(朝鮮民政資料) - 목민(牧民)편』(이하 『민정자료』로 줄임), 1942, 16쪽 참조.

편지(「거관지도」)를 덧붙이고 마지막으로 작자 미상의 「호은당난행결(好隱堂難行訣)」이 실려 있다.

『신편 목민고』와는 내용상 중복되는 곳이 많지만 한덕일의 편지와 「호은당난행결」이 없고, 이광좌 편지에서는 편지투의 표현이 삭제되고 그 내용이 객관화되어 실려 있으며, 조현명의 편지는 관계되는 항목에 나뉘어 실려 있어서 완전히 다른 자료임을 알 수 있다.

『목민고』의 전체 목차는 다음과 같다.

───────────────

2) 『민정자료』에서는 여기까지를 『치군요결』이라는 제목 아래 넣었다.

3) 여기까지는 『치군요결』 원편과 일치한다. 『민정자료』에는 이 부분을 『정요 1』이라고 하였다.

4) 이하는 이광좌의 기록이라고 명시되어 있다.

5) 『민정자료』에서는 이 부분을 『정요 2』라고 하였다.

6) 이광좌가 한지에게 보낸 편지이다. 『민정자료』에서는 이 부분을 『정요 3』이라고 하였다.

7) 이광좌가 박사한에게 보낸 편지이다, 여기까지는 『치군요결』 부편과 일치한다. 『민정자료』에서는 이 부분을 『정요 4』라고 하였다.

利川府使韓咸之書8)

居官之道9)

好隱堂難行訣

2. 편자 및 편찬 시기

아직까지는『목민고』의 출발점이 된『치군요결』의 편자와 편찬 시기는
알 수 없다. 「이정절목(里定節目)」이 있는 것으로 보아 숙종(肅宗) 말년인
18세기 초보다 빠를 수는 없을 것으로 보인다. 숙종 24년(1698)에 편찬된
『수교집록』의 이름이 보이는 것도 이를 뒷받침한다.

『치군요결』에 이어서 붙여진 이광좌와 조현명의 편지는 모두 18세기
전반의 것들이다. 이광좌가 한지에게 쓴 편지는 한지가 감사일 때인데,
한지는 1718년 충청감사, 1720년 전라감사, 1727년 의주부윤을 각각 역임하
였으므로 1718~1727년 사이의 일이다. 이광좌가 박사한에게 편지를 보낸
것은 박사한이 봉화현감일 때인 1723~1724년의 일이다. 조현명의 조카인
조재건(趙載健)은 1733년에 죽었으므로 그 편지는 이때를 넘지 못한다.

한덕일이 이천부사로 있었던 것은 1759~1760년 사이의 일이다. 그런데
『목민고』를 보고 후대에 정리하여 편찬한 것으로 생각되는『신편 목민고』
에는 영조 31년(1755)에 반포된 「을해감자시사목(乙亥減尺時事目)」이 있는
데,『목민고』에는 이것이 빠져 있다. 따라서 한덕일의 편지를 예외로 한다면
전체적인 내용은 1750년을 넘지 못한다고 보는 것이 합리적이다.

---

8) 한덕일이 누군가에게 보내는 편지이다.『민정자료』에는 여기까지 실려 있다.

9) 조현명이 조재건에게 보낸 편지이다.『신편 목민고』에는 이 편지가 항목별로
분산되어 실려 있다.

「호은당난행결」은 맨 끝에 '4촌'이라는 표현이 있는 것으로 보아서 이광좌가 그와 이종사촌 사이인 박사한에게 지어 준 것일 가능성이 높다. 그렇다면 이것 역시 이광좌가 죽은 1740년 이전의 일이 된다. 그렇지만 한덕일의 편지를 포함한『목민고』전체의 편찬 시기는 분명히 한덕일이 이천부사로 부임한 1759년 이후의 일일 텐데 정확한 시기에 대해서는 더 이상 알 수 없다.

3. 특징

『목민고』의 성격을 규명하는 데 관건이 되는 인물은 이광좌, 한지, 박사한, 조현명 등이다. 이광좌는 백사(白沙) 이항복(李恒福, 1556~1618)의 현손이며, 어머니는 구당(久堂) 박장원(朴長遠, 1612~1671)의 딸이다. 박사한은 박장원의 손자이므로 이광좌와 박사한은 이종 4촌 사이가 된다. 영조대 활동한 유명한 암행어사 박문수(朴文秀, 1691~1756)는 박사한의 형 박항한(朴恒漢)의 아들이다.

이광좌는 숙종 20년(1694)에 별시 문과에 장원급제하여 삼사와 이조의 낭관과 같은 청현직에서 주로 활동하였으며, 1705년 상주(尙州)목사를 비롯하여, 1708년 전라도 관찰사, 1712년 평안도 관찰사, 1713년 함경도 관찰사 등 지방관도 두루 역임하였다. 그는 1694년 갑술환국 이후 소론 탕평파와 정치적 입장을 같이 하였으며, 경종대에는 노론에 맞서 경종 보호를 주장하면서 연잉군(뒤의 영조)의 대리 청정에 반대하였다. 그러나 김일경(金一鏡) 등 소론 강경파와도 거리를 두면서 탕평파의 입장을 견지하였다. 그리하여 영조 즉위 후 영의정이 되어 탕평책을 주장하였으며, 1728년 이인좌(李麟佐)의 난을 평정하여 공신에 책봉되기도 하였다. 그러나 그의 탕평 노선은 노론 강경파의 집요한 공세의 대상이 되었으며, 결국 1740년 노론이 주도하는 삼사의 탄핵을 받고 울분 끝에 죽었다. 그리고 1755년 나주 괘서 사건으로 소론 강경파의 대부분이 역적으로 처형될 때 관작마저 추탈되었다.

이광좌는 영조 앞에서 스스로 최석정(崔錫鼎)의 아들인 최창대(崔昌大)와 한태동(韓泰東)의 아들인 한지(韓祉)와 가장 절친하다고 자처할 정도로 이들과 친교가 깊었다. 한태동은 조지겸(趙持謙)·박태보(朴泰輔) 등과 함께 숙종 전반에 훈척(勳戚)에 맞서 청론(淸論)을 주도하여, 김익훈(金益勳) 등 훈척을 비호한 송시열(宋時烈) 등과 갈라서서 서인(西人)이 노론(老論)과 소론(少論)으로 분당될 때, 소론을 대표하는 인물이었다. 즉 이광좌와 한지는 서인이 노·소론으로 분당할 때의 소론 청론과 이들이 주장한 탕평론을 계승 발전시킨 인물로 볼 수 있다.

조현명 역시 소론 명문가 출신으로서 소론 탕평파와 정치적 입장을 같이 하였다. 그는 1719년 증광 문과에 급제한 뒤 역시 삼사에서 활동하였으며, 영조 즉위 후 용강현령을 거쳐서 경상도와 전라도 관찰사 등 지방관을 두루 역임하였다. 그는 이광좌보다도 더 완화된 탕평론을 주장하였는데, 그의 탕평론은 영조의 적극적인 지지를 받아서 1740년 우의정, 1750년 영의정으로 현달하였다. 그러나 그 역시 노론 강경파의 탄핵을 받고 물러나지 않을 수 없었다.

이처럼 『목민고』와 관련된 주요 인물들은 모두 소론 탕평파라는 공통점이 있다. 따라서 이 책의 편찬과 탕평론·탕평책과는 밀접한 관련이 있다고 보지 않을 수 없다. 숙종대 전반 박세채(朴世采)가 공식적으로 제기하여 소론 청론의 지지를 받은 탕평론은 단순히 당색을 조제보합하는 정국운영론의 차원을 넘어서, 당시의 조선 봉건국가를 유지 발전시키기 위해서는

양반 지주의 전횡과 특권을 일정하게 제한하지 않을 수 없다는 인식에
그 바탕을 두고 대동(大同)과 균역(均役) 등을 원칙으로 하는 제도의 변통과
개혁을 구현하기 위한 정치론이었다. 이것은 당시의 심화되고 있던 봉건사
회의 모순을 국가 주도의 집권력 강화를 통해서 해소해 보고자 하는 일군의
관인·유자들의 입장을 반영한 것이었으며, 이러한 관인·유자들의 체제
개혁론은 이후 실학(實學)사상으로 발전하였다.

　이광좌 등은 그러나 그러한 체제개혁이 중앙정치 차원에서 제도적으로
달성되더라도 지방관이 그것을 어떻게 집행하느냐에 따라서 그 성패가
결정된다는 점에 깊이 유의하였던 것으로 생각된다. 이것이 바로 이들이
지방관의 통치 지침에 해당되는 목민서(牧民書)에 주목한 이유였던 것이다.

　『목민고』는 바로 이러한 특징을 반영하여 지방관이 지역의 토착 토호세
력인 양반 지주와 향리들의 권력 남용과 전횡을 배제하고 국가의 통치
방침을 지역 사회에 구현하는 방안들을 세밀하게 제시하고 있다. 수령의
도임으로부터 시작하여, 그 이후의 일상적인 업무의 지침은 물론이고,
전정(田政), 군정(軍政), 환곡(還穀) 등 조세 징수와 관련된 세세한 규정,
그리고 이서(吏胥)들을 부리는 방안과 향촌 교화 및 수령 자신의 정신
수양에 이르기까지 다양한 내용이 망라되어 있다.

　그렇지만 『목민고』는 이광좌와 조현명의 편지를 그대로 수록한 것에서
드러나듯이 아직 보편적으로 사용할 수 있는 일반적인 지침서 역할을
하기에는 부족하였다. 아마도 이러한 문제의식을 갖고 『목민고』의 내용을
개편한 것이 『신편 목민고』였던 것으로 생각된다. 그리하여 『치군요결』에
서 『목민고』, 『신편 목민고』로 발전하여 갔으며, 이것은 결국 정약용(丁若
鏞)의 『목민심서(牧民心書)』에도 그 내용이 반영되기에 이르렀다. 즉 『목민
고』는 이와 같은 목민서 발전의 흐름 가운데 18세기 전반을 대표하는

목민서의 한 유형이라고 간주할 수 있을 것이다.10)

---

10) 보다 자세한 내용은 다음의 논문 참조. 김용흠, 「18세기 '목민서(牧民書)'와 지방통치」, 『한국사상사학(韓國思想史學)』 35, 2010.

거관대요(居官大要)[1]

주현(州縣)의 관직에 대해 옛 사람은 '사람을 수고롭게 하는 자리'라고 말하였다. 그러나 이 자리는 임금의 걱정을 나누어 가지는 책무를 지니고 있으며 백성과 사직이 여기에 의존한다. 정사가 제대로 이루어지면 백리(百里)의 지방이 편안해질 것이고, 그렇지 못하다면 폐해가 생민(生民)에게 미치게 된다. 시체처럼 자리나 지키면서 국록(國祿)을 소비하고 술과 여자를 즐기며 지방의 행정을 위하여 꾀하는 바 없는 자는 논할 가치도 없다.

만약 바른 마음을 가지고 있으며 백성을 아끼는 군자가 백성에게 정사를 베풀어 아래로는 나라의 근본을 굳게 하고 위로는 임금의 근심을 풀어주고자 한다면, 마땅히 우선 내 성품의 편벽한 곳을 잘 살펴 그것을 바로

---

1) 『목민고(牧民攷)』에는 여러 가지 판본이 있는데, 장서각본과 규장각본이 대표적이다. 여기서 대본으로 삼은 것은 장서각본인데, 이 내용은 내등길지조(內藤吉之助)가 편집한 『조선민정자료(朝鮮民政資料)』(1942, 이하 『민정자료』로 줄임)에 상당 부분 수록되어 있다. 규장각본은 이와는 다른 판본으로서, 김선경(金善卿)이 편집한 『조선민정자료총서(朝鮮民政資料叢書)』(1987, 이하 『총서』로 줄임)에 수록되어 있다. 여기서는 편의상 장서각본, 즉 번역 대본을 『목민고』, 규장각본을 『신편 목민고』로 칭하기로 한다. 이 부분은 『신편 목민고』, 「거관대요(居官大要)」, 293~294쪽(여기의 쪽수는 여강출판사(驪江出版社)에서 영인한 『총서』의 쪽수이다)과 거의 같다. 법제처에서 번역하여 출판한 『거관대요』(1983)는 『신편 목민고』와 내용이 유사하지만, 서로 다른 필사본이다.

잡은 뒤에라야 마음먹고 일을 그릇되게 하는[作心害事] 단서가 없게 될 것이다.

나약하고 겁 많은 자는 마땅히 강함으로 교정(矯正)해야 하고, 나태하고 태만한 자는 마땅히 근실(勤實)하도록 교정하여야 하며, 치우치게 강경하고 사나운 자는 마땅히 관대(寬大)하도록 교정하고, 또 지나치게 느리고 게으른 자는 마땅히 위맹(威猛)으로써 교정해야 한다.

이렇게 교정하기 위해서는 반드시 『대학연의(大學衍義)』,2) 『성학집요(聖學輯要)』,3) 『자경편(自警編)』,4) 그리고 설문청(薛文淸)5)의 『종정록(從政錄)』6) 중에서 마음에 좋아하는 것을 골라서 항상 세세한 주석을 달아

---

2) 『대학연의(大學衍義)』: 송나라 학자 진덕수(眞德秀)의 『대학』 주석서. 『대학』의 핵심인 삼강령(三綱領)과 팔조목(八條目)을 세분해 경전에서 관련되는 설을 모두 인용해 입증하고, 제가(諸家)의 설을 부연해 『대학』의 원의를 해명하는 데 기본을 두었다. 이 책은 고려 말부터 중시되었으며 조선에 들어와서는 태종 3년(1403), 세종 16년(1434), 중종 22년(1527) 등 여러 차례 국비로 간행하였다.

3) 『성학집요(聖學輯要)』: 1575년(선조 8)에 이이(李珥, 1536~1584)가 제왕(帝王)의 학(學)을 위해 선조에게 지어 바친 책. 『성학집요』는 사서와 육경에 씌어 있는 도(道)의 개략을 추출, 간략하게 정리한 한 것인데, 이이는 『대학』을 '덕(德)으로 들어가는 입구(入德之門)'라고 간주하고, 그 기본 이념에 입각해 『성학집요』의 구성을 계획하였다.

4) 『자경편(自警編)』: 송나라 사람 조선료(趙善璙)가 편한 책으로 수신(修身)에서부터 치인(治人)에 필요한 여러 주제를 학문(學問), 조수(操修), 제가(齊家), 출처(出處), 사군(事君), 정사(政事) 등으로 분류하고 이에 해당하는 송대 여러 사람들의 언행을 모아 정리했다. 이 책은 17세기에 들어와 조선사회에서 주목을 받았다.

5) 설문청(薛文淸): 명대(明代)의 유자(儒者)인 설선(薛瑄, 1389~1464)을 가리킨다.

6) 『종정록(從政錄)』: 영조대 조현명(趙顯明)이 발문을 쓴 『종정명언(從政名言)』으로 추측된다[『귀록집(歸麓集)』 권23, 발종정명언(跋從政名言)]. 한덕필(韓德弼)이 설선의 『독서록』에서 위정(爲政)과 관련한 내용을 추려서 만든 책이다. 한덕필은 고 집의(執義) 한태동(韓泰東)의 손자이고 감사(監司) 한지(韓祉)의 아들이다. 누차 주읍(州邑)을 맡았었는데, 청간(淸簡)하고 잘 다스린다는 것으로 이름이 나서 가성(家聲)을 실추시키지 않았다고 한다(『영조실록』 권59, 영조 20년 7월 18일

반복하여 익히도록 하고, 그 좋은 말[嘉言]과 착한 행동[善行]은 본원(本源)
을 깨끗하게 하는 자료로 삼도록 해야 한다.7)

또 『경국대전(經國大典)』8)과 『수교집록(受敎輯錄)』,9) 『결송유취(決訟類
聚)』,10) 『무원록(無寃錄)』,11) 『종덕편(種德編)』,12) 『의옥집(疑獄集)』13) 등은

계사 참조).

7) 정약용의 『목민심서(牧民心書)』(赴任六條)에는 다음과 같이 『치현결(治縣訣)』의
   내용으로 인용되어 있다. "治縣訣云 君子臨民 當先取吾性度之所偏處傺自警編 薛文
   淸從政錄等書 其嘉言善行 心所悅服者 常常紬繹 反覆體行 以澄其本源 又以大典 受敎
   輯錄 決訟類聚 無寃錄種德篇 疑獄集等書 先事考究 皆可以得力 古人敎人醫術 使每日
   平明 先讀孝經 論語 亦此義也."

8) 경국대전(經國大典) : 조선 건국 초의 법전인 『경제육전(經濟六典)』의 원전(原典)
   과 속전(續典), 그리고 그 뒤의 법령을 종합해 만든 조선시대 두 번째 통일 법전.
   세조는 즉위하자마자 새로운 법령이 계속 쌓이고 그것들이 전후 모순되거나
   미비해 결함이 발견될 때마다 속전을 간행하는 고식적 법전 편찬 방법을 지양하고
   당시까지의 모든 법을 전체적으로 조화시켜 만세성법(萬世成法)을 이룩하기 위해
   육전상정소(六典詳定所)를 설치, 통일 법전 편찬에 착수하였다. 이는 적지 않은
   우여곡절을 거쳐 성종 때부터 반포, 시행되었다.

9) 『수교집록(受敎輯錄)』 : 1698년(숙종 24)에 『대전후속록(大典後續錄)』 이후에 각
   도 및 관청에 내려진 수교와 조례(條例) 등을 모아 편찬한 법전. 『대전후속록』
   이후 약 150년 간 새로운 조례와 규식(規式)이 많이 나왔으나 법전으로 편찬된
   바가 없어 이 책이 편찬되었고, 『속대전』 편찬에 기초가 되었다.

10) 『결송유취(決訟類聚)』 : 조선후기에 간행된 법률서. 『사송유취(詞訟類聚)』와 같은
    내용의 책이나 『사송유취』가 간행된 뒤에 부록의 자구(字句)나 내용의 첨삭을
    더한 점이 다르다.

11) 『무원록(無寃錄)』 : 중국 송나라 때의 『세원록(洗寃錄)』과 『평원록(平寃錄)』·『결
    안정식(結案程式)』을 원나라 왕여(王與)가 종합해 편찬한 책이다. 조선에서는
    일찍부터 이 책을 이용하였다. 1440년(세종 22)에 주석을 붙여 『신주무원록(新註
    無寃錄)』으로 간행하여 활용했으며, 1748년(영조 24)에는 『증수무원록』(구본)이
    나왔고, 1790년(정조 14)에 한글로 토를 달고 필요한 주석을 붙여 1792년에
    간행하였다.

12) 『종덕편(種德編)』 : 김육(金堉)이 지은 『종덕신편(種德新編)』으로 보인다. 이 책은
    인조 22년(1644)에 김육이 『소학(小學)』을 읽고 도덕함양(道德涵養)을 목적으로

사건이 발생한 경우에 이를 고찰하여 법령을 준수토록 하여야 한다.

옛 사람이 의술(醫術)을 가르칠 때, 매일 아침에 『선천도(先天圖)』,[14] 『논어(論語)』,[15] 『효경(孝經)』[16]을 읽도록 한 것은 배우는 사람의 마음이 잡스럽게 되지 않고 그 기술이 더욱 정밀해지도록 하기 위해서였다. 마음 두기를 이와 같이 한다면 마음이 밖으로 흩어지지 않고 오로지 백성의 일[민사(民事)]에만 전념하게 될 것이다. 그 요체를 말한다면 의리(義理)를 두려워하고, 법(法)을 두려워하며, 상관을 두려워하고, 소민(小民)을 두려워 하는 것이다. 마음에 항상 두려움을 간직하고 혹 함부로 방자하지 않게 된다면 정치가 제대로 될 것이다.

지었다.

13) 『의옥집(疑獄集)』: 판단하기 어려운 옥사의 사례를 모은 책인데, 중국 오대(五代) 의 화응(和凝)이란 사람이 편했다.

14) 선천도(先天圖): 복희육십사괘원도(伏羲六十四卦圓圖)로서, 송나라 학자 소옹(邵 雍)이 주 문왕(周文王)이 지은 '역(易)'을 후천역(後天易)으로 하고, 복희(伏羲)가 지은 '역'을 선천역(先天易)으로 하여 만든 그림이니, 복희선천괘위도(伏羲先天卦 位圖)와 선천괘위도 등으로 불린다. 그가 "선천(先天)의 학문은 마음을 근본으로 삼는다" 하였고, 또 "선천도(先天圖)는 곧 심학(心學)이다"라고 말한 이후 성리학 에서 중요시되었다.

15) 『논어(論語)』: 사서(四書)의 하나. 공자(孔子)와 그의 제자 또는 당시 사람들과의 문답 및 제자들끼리의 문답 등을 공자가 죽은 후 제자들이 모아서 엮은 유가(儒家)의 경전(經典). 원래 13경 중 하나였는데, 주자(朱子)가 『맹자(孟子)』·『대학(大學)』·『중 용(中庸)』과 함께 사서(四書)의 하나로 만들었다.

16) 『효경(孝經)』: 13경 중 하나로서, 공자(孔子)와 증자(曾子)가 문답하는 형식으로 효도에 대해 논한 것을 기록한 책이다.

도임하기 전에 조심해야 할 자질구레한 일[未到前雜細事宜][17]

수령으로 막 제수받고 나서는 서경(署經)[18] 전에 먼저 친척이나 친구[知舊]들에게 인사를 한다. 그래야 조정에 작별인사를 하고 떠날 때가 되어 갑자기 모두 찾아보지 못하는 근심이 안 생긴다. 그래도 찾아보지 못한 사람들에게는 편지로 고별하는 것이 좋다.[19]

임지에 부임하는 날이 결정된 이후에는 미리 다음과 같이 사통(私通)하여 명령을 전해 두는 것[知委][20]이 좋다. 즉 현직 향소[21]와 향리[22]·노비·군관·장교들 중 읍내에 거주하는 자 이외의 여러 명목의 구실아치들은 수령이 부임하는 날[上官之日][23] 대령하지 않게 해도 좋다고 한다. 그들이

---

17) 『신편 목민고』의 「제배(除拜)」에서 3문단, 「중로(中路)」에서 1문단이 겹친다.

18) 서경(署經) : 고려와 조선 시대에 관리의 임명 및 법의 개폐(改廢) 등에서의 한 절차이다. 서경에서 '서'(署)는 '서명'을 '경'(經)은 '거친다'를 뜻한다. 조선의 서경은 5품 이하의 관리를 처음 임용할 때 대간에서 심사하여 동의해 주는 고신서경(告身署經)과 예조의 의첩을 거친 의정부의 의안에 대해 대간에서 심사하여 동의해 주는 의첩서경(依牒署經)을 함께 이르는 말이다.

19) 『신편 목민고』에는 "初除未署經前 先修親戚知舊間人事 (然後)可除. 臨行過辭時 卒遽未盡參尋之 如未及參尋 則書侢(告別) 可也."로 되어 있는데, 본서에는 '然後'가 빠져 있고, '告別'이 '別告'로 되어 있다. 『신편 목민고』, 「제배(除拜)」, 309쪽.

20) 지위(知委) : 통지나 고시 따위의 형식으로 명령을 내려 알려줌.

21) 향소(鄕所) : 조선 초기에 악질 향리(鄕吏)를 규찰하고 향풍을 바로잡는다는 명분을 내세워 지방 사회의 주도권을 장악하기 위해 지방의 품관(品官)들이 조직한 자치기구. 향사당(鄕射堂)·풍헌당(風憲堂)·집헌당(執憲堂)·유향청(留鄕廳)·향소청(鄕所廳)·향당(鄕堂)·유향소(留鄕所) 등으로도 불린다. 좌수(座首) 1인, 별감(別監) 2인의 유향품관을 두었는데, 이들 3인을 삼향소(三鄕所)라 하였다. 이밖에 창감(倉監)·감관(監官) 등 임원이 있었다. 향청에는 삼향소 외에 10~50여 명의 인원이 있어 환정(還政)을 비롯한 제반 사무를 보았다. 풍헌 이하의 면임·이임은 좌수가 임명하되 면내의 문보(文報 : 문서와 관보)·수세(收稅)·차역(差役)·금령·권농·교화 등 모든 대민 행정실무를 주관하였다.

22) 향리(鄕吏) : 지방의 수령을 보좌하여 지방 행정의 말단을 담당한 계층.

왕래하면서 농사에 방해가 될 뿐만 아니라 각 구실아치들의 두목들이 술과 돈을 토색하니 통탄할 일이다. 그리고 여러 구실아치들이 모이면 여러 가지 첩소(牒訴)[24]가 분분하여 그 또한 괴로운 일이다.[25]

가난한 선비[措大][26]가 하루아침에 수령이 되었다고 해서 갑자기 의복과 말 장식[鞍馬][27]에서 부귀한 자들의 모양을 본받으려 한다면 그 취향과 식견의 비루함은 더 말할 것도 없으려니와 이것은 빚을 지고 낭패하는 지름길이니 집안 사람들[家人]을 엄하게 경계해야 한다. 가난한 선비처럼 부임하는 것이 무엇이 부끄러운 일인가? 마땅히 자기 스스로 먼저 절약을 실천하여 청렴하게 곤궁을 견디는[淸苦] 씀씀이를 보인 연후에야 횡렴과 같은 불법을 저지르는 죄과[贓汚不法之科][28]에 빠지는 일이 없을 것이며, 관아의 재용(財用)이 자연히 여유 있게 될 것이다. 항상 민(民)에게서 거두어 들인 것은 민에게 되돌려 준다는 마음으로 임하고 나서야 비로소 하늘을 우러러 한 점 부끄러움이 없게 될 것이다.[29]

도임하기 전날 밤은 다른 경내에서 숙박해야지 (부임하는) 본 읍의 경내에서 숙박하면 안 된다. 새로 부임하는 수령의 행차는 자연히 인원수가 많으므로 마을에 폐단을 끼치기 마련이니 이것을 고려하지 않을 수 없다.

---

23) 상관(上官) : 관에 부임함.

24) 첩소(牒訴) : 문서를 관청에 올려 소송하는 것, 또는 그 문서.

25) 『신편 목민고』, 「제배(除拜)」, 309~310쪽.

26) 조대(措大) : 청빈한 선비를 이르는 말

27) 안마(鞍馬) : 안장 얹은 말.

28) 장오불법지과(贓汚不法之科) : 『경국대전(經國大典)』 형전(刑典) 장도(贓盜)조는 『대명률(大明律)』 형률(刑律) 강도(强盜)조를 적용하도록 되어 있는데, 그에 의하면 "凡强盜已行 而不得財者 皆杖一百 流三千里 但得財 不分首從 皆斬"으로 되어 있다.

29) 『신편 목민고』, 「제배(除拜)」, 310쪽.

노정(路程)30)이 고르지 못하여[差池]31) 진퇴[前卻]32)에 어려움이 있다면 어쩔 수 없지만 만약 변통할 수 있다면 마땅히 이와 같이 해야 한다.

비록 읍내에서 숙박하더라도 성 밖의 마을에서 유숙하면 안 된다.33)

도임한 후의 일[到任後事]

읍의 지도를 만들어서 그것을 일 보는 곳의 벽 위에 붙여놓고 그 지도 가운데 동서남북의 면(面) 이름과 거리가 몇 리인지, 주변 이웃 네 고을과의 거리, 영문(營門)으로 가는 길이 몇 리인지를 각각 써 놓고, 도로의 크고 작음과 지름길, 교량과 큰 내를 그려 두는 것이 좋다. 이러한 것들을 알면 요역을 낼 때 편리하고, 이서와 민의 왕래가 느린지 빠른지를 살필 수 있다.34)

수령이 업무를 보는[坐起]35) 곳은 의당 엄숙하고 정돈되어 있어야 하며, 아객(衙客)36)이나 잡인과 같이 앉아서는 안 된다. 향소(鄕所)와 군교(軍校)를 섬돌 위에 줄지어 세워놓는 일도 안 된다. 관속이 옆에서 떠들썩하니 시끄럽게[喧聒]37) 하도록 해서도 안 된다. 나와서 아뢰는 일 외에는 일절 자신의 일 보는 곳에 물러나 기다리도록 한다. 이와 같이 한 연후에야

---

30) 노정(路程) : 여행의 경로. 여행의 일정.

31) 치지(差池) : 가지런하지 않은 모양. 고르지 못한 모양.

32) 전각(前卻) : 앞으로 나아가는 일과 뒤로 물러서는 일. 진퇴(進退).

33) 『신편 목민고』, 「중로(中路)」, 315쪽.

34) 『신편 목민고』, 「좌아(坐衙)」, 322쪽.

35) 좌기(坐起) : 관처의 으뜸 벼슬에 있는 이가 출근하여 정무(政務)를 처리함.

36) 아객(衙客) : 지방 관아의 수령을 찾아와 묵고 있는 손.

37) 훤괄(喧聒) : 소란함. 시끄러움.

분위기가 엄숙해지고 내가 보고 듣는 것도 자연히 정밀하고 분명해질
것이다.38)

민의 소장[民訴]

도임 초일의 소지(所志)39)에 대한 제사(題辭)40)는 길게 쓸 필요가 없다.
반드시 서둘러서[부부] 마치는 것을 위주로 하는 것이 좋다. 소지에 대해서
침식(寢食)을 핑계대고 개좌(開坐)41)하지 않아서는 안 되며, (소지가) 도착하는 즉시
(제사를) 내주는 것이 좋다.

백성들이 관아에 제출한 소장은 반드시 소장을 낸 사람이 직접 올리게
하고, 그가 밖에서 들어오지 못하게 막는 것[阻捕]을 엄금하되, 발각되는
대로 맹장(猛杖)42)을 친다. 도사령(都使令)43)에게 엄하게 신칙(申飭)하여
들어오는 것을 막지 못하게 하며, 거느린 사령 가운데 촌민(村民)을 공갈하
여 문으로 들어오는 것을 막을 경우에는 발각되는 대로 도사령을 무거운

---

38) 『신편 목민고』, 「좌아(坐衙)」, 321쪽.

39) 소지(所志) : 청원이 있을 때 관아에 내는 소장(訴狀).

40) 제사(題辭) : 백성이 올린 소장(訴狀)·청원서(請願書)·진정서(陳情書, 所志·白
活·單子·等狀·上書·原情 등)의 좌편 하단 여백에 관에서 써주는 판결문 또는
처결문. 소지를 수령이나 관계 관부에 올리면 해당 관원은 소지의 내용을 살펴본
뒤 그 소지에 대한 판결을 내리게 되는데, 이를 '뎨김[題音]' 또는 '제사(題辭)'라고
한다. 뎨김은 소지의 왼쪽 아래 여백에 쓰며, 그 여백이 모자라면 뒷면에 계속해서
쓰기도 하고 별지를 붙여 쓰기도 하였다. 뎨김을 적은 소지는 그 소지를 올린
사람에게 돌려주어 그 판결에 대한 증거 자료로 보관하도록 하였다.

41) 개좌(開坐) : 법정이나 관청에서 공사(公事)를 처리하기 위해서 관원들이 자리를
정하고 벌여 앉는 것.

42) 맹장 : 볼기를 몹시 치는 형벌.

43) 도사령 : 지방 관아에서 수문하는 문졸의 우두머리.

죄로 다스려야 한다.[44]

평범한 소장에 엄격히 제사(嚴辭)하는 것은 적합하지 않다. 백성들의
소장[民狀]이란 모두 별일 아닌 다툼이다.[45] 갑자기 보고 들으면 놀라지
않을 일이 없지만 양측을 나오게 한 후에 소장의 일을 자세히 살펴보면,
대부분 처음 낸 문서[元狀]와 상반되는 경우가 많다. 당초에 엄중히 제사한
것을 돌이켜 보면 실제 맹랑한[46] 것이 열에 여덟 아홉이다. 소장을 낸
사람이 엄격한 제사를 얻어 이를 가지고 공갈하면, 피고는 겁을 내어
또 일어나 소장을 올리는데, 바쁜[悾傯] 가운데 원고(元告)에게 처음 써
준 소장의 제사는 기억하지[47] 못하고 또 다시 엄중한 제사를 써 주니
원고의 처음 소장도 엄중한 제사이고, 원고와 피고가 추가로 올린 소장[追
狀]에도 역시 엄중한 제사를 주니 양측 모두 각자 엄중한 제사를 얻어,
한꺼번에 일어나 관정(官庭)에 나오게 된다면 관의 제사는 맹랑해지고,[48]
쟁송을 일으키는 단서가 관의 엄중한 제사로부터 시작되는 일이 많다.
사안이 강상윤리에 관계되는 것 외에는 이치의 옳고 그름을 막론하고
일률적으로 제사하기를 "소장의 글이 비록 이와 같으나 한쪽의 말만 믿기
어렵다. 양측이 모두 나온 뒤에, 이치에서 어긋난 자를 엄중히 다스릴
터이니 데리고 와서 대면해서 변론[對辯]하라"고 한다.[49]

---

44) 『신편 목민고』, 「청송(聽訟)」, 323쪽.

45) 여기에는 "所謂民狀 皆是閉爭境也"로 되어 있는데,『신편 목민고』에는 "所謂民狀
皆是閑爭競也"로 되어 있다.

46) 여기에는 '麥浪'으로 되어 있는데,『신편 목민고』에는 '孟浪'으로 되어 있다.
맹랑(孟浪)이란 소활(疎闊)하고 정요(精要)롭지 못한 것을 말한다.

47) 여기에는 '託得'으로 되어 있는데,『신편 목민고』에는 '記得'으로 되어 있다.

48) 여기는 '固爲麥浪'으로 되어 있는데,『신편 목민고』에는 '因爲孟浪'으로 되어
있다.

양반(兩班)이 만약 성질이 흉악한[頑惡] 백성에게 욕을 당했다고 관아에 와서 소장을 올리면 제사하기를 "근래 기강이 엄중하지 않고 등급이 밝지 않아 흉악한 놈[頑漢]이 힘 없는 양반을 침탈하여 욕보이니 진실로 통탄스러운 일이다. 그러나 세력이 강한[豪强] 양반이 먼저 그 도리를 잃어 스스로 모욕을 초래한 경우 또한 있을 수 있으니 실상을 조사한 후에 이치에서 어긋난 자를 엄중히 다스릴 터이니 붙잡아 와서 대면해서 변론하라"고 한다.50)

소민(小民)이 만약 양반의 침탈과 학대를 받았다고 관아에 와서 소장을 올리면 제사하기를 "근래 세력이 강한 양반이 국법을 무시하고 힘없는 백성을 침탈하여 괴롭히는 것은 진실로 통탄스러운 일이다. 그러나 등급이 밝지 않아 아랫사람이 윗사람을 능멸하고, 성질이 흉악한 백성이 양반에게 불손하게 대하는 경우도 역시 많이 있다. 심문한[推閱] 후에 이치에서 어긋난 자를 엄중히 다스릴 터이니 붙잡아 와서 대면해서 변론하라"고 한다.51)

양반과 상민이 서로 관련되어 있는 경우에는 상투적인 말로 제사해서는 안 될 것이다. 사실을 조사하기 전에 또한 부양하거나 억압하는[扶抑] 의도를 드러내서도 안 된다. 양쪽 다 잘못되었다는[兩非] 제사를 내면 그 나머지 성질이 흉악한 놈과 세력이 강한 양반은 풍문만 듣고서도 두려워하고 꺼리게 될 것이다. 그 가운데 지극히 힘세고 사나운[强狠]자와 지극히 원통한 자를 제외하고 긴요하지 않은 다툼은 밖에서 서로 화해[相和]하여 송정(訟庭)에 들어오지 않게 되니 송사가 많이 줄어들 것이다. 근래 고을의

---

49) 『신편 목민고』, 「청송(聽訟)」, 323~324쪽.

50) 『신편 목민고』, 「청송(聽訟)」, 324쪽.

51) 『신편 목민고』, 「청송(聽訟)」, 324~325쪽.

수령[守宰]들이 스스로 강자를 억누르고 약자를 편드는[抑强扶弱] 정치를
한다고 하면서도 진짜 세력이 강한 자를 누르지 못하고 도리어 외롭고
약한 양반으로 하여금 억세고 사나운 상민에게 능멸을 받게 만든다. (이렇게
되면) 풍속은 무너지고 상하의 구별이 없어질 것이니 이는 풍속을 좋게
하는 정치가 아니다. 마땅히 옳고 그름의 소재를 가려 처리하되, 먼저
그 사이에 어떻게 하겠다는 생각을 미리 가져서는 안 된다. 만약 이것이
이름난 유식한 사대부(士大夫)라면 더욱 억지로 (세력이 강하다는) 명목을
붙이는 것은 부당하다.52)

민장(民狀)53)에 만약 관속(官屬)이 언급되면 이는 별도로 엄중히 조사하
여 마땅히 눈앞에서 즉시 판결하여 죄가 관속에게 있으면 소장을 올린
사람이 보는 곳에서 맹장을 쳐야 한다. 이렇게 한 뒤에라야 이서들이
감히 백성을 침탈하지 못하며, 민정(民情)도 의지하는 데가 있어 편안해
질 것이다.54)

수령이 첩소(牒訴)55)에 묻혀 지내는 일은 말무(末務)이다. 정신은 한계가
있는데 이 일에만 몰두하면 날도 또한 부족할 것이니 무슨 일을 할 수
있겠는가. 대략 백성들의 소장 중에 응당 있을 수 있는 일을 종류별로
미루어 생각하여 미리 수십 개의 상투적인 말로 제사를 강구(講究)하고,
3~4명의 형방(刑房)56)으로 하여금 올라온 백성의 소장을 분류하여 그

---

52) 『신편 목민고』, 「청송(聽訟)」, 325쪽.

53) 민장(民狀) : 백성의 송사(訟事) · 청원(請願) 같은 것에 관한 서류.

54) 『신편 목민고』, 「청송(聽訟)」, 325쪽.

55) 첩소(牒訴) : 문서를 관청에 올려 소송하는 것, 또는 그 문서.

56) 형방(刑房) : 조선시대 지방관서에서 형전 관계(刑典關係)의 실무를 담당하던 부
　　서, 또는 그 일을 맡은 책임 향리. 수형리(首刑吏)라고도 하였는데, 이방 · 호방과
　　함께 삼공형(三公兄)으로 통칭되어 향리의 중심세력을 형성하였다. 지방관서의

종류에 따라 제사를 나누고, 제사 아래 반드시 담당한 형방의 성명을 기록하여 농간을 막는다면 정력을 번거롭게 하지 않고서도 많은 첩소를 하루에 처리할 수 있다.

가령 노비와 토지 등 재산에 관한 소장이면 '과연 네가 차지할 물건인지 소장의 글로는 믿기 어려우니 양측이 모두 나오라'고 하는 것이 마땅하다. 춘분(春分)이 이미 지났으면 '농사일이 매우 급하여 서로 쟁송할 때가 아니니 추분(秋分)을 기다려 다시 소장을 올리라'고 한다.

노비를 추쇄(推刷)[57]하는 경우 '흉년에 노비를 추쇄하는 것은 이미 법[58]으로 금지하였으니 풍년을 기다려 다시 소장을 올리라'고 한다. 그러나 만약 사환노비(使喚奴婢)[59]가 눈앞에서 도망하여 경내에 숨어 있는 경우에는 추쇄를 허락하는 제사를 내리지 않을 수 없다.

꿔준 돈을 받아들이는[徵債] 경우 "다른 사람에게서 빌린 물건을 오랫동안 갚지 않은 것은 자못 놀랄 만한 일이지만 만약 법에도 없는 갑리(甲利)[60]를 거둔다면 그 잘못은 빌려준 사람[債主]에게 있다. 조사하여 물을 것이니 빌린 사람[負債人]을 데리고 나와 변론하라"고 한다. 절기가 가을과 겨울이 지났으면 '곤궁한 봄에 빚을 받는 일은 법에 어긋난 일이니 가을을 기다려 다시 소장을 올리라'고 한다.

행정업무도 중앙에서와 같이 육전체제로 편성되었으므로, 형방은 지방에서의 소송·형옥·법률·노비 등에 관계된 실무를 맡았다.

57) 추쇄(推刷) : 도망간 노비를 수색하여 잡아서 본 주인에게 되돌려 주던 일.

58) 『속대전(續大典)』 권5, 형전(刑典), 「정송(停訟)」, "遇荒年 則本曹取旨 行移該道 凡推奴徵債等項 一切停止."

59) 사환노비(使喚奴婢) : 잔심부름을 시키기 위해 관청이나 사가(私家)에서 부리는 노비.

60) 갑리 : 고리대금업자들이 곱쳐서 받는 금리.

혹 농사철에 이르러 본주(本主)가 경작을 못하게 한다고 소장을 올리면 "남의 전지(田地)를 네가 경작하여 과연 열심히 농사지어 곡식을 생산하여 도지(賭地)⁶¹⁾이거나 혹은 병작(竝作)⁶²⁾이거나 간에 착실히 마련해서 주었다면 본주가 어찌 경작을 빼앗을 리가 있겠는가. 네가 반드시 농사를 부지런히 짓지 않았기 때문에 본주가 미워하여 그렇게 된 것일 것이다. 심문한 뒤에 잘못한 자를 엄중히 다스릴 것이니 본주를 데리고 나와서 대면해서 변론하라"고 한다. 제사는 비록 이와 같지만 땅주인이 만약 부유하고 토지가 많은 사람이면 경작을 빼앗긴 자로 하여금 경작에 임박해서 농사를 못 짓게 해서는 안 되니 사정을 헤아려 선처해야 한다.

물을 둘러싼 다툼과 사소한 다툼으로 소장을 올린 경우 "바야흐로 농사철에 쫓아가 잡아오는[推捉] 것은 폐단이 있으니 일체 동(洞) 안의 공론에 따라 사실을 조사하여 처결한 뒤에 첩보(牒報)⁶³⁾하도록 하며, 만일 불공정하여 백성의 소장이 다시 올라오면 풍헌(風憲)은⁶⁴⁾ 그 책임을 면하기 어려울 것이니 두려워하는 마음[惕念]으로 거행하라"고 제사를 내려서 풍헌에게 보낸다. 그러나 사안이 만약 중대하면 면임(面任)⁶⁵⁾에게 맡겨 둘 수는

---

61) 도지(賭地) : 경작자가 매년 추수 때에 일정액의 토지 사용로를 내기로 하고 빌린 토지.

62) 병작(竝作) : 논밭의 주인이 경작자에게 땅을 빌려주어 농사짓게 하고 그 해의 소출(所出)을 반반씩 나누는 관행.

63) 첩보 : 조선시대 하급 관청 관원이 상급 관청 관원에게 문서로 보고함. 또는 그 보고 문서를 가리킴.

64) 풍헌 : 원래는 조선시대 지방 수령의 자문·보좌의 기능을 수행하고자 향반(鄕班)들이 조직한 향회(鄕會)의 하급직임의 하나였다. 곧 향회(鄕會)에서는 향규(鄕規)에 따라 좌수와 별감을 선출하였고, 그 밖의 향임으로 창감(倉監)·감관(監官)·풍헌(風憲)과 그 아래 소리(所吏)·사령(使令)·소동(小童) 등을 두고 있었다. 이 가운데 풍헌은 각 면내의 수세(收稅)·차역(差役)·금령(禁令)·권농(勸農)·교화 등 모든 일선 행정 실무를 주관하는 역할을 통해 1면의 민정을 장악했다.

없다.

이와 같이 제사는 종류에 따라 생각하여 내려야 한다. 의례에 따라서 받아들이는 제사[順題]에는 "한쪽의 말만 믿기 어려우니 양측이 모두 나온 뒤에, 이치에서 어긋난 자를 엄중히 다스릴 터이니 데리고 와서 대면해서 변론하라"는 제사나 "양쪽 모두 잘못이다"는 제사가 있으며, 혹 반제(反題)로서는 징채(徵債)와 탈경(奪耕)을 막는 제사가 있다. 받아들이는 제사[順題]는 거의 없고, 반제(反題)가 매번 많으면 남과 송사하기를 즐기는[健訟] 일이 점점 잦아들어 소장을 올리는 것도 줄어들 것이다. 간혹 그 가운데 가장 성질이 흉악하고 이치가 그릇된 자를 가려 인정사정 볼 것 없이 맹장을 치면 간특하고 교활한 일이 저절로 줄어들어 첩소가 사라질 것이다.[66]

백성들의 소장에는 맹랑(孟浪)[67]한 것이 많이 있다. 원고(元告)는 반드시 피고에게 분풀이 하고자 소장을 올려 관의 제사를 받아 공갈하려 한다. 따라서 잡아오라는[捉來] 제사를 얻으면 피고에게는 보이지도 않고, 다시 와서 피고가 거역한다고 고소하여 피고로 하여금 공연히 거역의 죄를 얻게 하는 일이 적지 않게 발생한다. 마땅히 각 마을에 명령을 내려 알리기를 [知委][68] "맹랑한 소장을 올려 '잡아오라'는 제사를 받고 처음부터 피고에게 가지도 않고 거역한다고 와서 고소하는 소장은 일체 무효로 처리할 것이다. 원고가 피고를 잡아오려 하는데도 피고가 끝내 움직이지 않는

---

65) 면임(面任) : 지방의 각 면에서 호적(戶籍) 기타의 공공사무(公共事務)를 맡아보는 사람. 임장(任掌)의 하나.

66) 『신편 목민고』, 「청송(聽訟)」, 326~327쪽.

67) 맹랑(孟浪) : 소활(疎闊)하고 정요(精要)롭지 못함.

68) 지위(知委) : 통지나 고시 따위의 형식으로 명령을 내려 알려줌.

경우 갓을 빼앗거나, 그 방안에 있는 표식이 될 만한 물건을 빼앗아서
피고의 집 이웃에 살고 있는 세 사람[三切隣][69]에게 알려서 증인으로
삼게 한 연후에야 거역하는 자는 무거운 장(杖)을 친다.[70] 이렇게 하지
않고 거짓으로 거역이라고 칭하는 자는 각별히 맹장을 칠 것이다"라고
이른다.

　민의 고통과 즐거움은 긴요하지 않은 소장을 잘 처리하는 지의 여부에
있지 않다. 오로지 신역(身役)[71]과 토지와 호구에 부과되는 잡요역(雜徭
役)[72] 및 토호와 간리(奸吏)의 침학을 처리하는데 있다. 관장(官長)은 군정(軍
政)과 전(田)·호(戶)·요역의 대절목(大節目)을 조리에 따라 구분하여 각각
그 마땅함을 얻으며, 호강(豪强)을 위엄으로 억압하고, 이서의 간특함을
명석하게 밝혀서 깨뜨린다면 민의 원망은 발생하지 않을 것이고, 첩소도
올라오지 않을 것이다. (이렇게 하면) 비록 만실(萬室) 규모의 큰 읍이라
할지라도 하루종일 민의 소송이 없게 할 수 있다. 마땅히 대절목에 힘을
쓰고 민장(民狀)에 대해서는 지체 없이 판결하여 주어야지 밤낮으로 이
일에 몰두하여 마음과 힘을 소비해서는 안 될 것이다.

　민인 가운데 끊임없이[憧憧][73] 관정(官庭)에 왕래하는 자는 반드시 큰
원한과 고통이 있기 때문이다. 만약 신역 때문에 와서 고소한다면 이는

---

69) 삼절린(三切隣) : 어떤 사건이 일어났을 때 그 사건이 일어난 곳에서 가장 가까이
　　살고 있는 이웃의 세 집, 혹은 그 집에 사는 사람들을 가리키는 말. 삼겨린이라고도
　　하였으며, 특별히 그 사람들을 지칭하여 삼절인(三切人)이라고도 하였음.

70) 여기는 '重杖'으로 되어 있는데, 『신편 목민고』, 328쪽에는 '重治'로 되어 있다.

71) 신역(身役) : 조선시대에 개별적으로 파악된 인정(人丁)을 대상으로 특정한 공역
　　(公役)을 부과하는 것, 크게 직역(職役)과 군역(軍役)으로 나눌 수 있다.

72) 잡요역(雜徭役) : 의무로 해야 할 요역 이외에 국가에서 시키는 여러 가지 잡된
　　요역.

73) 동동(憧憧) : 끊임없이 오가는 모양.

내가 군정을74) 잘못 처리했음을 알 수 있다. 만약 전역(田役)으로 와서 고소한다면 이는 나의 전정(田政)이 잘못되었음을 알 수 있다. 만약 요역(徭役)으로 와서 고소한다면 이는 요역이 균등하지 못함을 알 수 있다.

만약 토호의 침탈로 인해 고소한다면 이는 내가 세력이 강한 무리를 제대로 제어하지 못했음을 알 수 있다. 만약 간사한 이서들의 침탈로 고소한다면 이는 내가 간특한 이서를 제대로 단속하지 못했음을 알 수 있다. 민소(民訴)의 번거로움은 모두 내가 제대로 다스리지 못했기 때문에 일어난 것이다. 지금 그 근원을 막지 못하면서, 말단을 다스리는 일이 가능하겠는가? 과연 이와 같은 대절목을 잘 처리하여 폐단이 생기지 않게 한다면 민의 소송은 서로 다투는 데에 불과할 뿐이니 대처[酬應]75)하는 데에 무슨 어려움이 있겠는가.

혹 나태한 수령이 민소를 들으면서 눈썹을 찡그리고,76) 민의 첩소를 보고 공문을 어루만지며 문을 닫고 관아 깊은 곳에 거처하고, 사령(使令)들이 큰소리로 꾸짖고 못 들어오게 막는다면 민들도 (방도가 없어) 어찌할 바를 몰라 억울함이 있어도 소송을 하지 못하여77) 첩소가 끊어질 것이다. 혹은 사리에 어두운 수령이 있어 시비를 구분하지 못하여 모든 일이 이치에 어긋나면, 호강(豪强)이 관련된 일은 호강이 이기고, 힘없는 자는 패할 것이며, 관속과 얽히면 관속이 이기고 민들은 몰락하게 될 것이다. (민들이) 문을 나서면 관속들이 위의(威儀)를 빌어 백성을 침학하고, 집에 돌아오면

---

74) 본문은 '是吾軍之不善可知也'이나 『신편 목민고』, 329쪽에는 '是吾軍政之不善可知也'로 되어 있다.

75) 수응(酬應) : 남의 요구에 응함.

76) 여기는 '蹙首'로 되어 있는데, 『노론 목민고』, 329쪽에는 '蹙眉'로 되어 있다.

77) 여기는 "見民牒而捫牘 掩戶深處 (官)隸呵吁阻搪 則民亦(無)聊 有怨而不訴"로 되어 있는데, 『신편 목민고』, 329~330쪽에는 괄호 안의 글자가 더 있다.

세력이 강한 무리들이 승세에 편승하여 무단(武斷)은 더욱 심해질 것이니, 민들은 소장을 올리는 것이 이로움이 없고 해가 됨을 알게 되어 첩소가 또한 끊어질 것이다. 이 두 부류의 수령과는 함께 다스림의 방법을 논할 수 없다. 비록 부지런히 힘써 다스려지기를 원하는 수령이 있다 할지라도 근본과 요체를 알지 못한다면 간편함으로 번거로움을 제어하고, 정(精)으로 동(動)을 제어하는 통치술을 발휘하지 못할 것이다.[78] 한 해가 다 가도록 구차하게 첩소를 처결하는 데만 몰두한다면 어느 겨를에 대절목에 신경을 쓸 수 있겠는가.[79]

업무를 볼[坐起] 때는 먼저 책상 위에 각 면(面)의 자세한 지명[小地名]을 쓴 서책을 두고, 그 거리가 몇 리인지[里數]를 적어둔다. 가령 해당 면(面) 아무 이(里)의 아무개가 올린 소장이 있다면 한편으로 그 소장을 듣고, 한편으로는 그 이름을 이(里) 아래에 적는다. 소장의 내용 중에서 가장 맹랑하고 놀라운 일을 선택하여 수일이 지나도록 피고를 붙잡아오지 않으면 패자(牌子)[80]를 내려서 붙잡아들여 양측을 조사하고 심문한 후 만약 맹랑하고 별 대단한 일도 아닌데 원고가 사소한 일로써 소송을 야기한 것이라면 이는 반드시 소송하기를 좋아하고 싸우기를 좋아하는 자이니 이를 죄로 삼아서 호되게 매를 친다면[81] 맹랑한 첩소는 근절될 것이다.

실수로 불이 나서[失火] 문서가 타 버리거나 도적을 만나 문서를 잃어버렸다고 소지를 올려 입지(立旨)[82]를 내달라고 할 경우 만약 큰 화재라면

---

78) 『신편 목민고』, 330쪽에는 "不知其本 不知其(要) 則非操簡而御(煩) 處(靜)而制動之術 也"로 되어 있는데, 여기에는 괄호 안의 글자가 각각 本, 繁, 精으로 되어 있다.

79) 『신편 목민고』, 「청송(聽訟)」, 328~330쪽.

80) 패자(牌子) : 관공서의 직인 따위가 찍힌 문서류.

81) 여기는 '必是好訟健鬪者' 다음이 '爲罪而猛杖之'인데, 『신편 목민고』(331쪽)에는 '數其情狀而猛杖之'로 되어 있다.

이웃에 살고 있는 세 사람[三切隣]과 면임(面任) 등에게 진술을 받아 처리한 후 문서를 작성해 준다. 도적에게 문서를 잃어버린 경우 그 진위(眞僞)를 파악할 수 없으나 그 중 전답문서(田畓文書)는 뒷날 간사한 폐해가 생길 수 있으니 '분실여부를 확실히 알지 못하므로 임시로 입지만 만들어 주겠다'고 제사해 주어야 할 것이다.

또 아명(兒名)을 관명(冠名)으로 고치려고 입지를 요구하는 자도 있는데, 이는 후일[83] 신역(身役)을 탈났다고 칭하여 모면하려는 간사한 음모이니 제사하기를 "한 사람이 두 이름을 쓰게 되면 반드시 간사한 음모가 있을 것이다. 상민이 아명으로 살아가는데 무슨 문제가 있겠는가"라고 하는 것이 좋다. 정군(正軍)이나 호수(戶首)[84]가 혹 자청해서 보인(保人)[85]으로 내려 달라고 요구하는 자가 있는데, 이를 허락하는 제사는 쉽게 내려주어서

---

82) 입지(立旨) : 신청서 끝에 신청한 사실을 입증하는 뜻을 부기(附記)하는 관부의 증명.

83) 여기에는 '後'자가 빠져 있는데, 『신편 목민고』에는 들어 있다(331쪽, "此是後日身役稱頉之奸謀也").

84) 호수(戶首) : 민호(民戶)의 대표자로서 군역(軍役)이나 공부(貢賦)의 납부 책임을 졌다. 호적을 토대로 작성한 군(軍)에 따라 군역을 부담하는 양인(良人)인 경우 초기에는 자연호(自然戶)를 단위로 하나의 호수는 정(正)이 되고, 그 밖의 여정(餘丁)은 보인(保人 : 奉足)이 되어 호수의 복무기간 중 경비를 부담하는 것으로 역을 대신하였다. 『속대전(續大典)』 권2, 호전(戶典), 「수세(收稅)」조에 "경작농부(耕作農夫)[佃夫] 중 살림이 유족(裕足)하고 근면(勤勉)한 자(者)를 가려 뽑아서 호수(戶首)를 삼는다. 무릇 그 8결(結)의 세미(稅米)를 납부하는 일은 호수(戶首)로 하여금 그 전결(田結) 내의 경작자로부터 이를 징수하여 바치게 한다"고 하였다. 이로써 8결 작부하여 세역을 담당한 자가 호수라는 것을 알 수 있다.

85) 보인(保人) : 조선왕조의 군제(軍制)에서 양민(良民) 남자 16~60세는 군역의 의무가 있었는데 직접 군사가 되는 자를 정병(正兵), 정병의 군 복무 중 그 가족의 생계를 후원하는 자를 보인(保人)이라 하였다. 보인은 매년 군포 2필씩을 부담하였는데 후기 균역법(均役法)의 실시 이후 매년 1필씩으로 반감되었다. 호적상 보인으로 기재된 자는 곧 양민이었다.

는 안 된다. 일절 막아서 군정(軍政)을 어지럽히는 폐단을 제거해야 할
것이다. 대개 입지에 대해서는 쉽게 제사를 내려주어서는 안 된다.86)

　민장(民狀) 가운데 '어떤 사람이 저의[矣身] 이웃집에 잠시 의탁하여
머무르다가 공연히 저의 물건[家藏]을 가지고 갔다'라고 하는 것은 태반이
거짓말이다. 이는 반드시 도망친 자와 서로 친한 사람이 도망갔다는 공문을
받아내려는 것이다.87) 이 같은 일은 막지 않을 수 없으니 먼저 도망친
사람의 친족 내력[來派]과 신역의 유무를 물어본 후에 입지(立旨)하여 제사
(題辭)해 주어야 할 것이다.88) 그가 만약 신역이 있는 사람이라면 철저하게
이임(里任)과 이(里) 중의 오랫동안 살고 있어 실정을 잘 아는[着實] 사람에
게 조사하여 물어서 처리하는 것이 좋다.89)

　민장 가운데 나를 깨우쳐주는 것도 많다. 꿔준 돈을 받게 해달라는[徵債]
소지(所志)가 있으면 그가 부유한 사람임을 알 수 있으니, 황정(荒政)90)이나
부유한 사람을 뽑아서 소임을 맡길 때[差任] 이들을 활용할 수 있다. 양반이
여러 번 민장에서 거론되면 호강임을 알 수 있다. 만약 송정(訟庭)에 자주
들어와서 논변하여 다투기를 잘하는 백성이 있다면 이는 소송을 즐겨하는
사람임을 알 수 있다. 혹은 그 신역과 입적(入籍)을 고찰하며, 혹은 겉을
보고 속을 알며, 혹은 흐름을 거슬러 근원을 탐색하고, 혹은 민속을 살피고,
혹은 진위를 분변하며, 일을 처리할 때 마음을 쓰고 미루어서 확장시킨다면

---

86) 『신편 목민고』, 「청송(聽訟)」, 330~331쪽.
87) '逃亡' 아래 '公文'이 빠졌다(『신편 목민고』, 331쪽 참조).
88) 여기는 "先問逃漢 親戚來派 及身役有無 題給第爲立旨 可也"로 되어 있는데, 『신편
　　목민고』 332쪽에는 "先問逃漢 (族)親來派 及身役有無 第爲立旨(題給) 可也"로 되어
　　있다.
89) 『신편 목민고』, 「청송(聽訟)」, 331~332쪽.
90) 황정(荒政) : 흉년이 들었을 때 백성을 구제하는 정치.

총명한 방법과 지혜가 자연히 자라날 것이다. 전도(顚倒)의 권한[91]과 예측할 수 없는 위엄[92]을 예상 밖에 드러내면 간사한 민과 교활한 이서는 저절로 순종하게 될 것이다.[93]

전령(傳令)[94]

신임 수령이 임지에 도착하면 군역(軍役)에 대해 죽었다거나[物故][95] 도망했다거나 노제(老除)[96]라거나 첩역(疊役)[97]을 칭하면서 탈이 난 것으로 처리해 달라고 청하는[請頉] 소지(所志)[98]가 분분할 것이다. 전령으로 알려 관의 분부를 기다리게 하고, 7 · 8월간 농사일이 덜 바쁠 때 마땅히

---

91) 전도지권(顚倒之權) : 형세를 반전시킬 수 있는 능력이나 힘을 말한다. 척계광(戚繼光)의 『기효신서(紀效新書)』 권1, 속오편(束伍篇) 제1, 「原選兵」, "最勿使伶俐油滑寧用鄕野愚鈍之人 畏官府 畏法度 不測我之顚倒之術 誠信易於感孚 愞氣易于振作 先以異出常情之威壓之 使就我彀中 而卽繼之以重恩 收其心結之 以至誠作其威 則爲我用命無疑 此萬試萬效之方也."

92) 불측지위(不測之威) : 군주의 전제권을 표현하는 말. 예를 들면 『율곡선생전서(栗谷先生全書)』 습유(拾遺) 권2, 소차(疏箚), 「사면명제마니산초사제이차(辭免命製摩尼山醮詞第二箚)」, 1569년(己巳), "伏以臣之於君 猶子之於父 有懷必達 有言必盡 然後上下交孚 而政治成焉. 若人君以萬乘之尊 不測之威 禁其多言 則下情何由上達乎."

93) 『신편 목민고』, 「청송(聽訟)」, 332쪽.

94) 『신편 목민고』, 「전령(傳令)」, 341~344쪽.

95) 물고(物故) : 죄를 짓거나 사고 등으로 인하여 사람이 죽음을 당하는 일.

96) 노제(老除) : 국역을 진 정남의 나이가 60이 되면 '老'라 하여 군역 등의 신역을 면제시키는 것.

97) 첩역(疊役) : 신역 부담자 한 사람이 동시에 두 가지 이상의 신역을 수행하는 것.

98) 소지(所志) : 청원이 있을 때 관아에 내는 소장(訴狀).

조사해서 바로잡도록 할 것이니 그 전에 와서 소장을 내는 일이 없도록
하라는 뜻을 각 동네[坊]에 신칙하여 알려서 농민이 공연히 왕래하는
폐단을 없애고, 또한 부임 초에 일일이 응대해야 할 일을 줄인다. 이러한
전령은 부임한 다음날 명백하게 알리는 것이 좋다.

부임한 뒤 수일 이내에 각 면에 전령으로 알려 각 면·각 촌·각 주막·각
사찰·포호99)·산점100)의 폐막을 다음과 같이 상세하게 묻는다.

본 고을은 대로변[路傍]에 처해 있고 흉년을 계속 만나 민간의 고통과
근심은 묻지 않아도 알 수 있다. 그 중에서 가장 감당하기 어려워서
크게 민폐가 되고 있는 것을 늙은 향리나 부로[老吏父老]가 식견 있는
사대부와 상의하여 폐단을 기록하여 즉시 올린다면 본관이 마땅히 상세히
살피고 널리 의견을 물어서 큰 것은 영문(營門)에 보고하여 변통하고
작은 것은 관가에서 개혁[釐革]할 것이다. 관가 정치의 득실로부터 향청(鄕
廳)101)과 작청(作廳)102)의 폐단, 여항(閭巷)103)의 곤란하고 화급[困急]한
형상에 이르기까지 조금도 꺼리지 말고 일일이 진언하도록 하라.

사찰에는 다음과 같이 전령한다.

승역(僧役)이 편중된 것은 마땅히 고쳐야 한다. 삼보(三寶)104)의 우두머리

---

99) 포호(浦戶) : 포구(浦口)를 관리하는 자.

100) 산점(山店) : 산촌에 위치한 점포.

101) 향청(鄕廳) : 조선시대 수령을 보좌하던 자문기관. 조선초기에 설치된 유향소를
임진왜란 이후 대개 향청이라 불렀음.

102) 작청(作廳) : 아전이 집무하던 청사로서 길청(吉廳) 또는 연청(椽廳)이라고도 함.

103) 여항(閭巷) : 백성들의 살림집이 많이 모여 있는 곳.

104) 삼보(三寶) : 불교도가 존경하고 섬기는 가장 중요한 세 가지 보배. 곧 불(佛)·법

승려[首僧]105)는 일을 잘 아는 승려들[事知僧人]106)과 상의하여 비록 관에 내는 물건일지라도 향청과 작청이 토색[需索]한 것이나 호강(豪强)107) 양반이 침책(侵責)108)한 일 등은 감추거나 꺼리지 말고 일일이 나열하여 적어서 제출하게 하여 변통하는 근거로 삼는 것이 마땅하다.

주막에는 다음과 같이 전령한다.

주막은 길 옆에 있어서 크고 작은 사성(使星)109)이 지나가고[經由] 오르내리는 여행객이 거쳐 가는[歷過] 곳이다. 따라서 그 사이에 부역 부담이 간단치 않으리라는 것은 상상하고도 남는다. 그 가운데 그대로 두어도 되는 것은 그대로 두지만 혁파할 수 있는 것은 관에서 변통하는 것이 마땅하니 하나하나 기록하여 올려라. 만약 한문[眞文]을 아는 사람이 없다면 한글[諺書]로 기록하여 제출해도 좋다.

이어서 향청 및 나이 들어서 역이 면제된 영리[老除營吏]110)·아전[老除衙前] 및 일을 잘 아는 군교[事知軍校] 중 읍에 사는 자들에게 명령을 내려서 각각 읍의 폐단을 개진하게 하고 이어서 글로 써서 납부하게 한다. 이와 같이 하면 수일 이내에 한 읍의 폐단과 백성의 괴로움[邑弊民瘼]을

(法)·승(僧)이니, 이는 깨달음·교법·교법 수행을 말한다.

105) 수승(首僧) : 사찰의 주지를 말하는 것 같다.
106) 사지(事知) : 어떤 일에 매우 익숙함, 또는 그러한 일을 도맡아서 처리하는 사람.
107) 호강(豪强) : 향촌의 재지세력으로서 관권에 어느 정도 대립적 위치에 있었던 세력을 뜻함.
108) 침책(侵責) : 물품 수납에서 각종 트집을 붙여서 강요함.
109) 사성(使星) : 임금의 명령으로 지방에 파견되는 관원.
110) 영리(營吏) : 감영(監營)이나 군영(軍營) 등의 본영(本營)에 딸린 이속(吏屬).

한눈에 파악할 수 있다. (그 가운데) 시급하게 고쳐야 하는 것 이외에
오래된 폐단에 대해서는 경솔하게 손대지 말고 책자를 하나 만들어 책상
위에 두고서 틈나는 대로 거듭 살펴보고[翻閱], 혹은 친구나 이웃 수령,
읍의 부로(父老) 중에서 더불어 상의할 만한 자들에게 널리 의견을 들어서
좋은 계책을 얻어서 개혁의 바탕으로 삼는 것이 좋다. 폐단을 고치려다가
좋은 방책을 얻지 못하면 반드시 멀리 내다보는 계책[經遠之謨]이 되지
못하고 새로운 폐단이 생길 수도 있으므로 삼가지 않을 수 없다.

　전령으로 알리는 일은 민(民)에게는 유익하지만 일을 맡은 담당자[所任
者]에게는 해로운 일이 많다. 그리하여 담당자들이 애초부터 민간에 이를
반포하지 않는 일이 왕왕 있다. 민이 혹 관청에 들어오는 자가 있으면
갑자기 "아무 날 관청에서 전령한 일이 있는데 너희들은 보았느냐?"고
물으면 본 자는 보았다고 대답할 것이고 못 본 자는 못 보았다고 대답할
것이다. 그러면 보았다고 대답한 자에게는 전령의 내용[曲折]을 상세하게
물어서 만약 잘 이해하지 못하고 있다면 형방으로 하여금 다시 깨우쳐
주게 한다.[111] 못 보았다고 대답한 자에게는 그 면리(面里)의 이름을 물어서
해당 면임을 즉각 잡아 오게 하여 관의 명령을 민간에 반포하지 않은
죄로 엄하게 매를 때린다. 또한 "아무개 면임이 아무 날 관에서 내린
명령을 전하지 않은 죄로 매를 몇 대 맞았다"고 각 면에 알리고 그 날의
전령을 다시 반포한 뒤, 이후 관의 명령을 반포하지 않은 자는 마땅히
엄하게 징치하겠다는 뜻으로 신칙해야 한다. 이것이 이른바 예측할 수
없는 위엄[不測之威]이고 전도(顚倒)의 권한[顚倒之權]이다.

　모든 알리는 명령과 패자(牌子)[112]에 대해서는, 예를 들면 아무 마을[里]

---

111) 『신편 목민고』에는 '曉諭'로 되어 있는데, 여기서는 '諭'자가 빠졌다.

112) 패자(牌子) : 관공서의 직인 따위가 찍힌 문서류.

의 아무개를 잡아오라는 것과 같은 것은 반드시 담당 이서에게 먼저 책자에 기록하고 문서를 만들어서[成貼]113) 내어 주게[出給] 한다. 전령과 패자는 담당 이서의 명을 기록한 이후에야 전령을 위조하여 중간에서 간계를 부리는[作奸]114) 일을 없앨 수 있다. 또 전령을 면임이 즉시 반납하게 한 이후에야 마을[里]에 머물러 두고[留置] 상관없는 민에게 호령(號令)하는115) 폐단을 없앨 수 있다. 상민은 문자를 알지 못하여 관공서의 직인이 찍힌 문서를 보기만 해도 겁을 내기 쉽기 때문이다.

아랫사람을 대함[臨下]116)

아랫사람을 대하는 것은 마땅히 엄중하고 말이 적어야 한다. 어쩔 수 없어서 일의 실태[事狀]에 대해 묻더라도 전례(前例)를 따르고 언어는 반드시 간결하게 해야 한다. 말을 함부로 많이 하고 행동을 경솔하게 하는 것만큼 위의(威儀)를 손상시키는 것이 없으니 반드시 경계해야 할 것이다.

이서(吏胥)를 다스리는 방법은 그 요령을 얻기가 가장 어렵다. 위엄을 숭상하면[尙威], 이서 또한 민인이라 살아갈 길이 없으며, 관용을 숭상하면[尙寬] 이서는 백성의 좀이 되니, 그들이 민인에게 미치는 폐해가 많아진다. 그런즉 마땅히 엄격함을 숭상하되[尙嚴] 백성에게 해를 끼치지 않도록 하는 것이 좋다. 그러나 이 또한 본말(本末)이 있다. 호령(號令)을 내고 거두는 일이 모두 관장(官長)에게서 나오게 되면, 이서는 민인들에게 감히

---

113) 성첩(成貼) : 문서에 관청의 도장을 찍음.

114) 작간(作奸) : 간계를 부리거나 간악한 짓을 함.

115) 『신편 목민고』, 344쪽에는 '恐喝'로 되어 있다.

116) 『신편 목민고』, 「임하(臨下)」, 347~349쪽.

해를 끼치지 못하고 민인 또한 이서를 거칠 일이 없게 되어 이서와 민들이
서로 간섭하지 않는 지경에 이를 것이니, 그러한 연후에라야 제대로 다스려
졌다고 할 수 있을 것이다. 만약 가혹하고 세세한 일에 대하여 구차스럽게
형장(刑杖)으로 다스리려고 힘쓴다면 이서의 횡포는 그대로 계속될 것이고
그들이 백성에 대해 벌이는 침해 또한 없앨 수 없을 것이다. 군정(軍政)
전정(田政) 요역(徭役) 환자(還上) 등의 대절목(大節目)에 모두 일정한 규식
을 정해두면 이서의 간사한 행동은 막으려 하지 않아도 자연 막힐 것이다.
그러므로 긴급히 대절목을 정돈하는 것, 이것이 근본이다.

　　모든 이서는 이방(吏房)117)과 호장(戶長)118)으로 하여금 영솔(領率)하게
한다. 이서들이 관장을 속이고 민인들을 병들게 하는 것은 수리(首吏)119)로
하여금 검찰하게 한다. 그들과 약속하기를,

　　　　같이 근무하는 여러 이서들이 관장을 속이고 백성을 병들게 하는 것을
　　　　같은 청사에서 지내는 수리들이 모를 리가 없다. 그들이 저지르는 간사한
　　　　범죄를 두 수리120)가 즉시 관장에게 알린다면 그 죄가 태(笞) 50에 해당되
　　　　는 것일지라도 관장이 절반을 줄여 죄를 다스릴 것이다. 만약 수리가
　　　　안면과 정리에 얽매어 먼저 알리지 않고 있다가 혹 민의 소장[民狀]
　　　　때문에 드러나거나 혹 관장이 절로 알게 될 경우, 그 죄가 태 50에 해당하
　　　　면121) 두 수리 또한 그들과 똑 같이 태 50의 벌을 받을 것이니, 그리

---

117) 이방(吏房) : 지방 관아에 딸린 6방의 하나로서 지방관서에서 인사 관계의 실무를
　　　맡아보던 부서 또는 그 일에 종사하던 책임 향리.
118) 호장(戶長) : 지방관부에서 수령을 도와 지방행정을 수행하던 향리의 수장(首長).
119) 수리(首吏) : 으뜸이 되는 향리(鄕吏), 곧 호장(戶長)을 말함.
120) 양수리(兩首吏) : 이방(吏房)과 호방(戶房)을 가리킨다.
121) 고을 수령이 내릴 수 있는 최고의 형벌이다.

알고 조심하여 단속해야 한다.

고 말해두는 것이 좋다.

무릇 각 방의 하기문서(下記文書)[122)와 패자(牌子)·전령(傳令), 각 해당 장임(掌任)이 거행할 일에 대해서는 문서를 마무리 짓기[成貼][123) 전에 두 수리가 미리 살펴 서명하고 관장에게 바치게 한다. 그리고 "꼭 해야 할 일은 서명하고, 행할 수 없는 일은 여러 이서에게 경계를 내려 서로 같이 죄짓고 벌 받는 근심을 뒤집어쓰지 않게 하는 것이 마땅하다"라고 분부하고, 이 두 조항을 관청의 벽 위에 써 붙이는 것이 좋다.

관의 노비와 사령 또한 그 청의 행수(行首)[124)를 정하여 이서배들에게 행하는 예에 따라 그들로 하여금 검속하게 하고, 또 두 수리에게 이들을 통령하게 한다. 두 수리에 대해서는 또한 향청(鄕廳)으로 하여금 간사한 범법행위를 규찰하게 하여 관장에게 낱낱이 보고하게 하는 것이 좋다.

관속과 면주인(面主人)[125)이 바깥 촌[外村]으로 나가는 것은 민간에게 큰 폐단이 된다. 관속들을 간간히 불시에 점고하기도 하고 또 각 면의 존위(尊位)[126)와 풍헌[127)·약정[128)에게 다음과 같은 전령을 내려 경계한

---

122) 하기문서(下記文書) : 상급 기관에서 하급 기관에 보내는 문서.

123) 성첩(成貼) : 문서에 관인을 찍는 것.

124) 행수(行首) : 동급의 품계나 신분을 가진 여러 사람 중에서 우두머리를 가리키는 말.

125) 면주인(面主人) : 특정 면에서 관아가 있는 읍치(邑治)에 파견되어 물건을 전달하거나 행정 서류 업무를 수행하던 사람.

126) 존위(尊位) : 우두머리가 되는 어른이라는 뜻인데, 원래는 향약(鄕約)과 같은 향촌 자치기구에 설치된 향임(鄕任)의 하나로 사적 사회조직의 성격이 강한 직임의 명색이었다. 그러나 조선후기에는 행정상의 공적 사회조직의 성격을 지닌 명색(名色)인 이임(里任)이나 면임(面任)처럼 말단 행정 단위에서 각종 업무를 담당하

다.

역을 지고 있는 관속은 감히 촌가에 함부로 나다니지 않을 지라도, 그들의
처자·형제·고공(雇工)의 무리로서 서로 번갈아 오가면서 민간에 폐해를
끼치는 자가 있다. 그럴 때는 해당 면 해당 리의 두두인(頭頭人)[129]들이
풍헌과 약정에게 차례로 보고하기를 '아무개 관속이 거느리는 아무개가
아무개 집에 와서 어떤 일을 하고 어떤 물건을 얻어 갔다'라고 하면,
풍헌과 약정은 곧바로 관장에게 보고한다. 두두인과 풍헌·약정 등이
혹 이속(吏屬)들이 앙심을 품을 것을 두려워하여 관장에게 즉시 보고하지
않았다가, 일 때문에 드러나거나 탐문으로 인하여 발각된다면 당사자[元
當身]는 물론이고 면임도 무거운 벌을 면하기 어려울 것이니 이를 가슴
깊이 새겨 거행하라.

고 있었다. 이리동약(二里洞約) 같은 데에서는 "집강 1인이 동내의 풍속과 기강
및 상부상조 등 일체의 일을 맡는데, 속칭 존위(尊位)라고도 한다"라고 되어
있다. 면의 존위는 도존위(都尊位) 또는 상존위(上尊位)라고 불리는 지방자치의
일꾼들이었다. 주로 환정(還政)·산림보호 등 수령이 향약을 실시할 때 보조적인
역할을 하였는데 향약 실시의 실무적인 면에서는 중추적인 위치에 선다.

127) 풍헌(風憲) : 풍기를 바로잡고, 관리의 정사(正邪)청탁을 감찰 규탄하는 직임.
조선시대 면이나 이(里)의 한 직임.

128) 약정(約正) : 조선시대 때 향약(鄕約) 조직의 임원. 도약정(都約正)과 부약정(副約
正)이 있었다. 풍속과 기강, 상부상조 등에 관한 일을 맡고, 수령이 향약을 실시할
때는 곁에서 실무를 돕는 역할을 수행하였다. 약정이라는 칭호는 시대와 지역에
따라 일정하지 않다. 약정은 면임(面任)을 의미할 경우 향약정(鄕約正 : 향약의
면책임자)과 혼동되므로 부헌(副憲)이라고도 하여 풍헌(風憲) 다음을 뜻하나,
지역에 따라서는 행정계통의 풍헌에 대하여 교화를 맡는 집강(執綱)을 뜻한다.

129) 두두인(頭頭人) : 상민으로서 힘깨나 쓰며 가장 우두머리가 되는 사람. 두민(頭民).
행정조직이나 군사조직의 정식 직급은 아니지만 일정 집단의 우두머리를 지칭할
때 사용함. 예컨대 향촌의 부세를 책납할 때 또는 공론을 모을 필요가 있을
때 향촌 존위(尊位), 유사(有司), 색장(色掌)과 함께 참가하는 두두인의 경우가
그러함.

그리고 간혹 발각될 경우 면임을 엄하게 징치(懲治)하면 이러한 폐단을
제거할 수 있을 것이다.

공곡을 조심해서 지킴[謹守公穀]130)

관가의 돈과 곡식[錢穀]131)이 어찌 긴요하고 중대한 일이 아니겠는가?
대동저치미(大同儲置米)132)는 국가에서 법으로 규정하여 거두어들이는
세금[正供]133) 가운데서 떼어내어 관아에 보관해 둔 것이다. 환자[還上]의
각 명목의 곡식은 바로 군대를 먹이고 흉년에 대비하기 위한 것이다.
한 읍을 맡아서 다스리는 자에게 이러한 일들은 큰 정치이고 또한 일신상의
명예와 관련되어 있어서 크게는 금고(禁錮)134)나 도배(徒配)135)에 처해질
수 있고, 작게는 감옥에 갇힐 수도 있으니[牢狴] 생각하면 두려운 일이다.136)
혹 욕심이 많고 교활한 사람이 나라 곡식에 손을 대서137) 자신의 이익을

130) 『신편 목민고』, 「근수공곡(謹守公穀)」, 382~386쪽과 거의 일치한다. 글자에 약간
의 출입이 있으나 대체로 『신편 목민고』를 따르고, 특별한 경우에는 자료 원문을
비교하여 제시하였다.

131) 전곡(錢穀) : 돈과 곡식. 전하여 재정(財政).

132) 대동저치(大同儲置) : 대동저치미(大同儲置米)를 말한다. 대동법은 지방의 특산물
을 바치던 공납제의 폐단을 시정하기 위해 전(田) 1결당 12두(斗)씩의 쌀을 거둔
제도를 말하는데, 이를 대동미라 한다. 대동미는 지방에서 관리하던 저치미(儲置
米)와 중앙에 상납하던 상납미로 나뉘는데, 여기서는 저치미를 말하는 것이다.

133) 정공(正供) : 국가에서 법으로 규정하여 거두어들이는 세금. 여기는 '止供'으로
되어 있으나 『신편 목민고』에는 '正供'으로 되어 있어 이를 따른다.

134) 금고(禁錮) : 범죄 사실이 있는 사람을 등용하지 못하게 벼슬길을 막는 형벌.

135) 도배(徒配) : 도형(徒刑)의 죄목으로 귀양감. 도형정배(徒刑定配)의 준말.

136) 여기는 "有關於自己身名(者) 禁錮(也) 徒配也 牢狴也"이고, 『신편 목민고』는 "有關於
自己身名 大則禁錮徒配也 小則牢狴也"로 약간 다른데 『신편 목민고』를 따랐다.

취하였다가[138] 몸은 장오죄[139]에 빠지고 그 해독을 읍 전체에 남기는
자가 있는데, 이러한 자는 더 언급할 가치조차 없다. 혹은 어리숙한 선비가
세상 물정에 어두워[迂疎][140] 돈과 곡식의 오고감을 알지 못하고 문서를
처음부터 끝까지 낱낱이 살피지 않아서 흔히 교활한 이서[猾吏]의 속임수에
넘어가 깨닫지 못하는 사이에 소중한 몸이 이미 번질[反作][141]과 허록(虛
錄)[142]의 죄과에 빠지는 일이 있으니 진실로 가엾은 일이다.

수령은 중대한 공고(公庫)의 돈과 곡식을 단지 감색(監色)[143]들에게만
맡겨둬서는 안 된다. 반드시 삼향소(三鄕所)[144]와 삼공형(三公兄)[145]으로

---

137) 나이(那移) : 돌려 씀. 차용함.

138) 본문은 '반리(反利)'로 되어 있는데, 법제처본은 '반작(反作)'으로 되어 있다.

139) 장오(贓汚) : 벼슬아치가 부정하게 뇌물을 받거나 관유물을 사사로이 취하고,
　　 직권이나 부정한 방법으로 재물을 취득한 죄. 장죄(贓罪), 장물죄(贓物罪), 장오죄
　　 (贓汚罪). 『경국대전(經國大典)』 형전(刑典) 장도(贓盜)조는 『대명률(大明律)』 형률
　　 (刑律) 강도(强盜)조를 적용하도록 되어 있는데, 그에 의하면 "凡强盜已行 而不得財
　　 者 皆杖一百 流三千里 但得財 不分首從 皆斬"으로 되어 있으며, 『경국대전(經國大典)』
　　 이전(吏典) 경관직(京官職)에는 "장리(贓吏) 아들과 손자는 의정부·6조·한성
　　 부·사헌부·개성부·승정원·장예원·사간원·경연(經筵)·세자시강원·
　　 춘추관·지제교(知製敎)·종부시(宗簿寺)·관찰사·도사·고을원 등의 관직
　　 에 임명하지 못한다"고 되어 있다.

140) 우소(迂疎) : 실제에 쓸모가 없음. 세정에 어두움.

141) 번질(反作) : 공공의 곡식을 사사로이 축내고 그것을 메우기 위해 온갖 수단을
　　 부리는 것.

142) 허록(虛錄) : 없는 것을 있는 것처럼 거짓으로 꾸며 기록함. 『속대전(續大典)』
　　 호전(戶典) 창고(倉庫), "倉庫……虛錄反作者 重勘. 虛錄守令 徒三年定配 又五年禁
　　 錮……."

143) 감색(監色) : 감관(監官)과 색리(色吏)를 통칭하는 말. 감관은 각 관아나 궁방에서
　　 금전출납을 맡아보거나 중앙정부를 대신하여 특정업무의 진행을 감독하던 관리
　　 를 말하고, 색리는 어떤 일을 담당한 아전(衙前)을 지칭한다.

144) 삼향소(三鄕所) : 유향소(留鄕所)의 품관(品官) 가운데 좌수 1인, 별감 2인의 3인을
　　 삼향소(三鄕所)라고 하였다. 유향소·삼향소는 모두 사람을 가리키는 말인 동시

하여금 담당 감색과 함께 모두 모여서 창고 문을 열고 닫는 일 및 염산(斂
散)146) 문서를 받아서 계산하고[考算] 마련(磨鍊)147)하여 이를 창고에 보관
되어 있는 것과 대조[照管]148)하는 일 등을 처리하게 한다. 만약 문제가
생기면 삼향소와 삼공형이 모두 같이 죄를 받고 같이 추징[徵捧]당할
것이라는 뜻을 신칙(申飭)하여 약속하고 먼저 다짐[侤音]149)을 받아두는
것이 좋다.

새로 부임한 뒤 파견된 관원[差員]150)이 창고의 물건을 문서와 대조[反
庫]151)할 때 번거로움을 꺼리지 말고 석수(石數)를 계산하고 대조하여
반드시 결손이 없게 해야 한다. 그리고 향소(鄕所)와 공형(公兄)으로 하여금
감색과 더불어 같이 살펴 검사하게 하고[看檢]152) 앞에서처럼 다짐을 받아
두는 것이 마땅하다.

관청 이외153) 대동미(大同米) 및 환자[還上]와 같은 여러 가지 공고의

에 청사를 의미하기도 하였다.
145) 삼공형(三公兄) : 관찰사나 수령 아래 각 고을의 호장(戶長)·이방(吏房)·수형리
　　(首刑吏)의 세 상급 관속. 조선후기에는 이들을 중심으로 향리 제도가 운영되었으
　　며, 호장과 이방의 직임을 중심으로 하여 지역에 따라 수형방(首刑房)·부이방(副
　　吏房)·승발(承發) 등이 포함되기도 하였다.
146) 염산(斂散) : 전세나 진휼곡 등을 거두어 들이는 것과 나누어 주는 것.
147) 마련(磨鍊) : 사물을 이리저리 마름질하여 계획을 세움. 또는 그 준비.
148) 조관(照管) : 밝게 비추어 포괄함.
149) 고음(侤音) : 죄인이 범죄 사실을 고백한 자백서를 이르는 말. '다짐'의 이두식
　　표현.
150) 차원(差員) : 중요한 임무를 맡겨 임시로 파견하는 관원.
151) 번고(反庫) : 창고에 저장된 물건을 일일이 뒤적이며 장부와 대조하면서 검사하는
　　일.
152) 간검(看檢) : 일이 어긋나지 않고 잘 되어 가는지 여부를 조사하거나 감독함.
153) 관청외(官廳外) : 수령이 관아에서 직접 관장하는 창고 이외의 창고를 의미하는

곡물은 도록(都錄)154) 치부책(置簿冊) 및 방하(放下)155) 치부책·분급(分給) 치부책 등 문서를 마련해 두어야 한다. 그리고 이들 문서는 감색(監色)들에게만 맡겨둬서는 안 된다. 반드시 삼향소와 삼공형이 담당 감색과 같이 회계(會計)하고 서명한 뒤에 관장이 마무리 짓게[成貼]156) 하는 것이 좋다. 예를 들면 회안(會案)157)에는 다음과 같이 기록한다. 즉 대동미 1천 석 가운데 춘등(春等)158) 연례 지출 100석, 특별 지출[別放下]159) 20석, 나머지 880석이라고 총수를 관청의 도록(都錄) 제도에 따라 기록하여 고찰하고 열람하는 데 편리하게 한다.160)

방하책(放下冊)161)은 먼저 관청에서 쓰는 비용[官需]162)·석전(釋奠)163)·

것 같다.

154) 도록(都錄) : 사람이나 물건의 이름이나 그와 관련한 사항 따위를 한데 모아 적음. 또는 그 기록이나 장부 따위를 뜻함.

155) 방하(放下) : 내려 놓음. 내버려 두고 손대지 않음. 재정과 관련하여 '지출된 것'의 의미로 사용된 것 같다.

156) 성첩(成貼) : 문서에 관에서 도장을 찍어 문서를 완성하는 것.

157) 회안(會案) : 회록(會錄). 전세나 환곡 등의 세곡을 징수할 때 자연 감모를 보충하기 위해 거둔 1할의 모곡을 다른 목적에 쓰기 위하여 일부를 떼어 용도가 다른 회계 장부에 기록하는 것.

158) 춘등(春等) : 한 해를 봄·가을의 두 기간으로 나누거나, 봄·여름·가을·겨울의 네 기간으로 나누었을 경우에 그 첫째 기간. 또는 봄철분의 세금이나 경비.

159) 별방하(別放下) : 별하(別下)를 말하는 것으로 보인다. 별하란 공식적인 쓰임 이외에 돈이나 물품을 별도로 지출하는 일, 또는 그 돈이나 물품을 말한다.

160) 여기의 원문은 "假如記付會案 大同米千石內 春等牟例應下一百石 (則都錄井間 書以記付會案 儲置米千石內 春等牟例應下一百石) 別放下二十石 餘在八百八十石 摠數書之 一如官廳都錄制度 以便考覽"인데 괄호 안의 글자가 『신편 목민고』에는 누락되었지만 이를 따른다.

161) 방하책(放下冊) : 방하치부책(放下置簿冊). 지출 장부.

162) 관수(官需) : 관청에서 쓰는 용품 또는 관청의 수요를 말함. 여기서는 관수미(官需米)를 가리키는 것으로 보이는데, 관수미란 각 지방에서 수령(守令)들이 관청과

우폐(牛幣)¹⁶⁴⁾ 등과 같은 연간의 의례적인 지출[應下]¹⁶⁵⁾을 쓰고, 다음 특별히 지출한 것[別下]을 기록한다. 혹 전례(前例)를 따라서, 혹은 영문(營門)의 공문에 따라서 꼭 지출해야 할 것들의 각 항목을 나열하여 기록함으로써 전례가 없고 분명치 않은 지출이 나오는 폐단이 없도록 지출할 때마다 기록하기를 관청에서 날마다 하기(下記)¹⁶⁶⁾하는 제도와 동일하게 한다. 방하책 하나는 그때그때 수령에게 들이게 하여 이것은 수령이 스스로 지니고 있다가 교체되어 돌아갈 때 모아가지고 뒷날에 고찰하기 위해 남겨둔다. 그때그때 총 지출[出己上]¹⁶⁷⁾과 남아 있는 것[用遺在]¹⁶⁸⁾을 확인하고, 그와 똑같이 기록한 또 하나는 감색에게 내어준 연후에야 문서가 모호[朦朧]해지는 폐단을 면할 수 있다.

당초의 대동절목(大同節目)¹⁶⁹⁾은 읍에 따라서 있기도 하고 없기도 하다. 반드시 감영이나 선혜청에 요청하여 얻어낸 연후에야 그 서울까지의 거리[路程里數]를 어떻게 정하고 운반비[刷價升斗]를 어떻게 책정하였는지를 상세히 파악할 수 있다. 대개 담당 이서가 그것을 마음대로 늘였다 줄였다 하는 일이 있으니 하나같이 옛날의 절목을 따라서 시행한 연후에야 저치미

관원의 경비를 위해 매년 추수 때 일정한 양을 거두어들이는 쌀을 가리킨다.

163) 석전(釋奠) : 음력 2월이나 8월의 상정일(上丁日)에 문묘(文廟)에서 선성(先聖)·선사(先師)와 산천(山川) 묘사(廟社)에 올리는 제례.

164) 우폐(牛幣) : 폐백으로 쓰는 소.

165) 응하(應下) : 관청에서 마땅히 지급해야 할 지출. 곧 경상(經常) 지출을 이름.

166) 하기(下記) : 일상용 전곡의 지출 장부. 또는 그것을 기록하는 일.

167) 출이상(出己上) : 지출 총계.

168) 용유재(用遺在) : 문서상으로 남아 있는 것.

169) 대동절목(大同節目) : 일반적으로는 조선후기 대동법 시행을 위해 마련된 규정을 말하는데, 여기서는 각 군현 단위의 대동법 운영을 위해 마련된 규정을 가리키는 것 같다.

(儲置米)가 손실되는 폐단을 막을 수 있다.

환자는 통(統) 단위로 분급하고 받아들여야[捧上] 가명(假名)으로 거짓
타먹는 간사한 폐단을 막을 수 있다. 절목은 아래 보인다. 또한 도록책과
분급책을 작성하여 향소와 공형으로 하여금 함께 출납(出納) · 고산(考算) ·
성첩(成貼)하기를 대동저치미의 경우와 동일하게 해야만 허술해지는 근심
을 면할 수 있다.

지방 읍의 창고 건물은 중앙관청의 창고[京庫]와 그 제도가 다르다.
중앙관청의 창고는 지도리[樞]170)가 문 안에 있는데, 지방 창고는 문 밖에
있다. 지도리가 밖에 있으면 전체를 칡넝쿨로 봉하더라도 문짝[門扇]171)을
뽑아내는 것이 매우 쉽다. 지도리가 밖에 있으면172) 문 밖에 가로지르는
판자[橫板]를 둘 곳이 없다. 처음부터 횡판을 둘 수 없으므로 허술하기
짝이 없게 된다. 봄에 환곡을 나누어 줄 때 창고문을 고치라고 특별히
주의를 주지 않으면 안 된다. 만약 고칠 수 없다면 아주 얇은 종이[薄紙]에
날인하여 십자형으로 문짝과 벽체에 풀칠하여 붙여두는 것이 좋다.

창고의 곡물 가운데 콩의 경우에는 습기(濕氣)가 차서 남는 일은 있어도
모자라는 일은 없다. 벼라고 해서 늦겨울에 넣어둔 곡물이 봄에173) 창고를
열었을 때 어찌 수량이 부족해질 리가 있겠는가. 이것을 반드시 쥐가
먹었다고 핑계 댈 것이지만 대개 쌓아서 보관하는 곡물 가운데 외면의
벽에 가까운 것을 제외하고174) 중간으로 깊이 들어가면 쥐가 들어갈 수

---

170) 지도리[樞] : 돌쩌귀 · 문장부 등의 통칭.

171) 문선(門扇) : 문짝.

172) 본문은 '樞在內 則門外橫板 無所施處'이나 『신편 목민고』에는 '內'가 '外'로 되어
    있어 이를 따른다.

173) 본문은 '二月'이나 『신편 목민고』의 '春間'을 따른다.

없으니 쥐가 먹었다는 것은 맹랑(孟浪)한 말이다.

불이 나서 곡물이 타버렸다고175) 말하는 것은 바깥쪽으로 불길이 닿은 몇 줄[隊] 외에는 깊이 들어와서 불타버릴 리가 없으니 알아두지 않으면 안 된다. 창고를 봉할 때 많은 것 가운데서 서너 섬[數三石]을 되어본 뒤 창고지기를 엄하게 신칙하여, "사가(私家)의 곡물은 겨울이 지나도 줄어들지 않는데, 공곡(公穀)만 줄어든다면176) 이는 너희들이 간사한 짓을 한 결과일 것이다. 봄에 환자를 나누어 줄 때 만약 되[升]와 홉[合]이 (조금이라도) 줄어들면 너희들을 엄하게 징치하고 매 섬[石]마다 줄어든 것은 일일이 (너희들에게서) 거두어들일 것이다"고 감관과 색리 및 고지기에게 다짐을 받아두는 것이 좋다.177)

문서와 하기(下記)를 고찰함[考察文書下記]

모든 문서와 하기(下記)178)는 한 글자라도 빠트려도 안 되고, 잘못 써도 안 되며, 첨가해도 안 된다. 돈과 곡식과 관련된 문서는 더욱 조심하지 않을 수 없다. (따라서 담당 이서들과) 더불어 "각방의 모든 이서가 작성하는 문서 가운데 잘못된 글자나 빠진 글자 및 행간에 덧붙여 쓴 것은 마땅히

---

174) 『신편 목민고』는 '外面近壁'이나 본문의 '外面近壁者外'를 따른다.
175) 본문은 '以大燒穀'이나 『신편 목민고』의 '以火燒穀'을 따른다.
176) 본문은 '公庫穀物 獨爲大縮者'이나 『신편 목민고』의 '公庫穀物 獨爲欠縮者'를 따른다.
177) "每石所縮 ――徵出(於汝輩) 以此捧侤音于監色(庫子) 可也"에서 본문은 앞 괄호 부분이 없고, 『신편 목민고』에는 뒷 괄호 부분이 없다. 여기서는 이것을 모두 넣어서 번역하였다.
178) 하기(下記) : 일상용 전곡의 지출 장부.

그 많고 적음에 따라서 엄하게 다스리겠다"고 약속해 둔다. 그리고 (이들 문서를) 감영에 올리는 문서를 작성하고 베끼는 일 등과 똑같이 그들 가운데 나이 들고 문자를 아는 자에게 전적으로 맡기는 것이 좋다.179)

매월 지출 규모를 정함[定排朔]180)

1년간 사용할 재물의 용도는 긴급하고 늦고를 떠나 먼저 월별로 배정한다. 가령 조기[石魚] 12속(束)181)이 있다면 한 달에 1속씩 사용하는 것으로 정하고, 이 수를 넘어서지 말아야 한다. 모든 일을 이와 같이 한 후에야 월별로 배정된 양을 초과하는 근심이 없을 것이다. 먼저 앞으로 한 고을에서 1년간 거둬들일 재물을 월별로 배정한다. 월름(月廩)182)을 예로 들면 아료(衙料)183)와 제수(祭需)184)로 몇 석을 배정하며, 사객(使客)185)을 대접하기

---

179) 이 항목은 『신편 목민고』에는 없다. 『민정자료』에는 있는데, 글자에 약간의 출입이 있다. 특히 끝 부분에서 '嚴治' 뒤에 '云云'이 있어 인용문임을 분명히 하고 있다. 그리고 그 아래는 "(而擇)其中老實解文字者 專任以上營報狀 書寫等事可也"로 되어 있는데, 괄호 안의 두 글자는 본문에서 누락되었다. 그러나 여기의 '以'는 본문에서는 '如'로 되어 있는데, 문맥으로 보아 '如'가 맞는 것 같아서 이를 따랐다. 또한 끝 부분에 "上營文報等 前期修整 夕食後 無事時成帖 可也"라는 세주가 있는데 본문에서는 빠졌다. 이것은 『민정자료』와 본문이 판본이 다르다는 중요한 증거로 여겨진다.

180) 『신편 목민고』, 「고찰문서하기」, 365~366쪽.

181) 속(束) : 묶음.

182) 월름(月廩) : 월급(月給)으로 주는 곡식.

183) 아료(衙料) : 아속(衙屬)들에게 주는 비용. 관아의 경비로 쓰기 위하여 정해 놓은 공수전(公須田)에서 받아 들이는 결세를 이르는 말.

184) 본문은 '祭祀'이나 『민정자료』에는 '祭需'로 되어 있어 이를 따른다.

185) 사객(使客) : 연로(沿路)의 수령이 해당 지역을 지나치는 봉명(奉命) 사신을 가리켜 부르는 말.

위한 물품[支供]으로 몇 석을 배정하고, 수령의 각종 사적인 응대 비용으로
몇 석을 배정한다. 월름 이외의 모곡(耗穀)[186]과 둔곡(屯穀)[187] 등 기타
물종 역시 이에 의거하여 산정하며, 용도를 매우 아껴서 절약하면 매월
각 종목별로 남는 것이 있을 것이다. 이 남은 수량은 다른 창고로 옮겨
저장하되 낱낱이 장부에 기록하고, '월여기부고(月餘記付庫)'라고 이름을
붙인다.

이른바 '월여기부고'[188]는 동헌(東軒)[189] 앞 한 곳에 창고를 지을 만한
장소를 택하여 '기부고'로 정한다는 것이다. 새로 거둬들인 뒤 중기(重
記)[190]의 수량과 비교하고 (남는 것은) 이 창고로 옮기며, 기부(記付) 외에
남는 수량은 달마다 배정하여 날마다 소용될 비용으로 삼는다. 그러나
기부 외의 물종이 많지 않은 경우 형세가 어쩔 수 없으니 '기부고'로부터
관청으로 이송하여 (관청에서) 다시 사용한다. 그러나 이와 같이 유의하여

---

186) 모곡(耗穀) : 수령이 사용하는 곡식으로 각 고을 창고에 저장한 양곡을 봄에
　　백성에게 대여했다가 추수 후 받아들 때 말이 축나거나 손실을 보충하기 위해
　　1/10을 덧붙여 받았다. 환자[還上]를 받을 때 곡식을 쌓아 둘 동안에 줄어질
　　것을 미리 짐작하고 매 섬에 몇 되 씩을 더 받던 곡식. 관에서 환곡을 징수할
　　때 소모를 전제로 해서 1할을 더 받아들이는 것을 말하는데 곧 이자였다.

187) 둔곡(屯穀) : 수령이 사용하는 둔전(屯田)을 운영하여 소출로 얻은 곡식. 둔곡은
　　둔전병(屯田兵)들이 가꾼 것으로 자체 경비(經費)에 충당하였음.

188) 본문에 '기여기부고(記餘記付庫)'로 되어 있는데 법제처본에는 '월여기부고(月餘
　　記付庫)'로 되어 있다. 법제처본을 따른다.

189) 동헌(東軒) : 수령(守令)의 집무실. 조선시대 지방 관서에서 정무(政務)를 보던
　　중심 건물. 관찰사·병사·수사(水師)들의 정청(政廳)으로서 지방의 일반 행정
　　업무와 재판 등이 여기서 행해졌다. 지방관의 생활 처소인 내아(內衙, 西軒이라고
　　도 함)와 구분되어 보통 그 동편에 위치했기 때문에 동헌으로 불리게 되었다.
　　아사(衙舍)·군아(郡衙)·현아(縣衙)·시사청(視事廳) 등으로 부르기도 하였다.

190) 중기(重記) : 관부(官府)에 전해 내려오는 돈과 곡식 등 여러 재물을 기록한 모든
　　장부. 『목민심서(牧民心書)』 권2, 율기육조(律己六條) 절용조(節用條) 참조.

절약한다면 새로 거둬들이기 전에 과거에 기부하고 쓴 나머지와 새로
거둬들인 것 가운데 기부하고 남은 나머지 수, 이 두 종류의 잉여를 절약하여
사용한다면 지출에도 부족함이 없을 것이다.

식례(式例)를 정함[定式例][191]

부임 후 모든 일에 즉시 식례(式例)[192]를 정한다. 관장의 아침저녁 식사와
관아에서 거느린 아속들의 식사, 제사의 식례, 사객의 식례, 향청의 식례를
이에 따라 거행한다면 관용(官用)에 절도가 있을 것이다.

손님 접대[賓旅之供][193]

사객은 빈려(賓旅) 가운데 중요한 사람이다. 관용을 잘 나누어 계획적으
로 사용한다면 공물이 많이 들지 않을 것이다. 큰 길[孔路][194]로 말하자면
1년에 크고 작은 사성(使星)[195]의 오고가는 왕래가 대략 3백여 차례에
불과하다. 한 명의 사성이 거느리는 인원이 50~60명에 이르기도 하나,
그 많고 적음을 감안하여 계산하면 대략 한 번 행차에 20명에 불과하다.
이것을 기준으로 3백여 차례의 사행에 뒤따르는 사람은 6천 명이 된다.
혹 두 끼의 식사를 대접할 때도 있고, 혹은 한 끼 식사를 대접할 때도

---

191) 『신편 목민고』, 「고찰문서하기」, 366쪽.
192) 식례(式例) : 이전부터 있었던 일정한 전례(前例). 또는 법식과 예규.
193) 『신편 목민고』, 「고찰문서하기」, 366~368쪽.
194) 공로(孔路) : 사람의 왕래가 많은 큰 길.
195) 사성(使星) : 임금의 명령으로 지방에 심부름 가는 관원(官員). 후한(後漢) 이태(李
      郃)가 천문(天文)을 보고 사자(使者)가 온다는 것을 알았다 한 데서 이 말이 유래됨.

있는데 대략 한 끼로 정하면 3백 명의 사성과 6천 명의 따르는 사람이 한 끼에 먹는 양식은 6백 30말[斗]196)이다. 이것을 기준으로 삼아 식사 대접과 다담(茶啖)197)에 드는 비용을 상정하면 기름[油]·꿀[淸]·생선 [魚]·과일[果]에 들어가는 비용도 미루어 알 수 있다. 하나의 식례를 만들 어 두고 사성의 품계에 고하(高下)를 나누어 등급을 정해 미리 계산하여 수량을 파악해 둔다. (그리고) 그 계절에 맞게 (물건을) 사서 비치해 두면 아무리 못 사는 고을이라 할지라도 부족함이 없을 것이다.

기록할 때[下記] 관청에서 사용하는 과일과 생선, 기타 잡물이 사소하게 누락하는 것을 일일이 막을 수는 없다. 하지만 전화(錢貨)와 값비싼 곡물, 꿀과 기름 등과 같은 물건에 대해서만큼은 문서와 산수에 능통한 통인(通 引)198)을 정하여 '하기(下記)' 중에서 전문(錢文)을 뽑아 '전문하기(錢文下 記)'를 만들고, '모처에 내렸다'라고 기록한다. 또한 백미(白米)를 추려내어 '모처에서 사용하였다'고 기록한다. 모든 물종 가운데 가격이 비싼 물건을 이와 같이 뽑아서 '하기'로 만든다면 '하기'를 허술하게 관리하여 발생하는 폐단을 방지할 수 있을 것이다.199) 하기(下記)는 반드시 아침에 일어난 뒤로부터 아침 식사를 마치기 전에 수납하도록 해야 한다. 개좌(開坐)한 뒤에는 바빠서 살피기

196) 말[斗] : 도량형(度量衡) 중의 양(量)의 도구. 말을 가리킨다. 10승(升)이 드는 양기 (量器)이다. 세종 28년 9월에 규정된 두곡승합(斛斗升合) 체제에 의하면 두(斗)는 신영조척(新營造尺)으로 길이가 7촌(寸), 깊이가 4(寸), 용적이 196(寸)이다.

197) 다담(茶啖) : 손님을 대접하기 위하여 내 놓은 다과류(茶菓類). 다담상(茶啖床)의 준말. 원래 불가(佛家)에서 손님을 대접하기 위하여 내어놓는 다과(茶菓)를 가리키 는 말.

198) 통인(通引) : 관아의 관장(官長) 앞에 딸리어 잔심부름하던 이속.

199) 『신편 목민고』에는 이 아래에 "업무를 시작[開坐]한 뒤에는 시끄럽고 소란스러워 서 (하기를) 살피기 어려우니, 조용한 시간에 살펴보아야 할 것이다"라고 되어 있는데, 여기서는 이것이 누락된 대신 세주가 달려 있다.

어렵다.

관아의 일로 어떤 일이 발생할지 알 수 없으니 기부(記付)에 유의해야
한다. 그런 연후에야 체임(遞任)되거나 파직되는, 궁색하고 급한 상황에
직면하더라도 기부를 채우지 못하는 근심이 없을 것이다.

관청의 용도는 이미 매 달 정해져 있어 이를 초과하지 않는다면 근심할
필요가 없다. 기타 전곡(錢穀)은 항상 뒤를 살피는 마음을 가지고, 조심스러
운 마음을 놓지 않으면 임기 끝에 가도 어려움에 처하지 않을 것이다.

각 창고의 전곡을 모두 기록한 뒤에 1첩(帖)의 책으로 만들어 상단에
전관(前官) 때의 기부한 수량을 쓰고, 하단에는 현재의 수량을 쓴다. 상단에
적은 과거의 기부는 첩책에 직접 기록하고, 하단의 현재의 수량은 지첨(紙
籤)200)을 사용하여 표시해둔다. 회계한 뒤 현재의 총수는 차례로 지첨을
붙여서 기록하여 항상 살펴볼 수 있도록 한다. 만약 전에 기부한 것보다
많으면 이를 사용해도 되지만, 만약 전에 기부한 것에 미치지 못하면
반드시 그에 맞추어 그만두는 것이 좋다. 이렇게 한 후에야 이전 기부에
미달하는 근심이 없을 것이다.

학교를 진흥함[興學校]201)

학교는 교화의 근원이며, 풍속의 근본이다. 그러나 여러 고을에서 학교를
진흥시킨다는 것이 백일장을 설치하여 시부(詩賦)를 시험보고, 첩괄(帖

---

200) 지첨(紙籤) : 찌지. 표하거나 적어서 붙이는 작은 종이쪽지. 부표(附票).
201) 이 항목은 『신편 목민고』, 「흥학교(興學校)」, 429~431쪽과 거의 일치하는데,
　　　문자에 약간의 출입이 있다. 이 항목에서 『민정자료』는 『신편 목민고』와 거의
　　　일치한다.

括)²⁰²)을 강론(講論)하는 데 지나지 않으니 이것을 어찌 학교정책이라고 할 수 있겠는가. 지금 총명한 수재를 선택하되 그 수가 많고 적음에 구애받지 않는다. 또한 가까운 면(面)에 살면서 문장에 밝고 몸가짐이 거슬리지 않는 사람을 취하여 관에서 교장(敎長)으로 선정하여 학생들을 나누어 맡아 가르치도록 한다. 매월 고과(考課)하되 반드시 민의 풍속을 변화하고 고을의 습속을 선하게 만드는 것을 위주로 하며, 이와 함께 시부(詩賦)를 짓는 백일장을 여는 것이 좋다. 상인[常漢] 가운데 일을 잘 알고 문자를 깨우친 자를 각 이(里)에서 한 두 명씩 선정하여 초하루와 보름에 『경민편(警民篇)』²⁰³)과 『율곡향약(栗谷鄕約)』²⁰⁴) 등의 내용을 강설하기를 아래에서 말하는 것 같이 하는 것이 좋다.²⁰⁵) 각 읍 향교(鄕校)²⁰⁶)에는 모두 위전(位

---

202) 첩괄(帖括) : 당대(唐代)의 과거에서 경서를 시험보이는 방법 중 하나. 경서에 있는 몇 글자를 인용하여 출제한 문제에 대해 그 경서의 글을 총괄하여 답안을 작성하는 시험 방법. 일설에는 경서의 글을 군데군데 종이로 바르고 그 글자를 알맞게 하여 응시자의 학력을 측정하는 시험 방법이라고도 함. 첩시(帖試).

203) 『경민편(警民篇)』 : 1519년(중종 14) 황해도 관찰사 김정국(金正國)이 백성을 경계(警戒)하기 위해 편찬·간행한 책. 간행 목적을 서문에서 밝히기를 형벌의 적용보다는 인륜의 중함을 모르는 백성들을 교화하는 데 있다고 하였다. 내용은 인륜의 기본에 관계되면서도 백성이 범하기 쉬운 덕목을 부모·부처·형제자매·족친·노주(奴主)·인리(隣里 : 이웃마을) 등 13조목으로 나누어 조목마다 윤리적인 해설을 붙이고, 불륜하였을 때 적용되는 벌칙을 제시하고 있다. 이 책에서 강조하는 인륜은 전통적인 『소학』류의 내용이나 삼강오륜의 덕목과는 차이가 있다. 즉, 군신·붕우·장유 등의 덕목이 탈락되고, 그 대신 향촌질서의 유지에 필요한 족친·노주·인리·투구(鬪毆)·권업(勸業) 등의 항목이 추가되어 향촌현실과 부합되는 덕목으로 변형된 특색을 지니고 있다. 이 책은 향촌 내부에서 엄격한 상하존비(上下尊卑)의 구별을 가능하게 해주는 유교적 본말론(本末論)이 이념적 기초를 이루고 있다. 그리고 이황(李滉)과 이이(李珥)의 향약과 내용상 비슷하여 향약 보급의 전단계적인 의미를 지니고 있음을 알 수 있다.

204) 『율곡향약(栗谷鄕約)』 : 조선 향약 가운데 대표적인 역할을 한 율곡 이이(李珥)의 「서원향약(西原鄕約)」, 「해주향약(海州鄕約)」, 「사창계약속(社倉契約束)」, 「해주일향약속(海州一鄕約束)」 등을 가리킨다.

田)207)이 있는데, 위전의 수입은 모두 재임(齋任)208) 무리들의 술값과 밥값
으로 들어가니 참으로 통탄스럽다. 만약 이 재물과 곡식을 문장에 밝은
유생(儒生)의 대접을 위해 쓴다면 매우 좋을 것이다. 다만 유생의 무리들이
크게 원망하기 때문에 억압하는 것을 꺼리지 않는 관장이 아니면 손대기
어려울 것이다.

　여러 고을에 있는 서원이 보유한 재물과 곡식은 향교에 비해 더욱 많다.
향교와 서원의 재물을 통틀어 계산해 보면 1년 동안 선비를 양성하고
모여서 공부하는[居接] 경비로는 충분하다. 그러나 이 또한 향교의 재임이
관장의 간섭을 받으려 하지 않는다면 그 재물과 곡식의 쓰임새를 거론할
수 없다. 그러나 어찌 모아들이고[收攬] 처리하는 것을 주선하여[區處]
허비하는 것을 (막고) 실제 용도로 삼는 길이 없겠는가. 향교 및 사직단(社稷
壇)209)의 일은 반드시 몸소 점검하는 노고를 꺼려서는 안 된다. 위판(位版)과

---

205) 본문은 '如下端所云'이라고 하였는데, 본서에는 그와 관련된 내용이 없다. 『신편
목민고』에는 이 항목 아래 「小學講節目」과 「居齋節目」이 있다. 이것은 이 두
자료가 모두 소론 계통 목민서라도 『목민고』가 『신편 목민고』보다 시기가 빠른
결정적 증거로 볼 수 있다. 이 항목과 관련하여 본서의 대본은 너무 오탈자가
많은데, 이 부분의 『민정자료』는 『신편 목민고』와 거의 일치하므로, 이를 따른다.
206) 향교(鄕校) : 고려와 조선시대의 지방에서 유학을 교육하기 위하여 설립된 관학
교육기관. 국도(國都)를 제외한 각 지방에 관학이 설치된 것은 고려 이후에 이루어
졌다. 고려는 중앙집권체제를 강화하기 위하여 3경(京) 12목(牧)을 비롯한 군현에
박사와 교수를 파견하여 생도를 교육하게 하였는데, 이것이 향학(鄕學)의 시초이
다. 향교는 조선왕조의 성립과 함께 정책적으로 그 교육적 기능과 문화적 기능을
확대·강화하였다.
207) 위전(位田) : 관아(官衙)·학교·사원(寺院) 등의 유지를 위하여 설정된 토지. 각
역이나 향교·서원·제사장 등에 지급하는 토지.
208) 재임(齋任) : 조선시대 성균관·향교 등에 거재(居齋)하는 유생 가운데 유생들의
의견 등을 대표하거나 거재할 때의 여러 일들을 처리하기 위해 뽑힌 임원. 거재유
생(居齋儒生) 중의 임원(任員).

위차(位次)가 차례를 잃은 고을이 많고 준뇌(樽罍)²¹⁰⁾와 같은 제사 도구[器
用]도 이지러진 경우가 많다.²¹¹⁾ 마땅히 『오례의(五禮儀)』²¹²⁾를 살펴 개정
한다. 사직단 주위에 보기 좋은 나무를 심고 사방을 깨끗이 청소하며,
방목(放牧)을 엄금한다. 봄·가을의 사제(社祭)²¹³⁾를 집행하는 집사(執事)
를 비천하고 한미한 자로 차출하지 않도록 한다. 황해도와 평안도[兩西]에
서는 향교와 사직단의 집사첩(執事帖)²¹⁴⁾을 가지고 관정(官庭)에 들어와
군역에서 빼달라고 요청하는 자가 있으니, 이는 당초 차출할 때 뇌물을
썼던 부류이다. 이와 같은 일에 방심하여 소홀히 해서는 안 된다.

---

209) 사직단(社稷壇) : 사직(社稷)을 제사드리는 곳으로 단을 쌓고 봉사(奉祀)하였으므
로 사직단이라 하였다. 사단(社壇)과 직단(稷壇)의 두 단이 마련되는데, 사단은
동쪽에 있고 직단은 서쪽에 있다. 옛날에는 임금이 새로 나라를 세워 백성을
다스리게 되면 먼저 사직단을 만들었는데, 우리나라에서는 이미 삼국시대부터
있어 왔으며, 조선시대에는 태조 4년(1395)에 사직단을 세워서 제사를 받들기
시작하였다.
210) 준뇌(樽罍) : 술을 담는 그릇, 곧 주기(酒器)를 말함.
211) 본문은 '或多殘缺'인데, 『신편 목민고』와 『치군요결』에는 모두 '或不無殘缺之物'
로 되어 있지만 본문을 따른다.
212) 오례의(五禮儀) : 『국조오례의(國朝五禮儀)』를 말한다. 8권 8책 인본. 세종(世宗)의
명을 받아 허조(許稠) 등이 고금의 예서(禮書)와 명나라의 홍무예제(洪武禮制)를
참작하고 두씨(杜氏)의 『통전(通典)』을 모방하여 5례에 관하여 편찬에 착수하였
고, 이어서 세조(世祖) 때에 강희맹(姜希孟) 등을 시켜 길(吉), 흉(凶), 가(嘉), 빈(賓),
군(軍) 중에서 실행해야 할 것을 뽑아 도식(圖式)을 편찬하여 탈고한 것을 성종(成
宗) 5년(1474)에 신숙주(申叔舟), 정척(鄭陟) 등이 완성하였다. 오례(五禮)라 함은
길례(吉禮=祭禮)·흉례(凶禮=喪葬의 禮)·빈례(賓禮=接賓의 禮)·군례(軍禮=
軍의 儀式)·가례(嘉禮=慶事에 관한 禮) 등을 지칭하는 것으로 이 책의 규정은
대체로 국가의례(國家儀禮)의 의범(儀範)이 되었다.
213) 사제(社祭) : 사직단에 올리는 제사를 말한다.
214) 집사첩(執事帖) : 집사 임명장.

풍속을 바로잡음[正風俗][215]

풍속을 바로잡는 일이란 수령의 다스림에서 제일로 중요한 일이다. 마땅히 『경민편』과 이이(李珥)의 『율곡향약』 등의 책에서 손쉽게 시행할 수 있는 것들을 뽑아서 조목으로 만든다.

예를 들면 부모에게 불효하고 형을 공경하지 않는 것[不孝不悌], 정처(正妻)를 소박하는 것, 지친(至親)[216] 간에 서로 소송하는 일, 이웃과 화목하지 못한 것, 남녀 간에 음란한 짓을 하는 것, 나이 어린 사람이 어른을 능멸하는 것, 신분이 천한 자가 신분이 귀한 자를 능멸하는 것, 상전(上典)을 능멸하고 업신여기는 것, 고아와 약자를 침해하는 일, 환란(患亂)을 구하지 않는 것, 농사를 게을리 하고 생업에 힘쓰지 않는 것, 술 주정[酗酒][217]하면서 서로 싸우는 것 등의 조목을 열거하여 적어서 반포하여 각 촌에 알린다.

그리고 각 촌에서 연륜 있고[老成][218] 세상살이[人事]를 조금 아는 사람으로 한 사람을 정해서 두두인(頭頭人)[219]으로 삼고 그로 하여금 이러한 조목들을 범하지 말도록 깨우쳐 주게[曉諭] 하고, 그 독법(讀法)·청법(聽法)과 의식(儀式)은[220] 마땅히 『율곡향약』에 규정한 방식에 따라서 깨우쳐서 시행하는 것이 좋다. 만약 이러한 조목들을 범하는 자가 있으면 엄하게 징치하는 것이 좋다. 이 항목은 다만 소민(小民)에게만 시행할 수 있다.

---

215) 『신편 목민고』, 「정풍속(正風俗)」, 415~417쪽.

216) 지친(至親) : 더할 수 없이 혈통이 가까운 사이라는 뜻으로 아버지와 아들, 형과 아우, 작은 아버지와 조카 사이를 이르는 말.

217) 후주(酗酒) : 주정.

218) 노성(老成) : 경험을 쌓아 일에 익숙함.

219) 두두인(頭頭人) : 가장 우두머리가 되는 사람.

220) 『신편 목민고』에는 독법(讀法)·청법(聽法)은 없고, 본문의 '依式'이 '의식(儀式)'으로 되어 있어 이를 따른다.

경내(境內)에 선현(先賢)의 묘소(墓所)나 사우(祠宇)²²¹⁾가 있으면 각별히
받들어 모신다[尊奉]. 그 후손이 미천하여 보수하지 못하면 주의를 기울여
보살핀다[顧護].

충신과 효자를 기려서 정려(旌閭)²²²⁾한 것이 간혹 너무 오래되어 훼손된
것이 있는데 각 방(坊)에 전령(傳令)하여 숫자를 파악한 뒤 고쳐 세운다.²²³⁾
혹은 복호(復戶)²²⁴⁾했던 효자(孝子)·정부(貞婦) 가운데 생존자와, 비록 정
려와 복호하는 데까지는 미치지 못하더라도 그 행동이 의로워 탁월함이
있는 자는 각별히 예우하고 명목을 붙여서 간간이 식물(食物)을 내려주어
[題給]²²⁵⁾ 풍속을 바로잡는 바탕으로 삼는 것이 좋다.

나이 많은 사람을 존중하는 것은 인정(仁政)을 행하는 방법이다.²²⁶⁾
반드시 각 면에 널리 물어서 파악한 뒤 책자로 작성하여 식물(食物)을
제공하는 근거로 삼는다. 상민[常漢]은 나이를 속이는[冒年] 폐단이 있으니
호적을 살펴본 뒤에 시행하는 것이 좋다. 그러나 나이를 속이는 것을
호적에서 찾아내기는 극히 어려우므로 반드시 처음 호적에 들어간 해[入籍

---

221) 사우(祠宇) : 선조(先祖)나 선현(先賢)의 신주(神主)나 영정을 모셔두고 배향하는
　　곳.
222) 정려(旌閭) : 국가에서 미풍양속을 장려하기 위해 효자·충신·열녀 등이 살던
　　동네에 붉은 칠을 한 정문(旌門)을 세워 표창하던 일.
223) 본문은 '開立'인데, 『신편 목민고』와 『치군요결』 모두 '改立'으로 되어 있어
　　이를 따른다.
224) 복호(復戶) : 특정한 대상자에게 그 호(戶)의 조세(租稅)나 부역(賦役)을 면제해
　　주는 일.
225) 제급(題給) : 관아에서 공문서나 백성의 소장(訴狀)·청원서(請願書) 같은 데에
　　제사(題辭)를 적어 내어 줌.
226) 본문은 '尊高年 乃仁政也'이나 『신편 목민고』와 『치군요결』 모두 '尊高年 所以行仁
　　政也'로 되어 있어 이를 따른다.

式年]로부터 살펴서 찾아낸 연후에야 그 실상을 알 수 있을 것이다. 결혼할 시기를 놓친 사람에 대해서는 각 면에 문서를 내려서 조사하고, 여자는 20세 이상, 남자는 30세 이상[227] 된 자에 대해서는 책자를 작성하고[228] 그 가장을 방문하여 날을 정해서 결혼시키게 한다. 그리고 해당 고을의 물력의 넉넉하고 부족함[豊薄]을 헤아려서 조금이나마 부조하는 것이 좋다.

시일을 넘겨서 장사(葬事)를 지내지 못하는 사람에 대해서도 또한 체문 [帖文][229]을 내려서 파악한 뒤 책자로 만들어 둔다. 그리고 그 친척과 족속[親屬]이 있는지 여부를 상세하게 물어서, 친속이 있으면 즉시 매장(埋葬)하게 하고, 친속이 없어서 다년간 시신을 초빈(草殯)[230]하는 경우에는 해당 이(里)에서 매장하게 하고 관에서 인부들을 먹일 술과 같은 것을 지급하는 것이 좋다.

농업과 양잠을 장려함[勸農桑][231]

권농(勸農)의 정치는 그 시기를 빼앗지 않는 것이 급무(急務)이다. 모든 요역 징발이나 쫓아가서 잡아오는[推捉] 등의 일은 농한기에는 정지하거나 폐지하는 것이 좋다. 종자와 양식에 대해서는, 종자(種子)가 없는 사람은

---

227) 본문은 '三十以外'이나 『신편 목민고』와 『치군요결』 모두 '三十歲以上'으로 되어 있어 이를 따른다.

228) 『신편 목민고』에는 본문의 '受成冊' 3자가 누락되었다.

229) 체문[帖文] : 수령이 관하(管下)의 면임(面任) · 훈장(訓長) · 향교 유생 등에게 유시(諭示)하는 글.

230) 초빈(草殯) : 장사를 지내기 전에 시체를 방 안에 둘 수 없는 경우에 관을 바깥에 놓고 이엉 같은 것으로 덮어서 눈 · 비를 가리는 것.

231) 『신편 목민고』, 「권농상(勸農桑)」, 417~421쪽과 거의 같으나 글자의 출입이 많다.

각 이(里)에서 원수성책(願受成冊)232)을 받아서 기한이 되기 전에 나누어 주고,233) 양식도 이와 같이 한다. 또한 농우(農牛)와 농기구 역시 본 이(里)의 이웃끼리 서로 빌려 주게 하고, 이를 어기는 자는 죄로 다스리겠다는 뜻을 또한 일일이 신칙(申飭)하여 알려 준다. 이러한 일들은 주자(朱子)의 권농문(勸農文)을 참고하여 번역하여 깨우쳐 주는 것이 좋다.234)

뽕나무[桑木]와 가죽나무[樗],235) 옻나무[漆], 대추[棗]·밤[栗]·감[枾]·배[梨] 나무 등 민의 생업에 도움이 될 수 있는 것들 가운데 토질을 헤아려서 적당한 것을 파종하라고 알려주고[知委], 호(戶)를 따라서 책자를 만들어서 올리게 한다. 이 일은 『경국대전(經國大典)』의 공전(工典)과 호전(戶典) 및 『한서(漢書)』 황패전(黃覇傳)236)을 참고하여 시행하는 것이 좋다.

처음부터 밭갈이[起耕]237)하지 않았거나 씨 뿌리지 않은 곳, 김매기[除草] 하지 않은 곳, 경작지가 냇물에 유실된 곳[成川浦落]238) 등은 절기[時節]를 따라서 그때그때 문서로 보고하라[牒報]239)고 각 면에 알린다. 경작하지

---

232) 원수성책(願受成冊) : 각 이(里)에서 작성한 종자나 식량을 필요로 하는 사람들에 관한 책자를 말하는 것 같다.

233) 『치군요결』에는 '先期分給' 다음에 '可也'가 더 있다.

234) 이 단락은 『신편 목민고』에는 누락된 부분이다.

235) 『신편 목민고』와 『치군요결』은 모두 닥나무[楮]로 되어 있다.

236) 「황패전(黃覇傳)」 : 『전한서(前漢書)』 권89, 열전 제59, 황패를 말한다. 황패는 중국 전한(前漢) 양하인(陽夏人), 자(字) 차공(次公), 시호(諡號)는 정후(定侯)이다. 벼슬은 승상(丞相)까지 이르렀다. 한대(漢代)에 민(民)과 이(吏)를 잘 다스린 것으로 유명하다.

237) 기경(起耕) : 개간하지 않은 땅이나 묵은 땅을 일구어 갈아 경작함.

238) 성천포락(成川浦落) : 논밭이 유실됨. 논밭이 흐르는 냇물에 스치어서 떨어져 나감. 본문은 '川反浦落'으로 되어 있으나 『신편 목민고』에는 '성천포락'으로 되어 있는데, 같은 내용이다.

239) 첩보(牒報) : 문서로 보고함.

않은 곳, 씨 뿌리지 않은 곳, 제초하지 않은 곳은 그 사유를 상세히 보고하게 하고, 만약 질병이나 사고로 인한 것이라면 그 이웃이나 친척으로 하여금 도와서 갈고 김매게 한다. 또한 일률적으로 법을 정해서 (이유 없이)[240] 농사를 폐기하는 일이 있으면 해당 두두인(頭頭人)과[241] 면임(面任)은 엄하게 다스릴 것이라고 신칙(申飭)하여 약속해두는 것이 좋다.

농사와 양잠[農桑]은 진실로 민산(民産)의 근본이고, 씨 뿌리고 가꾸며[栽種] 가축을 기르는 일[畜牧]들은 모두 후생(厚生)의 정치에 관계되므로 소홀히 해서는 안 된다. 황패(黃覇)가 지방관이 되었을 때, 우정(郵亭)[242]의 향관(鄕官)[243]으로 하여금 모두 닭과 돼지를 기르게 하여 그것으로 홀아비와 과부 및 가난한 자를 구휼하였으며, 민(民)으로 하여금 농경과 양잠에 힘쓰고 쓰임새를 절약하여 재산을 늘리며, 나무를 심고 가축을 기르게 하고 쌀과 소금과 같은 물건도 부족하지 않게 하였다.[244] 처음에는 좀 번거로웠지만 황패가 정력적으로 추진하여 실천에 옮겼다. 홀아비·과부·고아·홀로 사는 노인[鰥寡孤獨] 등이 죽어서 장사지내 줄 사람이 없는 자는 향관이 문서로 보고하면 황패가 모두 주선하여 처리하기를, 어느 곳의 큰 나무는 관(棺)을 만들 만하고, 어느 마을의 돼지새끼는 제수로 쓸 만하다고 하였다.

공수(龔遂)[245]가 지방관이 되었을 때 민의 풍속이 사치스러운 것을 보고

---

240) '무고(無故)' 두 자가 본문에는 없으나 『신편 목민고』와 『치군요결』에는 있으므로 이를 따른다.

241) 『신편 목민고』와 『치군요결』은 모두 '농임(農任)과 동임(洞任)'으로 되어 있다.

242) 우정(郵亭) : 중국 한(漢)나라 때의 역관(驛館).

243) 향관(鄕官) : 중국 한(漢)나라 때의 향리.

244) 이 부분은 『전한서(前漢書)』 권89, 열전 제59, 황패전에 나오는데 글자에 약간의 출입이 있다.

몸소 검약(儉約)을 실천하고, 민에게 농사와 양잠을 권하여 나무 한 종류씩을 심게 하였다. 소나무 100그루[本], 염교[薤]²⁴⁶⁾ 50본, 파[葱] 한 뙈기를 심게 하고 집집마다 암퇘지[牝彘] 2마리를 기르게 했다. (칼을 차고 다니는 자가 있으면) 칼[刀劍]은 팔아서 소와 송아지[牛犢]를 사게 했다. 봄·여름에는 민이 밭으로 나가지 않을 수 없게 하고, 가을·겨울에는 수확에 힘써 과실과 마름[蔆]²⁴⁷⁾과 연꽃[芡]²⁴⁸⁾ 등을 비축케 하였다. (이와 같이) 노동력이 필요한 곳마다 따라서 시행하여 군(郡) 안에 모두 축적(蓄積)한 것이 있게 되니, 이서와 민들이 모두 부유해지고 송사도 그치게 되었다.²⁴⁹⁾ 공수와 황패의 다스림은 천고(千古)에 가장 뛰어난 것인데도 이러한 정치를 힘써 행한 것에 불과하였으니, 수령[字牧]²⁵⁰⁾으로서 이를 본받아서 실천할 수 있다면 민에게 이로운 점이 틀림없이 많을 것이다.

옛날에는 봄에 장차 민을 마을[里]에 내보낼 때 평소의 아침에는 서리를 오른쪽 방에 앉게 하고 인장(隣長)은 왼쪽 방에 앉게 한 뒤, (민이) 모두 나간 연후에 돌아왔다. 저녁에도 이와 같이 하였다. 들어갈 때는 반드시 땔나무[薪樵]를 갖고 가게 하였는데, 경중(輕重)을 나누어서 반백(斑白)의 노인은 가지고 가지 않아도 되었다. 겨울에 민이 모두 들어가면 같은

---

245) 공수(龔遂) : 자 소경(少卿), 산양 남평양인(山陽 南平陽人). 전한(前漢) 소제(昭帝, B.C. 86~74)·선제(宣帝, B.C. 74~49) 때 사람. 명경(明經)으로 관리가 되어 읍간(泣諫)을 잘하였다고 한다. 선제 때 말년에 발해태수(渤海太守)가 되어 훌륭한 치적을 남긴 것으로 유명하다.
246) 염교[薤] : 백합과에 딸린 여러해살이 풀.
247) 릉(蔆) : 마름. 물풀의 이름.
248) 검(芡) : 못이나 늪에서 나는 연꽃의 한 가지.
249) 이 부분은 『전한서(前漢書)』 권89, 열전 제59, 공수(龔遂)에 나오는 것인데 글자에 약간의 출입이 있다.
250) 자목(字牧) : 수령. 수령이 백성을 사랑으로 다스리는 일.

마을의 부인들은 서로 모여서 밤에 길쌈을 하게 하였는데, 여인들이 한 달에 15일은 반드시 서로 모이게 한 것은 비용과 연료를 아끼고 솜씨를 북돋우며 풍속을 이루게 하기 위한 것이었다.

주(周) 무왕(武王)²⁵¹⁾이 태공망(太公望)²⁵²⁾을 영구(營丘)²⁵³⁾에 봉하였는데, 그 곳은 개펄이어서 인민이 적었다. 이에 그 여공(女工)들에게 길쌈을 권하여 기술을 닦게 하고 어물과 소금을 통하게 하자 사람들이 몰려들어 제(齊)나라 의관(衣冠)이 천하의 산동 지방[海垈]²⁵⁴⁾에 퍼져나가 (많은 사람들이) 옷깃을 여미고 가서 입조(入朝)하였다. 이를 통해서 보건대 옛날[古昔] 선왕(先王)들이 민의 산업을 다스리는 제도[制民産]가 얼마나 잘 갖추어졌는가[纖悉]²⁵⁵⁾를 알 수 있다.

우리나라의 권농(勸農)하는 정치는 소홀하기[鹵莽]²⁵⁶⁾ 짝이 없다. 수령은 농사와 양잠의 정치에 유의하여 촌마다 착실하고 일에 밝은 늙은이를 동장(洞長)으로 정하고 옛날의 인장(隣長)이 하던 대로 매일 일찍 일어나서 농민을 권장하여 들판에 나가게 하고 저녁에 돌아오게 하며, 각각 땔나무 여러 무더기를 거두어서 그것으로 각자 밥을 짓거나 혹은 거름을 만들게

---

251) 무왕(武王) : 중국 주(周)나라의 시조. 문왕(文王) 창(昌)의 아들. 이름은 발(發). 문왕이 닦아 놓은 국력을 바탕으로 하여 은(殷)나라의 주왕(紂王)을 쳐서 중원천하(中原天下)를 통일하였다. 태공망(太公望)을 스승으로 삼고 주공 단(周公 旦)의 보필을 받아 선정을 베풀었다.
252) 태공망(太公望) : 주 문왕의 스승 여상(呂尙)의 호. 강태공(姜太公)이라고도 한다. 무왕을 도와 은의 마지막 왕인 주왕(紂王)을 멸하고 천하를 평정하였다.
253) 영구(營丘) : 태공망의 봉지.『사기(史記)』권32, 제태공망세가 제이(齊太公望世家第二)에는 '영구(營邱)'로 되어 있다.
254) 해대(海垈) : 지금의 산동성(山東省) 발해(渤海)에서부터 태산(泰山)까지의 지대.
255) 섬실(纖悉) : 미세한 데까지 빠짐없이 상세함.
256) 로망(鹵莽) : 거칢, 소홀함.

한다. 날마다 이렇게 하는 것을 일상적인 규칙으로 삼아야 한다.[257]

혹 나태하여 명령을 따르지 않는 자가 있으면 이(里) 중에서 모여 앉아서 관에서 정한 규칙에 의거해 회초리를 때리거나 혹은 어깨를 때려서 놀라 깨닫게 한다. 그 중에서 매우 심하게 게을러서 농사에 부지런하지 않은 사람 및 외롭고 힘없는 양반의 드센 노비가 명령에 따라서 농사에 부지런하지 않은 자는 동장이나 해당 이임(里任)으로 하여금 뽑아내어 관에 보고하는 일을 정식(定式)으로 삼아서 알리는 것이 좋다.

여공(女工)에 대해서 옛 사람들이 말하기를 "한 달에 45일의 노동력을 얻을 수 있어서 남공(男工)보다 나은 점이 있다"고 하였다. 우리나라 양서(兩西) 지방[258]의 명주[紬], 북관(北關)[259]과 동관(東關)[260]의 삼베[麻布],[261] 호령(湖嶺)[262]의 면포(綿布), 양호(兩湖)[263]의 저포(苧布)[264] 등은 모두 족히 민의 산업[民産]이 될 만한데 이것을 하는 자가 거의 없다. 지금 마땅히 읍과 이(里)의 근처에서 베를 짤 수 있는 여인을 택하여, 가까이 살고 있는 여인 가운데 손재주가 있어서 베 짜기를 배울 수 있는 여인을 가려 뽑아서 가르치게 한다. 혹은 상(賞)을 주어서 권장하고, 혹은 베 짜는 도구를

257) 본문은 '日以爲常'으로 되어 있는데, 법제처본 『거관대요(居官大要)』에는 '日以爲常式'으로 되어 있어 이를 따른다.

258) 양서(兩西) : 해서(海西)와 관서(關西), 즉 황해도와 평안도를 아울러 이르는 말.

259) 북관(北關) : 함경북도 지방. 함경도를 구분하여 마천령을 경계로 그 북쪽은 북관, 그 남쪽은 남관이라고 함.

260) 동관(東關) : 강원도.

261) 마포(麻布) : 마로 만든 포, 모시와 삼베를 구분하여 보통 삼베로 만든 것을 마포라고 함.

262) 호령(湖嶺) : 경상도를 가리키는 것 같다.

263) 양호(兩湖) : 호남(湖南)과 호서(湖西), 곧 전라도와 충청도를 아울러 이르는 말.

264) 저포(苧布) : 쐐기풀과에 속하는 모시풀의 인피섬유로 제작한 직물.

보조하고, 혹은 이자 없이 전화(錢貨)를 빌려 주어 (베 짜기) 업(業)의 근본으로 삼게 한다.[265] 거리가 먼 촌(村)에서는 자손이 많은 늙은이[老漢]를 불러다가 부녀(婦女)들에게 권장하여 그 이해(利害)를 깨우치도록 수령이 그 책임을 부과하는 것이 좋다. 이 일은 비록 비현실적이고[迂闊] 번거로운 일 같지만 베 짜는 1 부녀가 3명의 농부를 능가할 수 있으므로 만약 민이 (수령인) 나의 가르침을 따른다면 그 사람들에게 미치는 이익과 혜택이 어떠하겠는가?

밀양(密陽)의 밤나무 숲[栗藪], 회양(淮陽)의 잣나무 밭[栢田], 남양(南陽)의 옻나무 밭[漆田] 등은 모두 앞선 사람들[前輩]들이 심어 가꾸어서[裁植] 후손들에게 남겨준 은혜이다. 세종조(世宗朝)에 모든 도(道)의 각 읍에 명하여 토질에 적합한 수목(樹木)과 약재(藥材)를 심어 가꾸게 하여 지금까지도 이용후생(利用厚生)의 혜택을 입고 있다. 수령은 이미 민에게 권하여 심어 가꾸게 하였다면 또한 관이 있는 대지(垈地)와 전후의 안산(案山)[266] 및 공한지(空閑地)에도 수목을 많이 심게 하고, 관아의 과원(果園)에도 과일나무를 많이 심게 하면 비록 자기 임기 내에 열매를 맺지 않아도 그 혜택이 읍에 미치는 바가 클 것이다.

염소[羔羊]와 돼지[猪]에 대해서는 각 읍에서 그 번식[孶息]을 전혀 살피지 않아서 제사지낼 때나 손님을 접대할 때 늘 큰 짐승을 잡는다.[267] 마땅히 우리[圈柵]를 견고하게 조성하고 목부(牧夫)를 정하여 사육하게

---

265) 본문은 "或給賞格勸 或造其織具 或平貨其別利錢貨 以爲業本"이나 『치군요결』은 "或給賞激勸 或助其織具 或平貸無邊利錢貨 以爲業本"인데 이를 따른다.

266) 안산(案山) : 집터나 묘자리 맞은 편에 있는 산.

267) 본문은 '待之'인데, 『신편 목민고』와 『치군요결』에는 모두 이 앞에 "羔羊猪 各邑全 不察其孶息 祀饗賓旅之供 輒宰大畜而待之"가 있어 이를 따른다.

해야 한다. 그러면 불과 몇 년 사이에 산에 가득 찰 정도로 번성할 것이다. 각 읍에서는 으레 사육용 지게미를 거두어들이는데, 이것을 돈으로 대신 거두어 고지기[庫直]가 가로채는 일이 많다. 마땅히 거두어들이는 일을 신칙하여 돈으로 대신 거두는 폐단을 없애고 가축 사료를 제대로 마련하여 착실하게 사육하게 하는 것이 좋다.

군비를 갖춤[武備]²⁶⁸⁾

평화로운 지 백년이 넘어서 민이 군사 일을 알지 못한 지가 오래되었으니, 수령을 하는 자는 반드시 마음을 두어야 한다. 그러나 군병은 두 영문(兩營)²⁶⁹⁾과 각 진(鎭)²⁷⁰⁾과 서울의 군문(軍門)에서 관할하니 수령은 원래 거느리고 있는 병사가 없고 단지 약간의 군교(軍校)와 수십 명의 이서(吏胥)·관노(官奴)로 만든 부대가 있을 뿐이다. 또 성에 해자[城池]²⁷¹⁾가 없는 읍이 10에 여덟, 아홉이다. 상황이 이러하니 비록 먼 지방을 순찰하려는 충성심이 있어도 어찌할 수가 없다.

옛날 이포진(李抱眞)²⁷²⁾이 택로(澤潞)²⁷³⁾의 절도사가 되었을 때 3사람의

---

268) 이 항목은 『신편 목민고』, 「무비(武備)」, 439~441쪽과 글자에 약간의 출입이 있을 뿐 내용은 거의 같다.

269) 두 영문[兩營] : 어영청(御營廳)과 금위영(禁衛營)을 말한다. 어영청은 인조 때, 금위영은 숙종 때 만들어진 조선후기 중앙군인 5군영 가운데 핵심 군영이었다.

270) 진(鎭) : 둔전병(屯田兵)의 군인이 주둔하던 무장 성곽도시, 또는 군사적 지방 행정구역. 조선시대에는 군사적 요충지에 둔 군영(軍營)을 가리켰는데, 규모에 따라서 주진(主鎭), 거진(巨鎭), 제진(諸鎭) 등이 있었다.

271) 성지(城池) : 성의 해자.

272) 이포진(李抱眞) : 당(唐) 덕종(德宗) 때(780~804)의 무장(武將). 자는 태현(太玄), 포옥(抱玉)의 종제(從弟)로서 덕종(德宗) 때에 소의군(昭義軍)을 거느리고 주도(朱

장정 가운데서 한 사람을 선발하여 민병 2만 명을 얻었다. 이들을 농한기에
는 짝을 지워서 활쏘기를 시키고 한 해를 마칠 무렵에는 대규모로 훈련하여,
그 잘하고 못함에 따라 등급을 매겨서 상도 주고 책벌도 하였다. 삼 년째가
되자 모두 정예 병사가 되어 산동의 여러 진(鎭)을 호령할 수 있게 되었다.
이는 '농사일 틈틈이 군사를 기르는' 뜻을 잘 실현한 것이다. 지금 고을의
출신(出身)274) · 한량(閑良)275)을 비롯하여 각종 군병을 이 법에 따라 훈련
한다면 무예가 쓸 만해질 것이다.

또 어떤 선배인사로서 인조반정[仁廟靖社]276) 이후 병란이 여러 차례
일어났을 때 수원부사였던 이가 군병을 징발하는 데 군사가 시각에 맞추어

滔)를 격파하였다.

273) 택로(澤路) : 중국 택주(澤州)와 노주(潞州).

274) 출신(出身) : 조선시대 문과(文科 : 大科) · 무과(武科) · 잡과(雜科) 등의 시험에 합
격한 사람을 일컫는 말. 특히 임진왜란 중에 군액을 확보하기 위해 형식적인
무과(武科)를 대대적으로 설행하여 배출된 직역이었는데 이후에는 실직(實職)에
는 나아가지 못한 무과 합격자를 지칭하는 개념으로 사용되었다. 여기에는 문무
관직 진출에 실패한 사족(士族)과 양인 상층으로서 재력이 있는 자들이 포함되어
있었던 점은 한량과 같다.

275) 한량(閑良) : 조선시대 전 시기를 통해 존재했는데, 시대에 따라 그 뜻이 조금씩
달라졌지만, 부유하면서도 직업과 속처가 없는 유한층(遊閑層)이라는 공통점이
있다. 그리고 관직이나 학생이 될 자격이 있는 양인(良人) 이상의 신분으로서
하층 양반이나 상층 평민 중에서 배출되었다. 조선후기 1625년(인조 3)에 작성된
호패사목(戶牌事目)에는 사족으로서 소속된 곳이 없는 사람, 유생(儒生)으로서
학교에 입적(入籍)하지 않은 사람, 그리고 평민으로서 소속된 곳이 없는 사람을
모두 한량으로 호칭하고 있다. 이것은 조선전기의 한량 개념이 그때까지도 그대
로 계승되고 있음을 말해준다. 그러나 정조 때『무과방목(武科榜目)』에는 무과
합격자로서 전직(前職)이 없는 사람을 모두 한량으로 호칭하고 있다. 이는 이
무렵부터 한량이 무과 응시자격을 얻게 되면서 무과 응시자 혹은 무반 출신자로서
아직 무과에 합격하지 못한 사람의 뜻으로 바뀐 것을 말한다.

276) 인조반정[仁廟靖社] : 인묘(仁廟)는 인조(仁祖)를 뜻하고, '정사(靖社)'는 반정(反
正) 공신(功臣)의 이름이다.

모이지 못하자 각 마을에 깃발을 단 큰 장대를 세우고, 군사를 징발할
때가 되면 읍내에서 먼저 장대 위에 깃발을 세우고 포를 쏘았다.277) 깃대가
보이는 마을이나 포를 쏘는 소리가 들리는 곳은 차례차례 깃발을 달고
포를 쏘니, 군사가 나는 듯이 진(陣)에 나갔다. 이런 방법은 민병(民兵)을
다스리는 자가 모두 본 따서 행할 만하다.

지금은 때가 평화로워 군사에 대해서 말하기 어렵다. 간사한 사람의
모함이 뜻밖에 있을 수가 있으니 자세히 논할 만한 것이 못된다. 다만
이노(吏奴)와 군교(軍校)를 취하여 간간이 총과 활을 쏘는 연습을 시키고,
고을 내의 무사(武士)가 무예를 닦아서 과거에 응시하는 것[習擧業]을 권장
[勸課]하는 것이 좋다.

여러 고을의 군기가 극히 맹랑하여 활·총·화약이 모두 쓸 만하지
못하다. 유의하여 수리하는 하는 것이 마땅하니, 소홀하여서는 안 된다.
반드시 읍(邑)의 재정 능력에 따라서 모곡(耗穀)278)이나 혹은 월여미(月餘
米)279)를 취해서 그 노후(老朽)되어 사용할 수 없게 된 것을 그때그때
보수한다. 활은 좁고 습기 찬 창고에 쌓아둔 까닭에 소의 힘줄로 만든
활줄이 풀리고 물소 뿔로 만든 노루발이 느슨해져 결국에는 버려지는
물건이 된다. 각 청(廳)의 방구들[房堗]에 불을 지피고 방안의 정면 벽[主壁]

---

277) 이것은 이시백(李時白, 1581~1661)이 수원부사로 있을 때의 일이었다. 이시백은
　　이귀(李貴)의 아들로서 부자가 같이 인조반정을 주도하여 모두 정사공신(靖社功
　　臣)이 되었다. 이시백은 군사 분야에 정통하여 이괄의 난과 정묘(丁卯)·병자(丙子)
　　두 차례의 호란(胡亂)에서 주로 활약하였다. 그는 특히 병사들과 고락을 같이
　　한 지휘관으로서 유명하였다.
278) 모곡(耗穀) : 각 고을 창고(倉庫)에 저장한 양곡(糧穀)을 봄에 백성에게 대여했다가
　　추수 후 받아들일 때, 말[斗]이 축나거나 손실을 보충하기 위하여 10분의 1을
　　덧붙여 받던 곡식.
279) 월여미(月餘米) : 월별 경상비(經常費)에서 절약하여 지출하고 남은 쌀.

의 아랫목에 탁자를 설치하고 각궁(角弓)[280]을 고리에 담아 탁자 위에
보관한다. 그리고 때때로 활시위를 잔뜩 잡아당기곤 하면 창고에 쌓아놓아
폐기되게 하는 것보다 나을 것이다. 향청,[281] 군관청,[282] 작청[283]에서 그
사람 수에 따라 활을 받아가서 각자 불을 때서 활을 잘 매이게 한 다음
관표를 붙여 내주는 것이 좋다. 총은 장부에 올려놓은 것 이외[記付外]의
화약이 있으면[284] 간간이 이노(吏奴)로 하여금 총 쏘는 시험을 보여 취재(取
才)하는 것도 좋을 것이다. 만일 물력(物力)이 있으면 화문(火門)은 헝겊으로
싸고 총구는 말목을 끼워 넣고 다시 전체를 개가죽[狗皮]으로 싼다. 그러면
쇠가 녹슬지[繡澁] 않을 것이다. 화약을 보관하는 방에는 불을 때기가
극히 어렵다. 대개는 실화를 염려하여 고지기마저도 방구들에 불을 넣지
않는다. 오랫동안 이렇게 두면 진흙과 다름없이 된다. 불을 붙여도 불이
일어나지 않으니, 급할 때를 당하여 장차 어찌 이를 써먹겠는가? 예전에
화약 고방을 보니 몸체가 큰 전석(全石)으로 구들을 깔아서 불길이 새나올
틈을 없게 하고 또 진흙 회를 발라서 쥐가 구멍을 내지 못하도록 하여,
수시로 불을 때었다. 또한 경군문(京軍門)의 화약 보관법도 본받아 행할

---

280) 각궁(角弓) : 쇠뿔이나 양뿔을 박아서 만든 활.

281) 향청(鄕廳) : 유향소의 다른 이름. 조선후기에는 주로 향청이라고 칭함. 지방
　　품관(品官)들의 자치기구적인 성격과 수령을 도와 지방을 통치하는 지방통치기구
　　적의 성격을 동시에 지님.

282) 군관청(軍官廳) : 군관이 사용하던 청사. 군관(軍官)은 각 진(鎭)에 배치되어 진장
　　(鎭將)을 보좌하고 군사를 감독하였다.

283) 작청(作廳) : 아전이 집무하는 청사로서 길청(吉廳) 또는 연청(椽廳)이라고 함.
　　조선시대의 아전은 실무를 담당한 중간 관리층으로서 실제적인 사무의 처리는
　　이들에게서 이루어졌으므로 이들이 모여 있는 곳이 바로 업무가 이루어지는
　　곳이란 의미에서 작청이라 하였음.

284) 본문은 '火藥若有記付外餘數'이나 『신편 목민고』는 '如有記付外火藥'으로 되어
　　있다.

만하다.

화약을 고쳐 찧는 법[火藥改擣法][285)

화약을 한 번에 3근을 넣고 절구질하는 데 일꾼[役軍]이 3명 필요하다.[286)

화약 3근에 염초 12량, 유황 1량 5전을 섞어서 하루에 1첩을 한 번씩 절구질하여 찧으면 (추가한) 염초의 분량만큼 (화약이) 더 나온다.

화약 1백 근을 도침(擣砧)[287)할 때는 염초 25근, 유황 3근 2냥과 섞는다.

화약 4백 근을 도침할 때는 염초 1백 근, 유황 12근 8냥과 섞는다.

이렇게 도침하면 (추가한) 염초의 분량만큼 (화약이) 더 나온다.

염초(焰硝) 100근의 가격[價錢][288)은 65냥 혹은 70냥이며, 유황(硫黃) 20근의 가격은 5~6냥이다.

신철(薪鐵)[289) 100근에서 작철(斫鐵)[290)하면 25근이 줄어들고, 정철(正鐵)[291)은 25근이 줄어든다. 거칠게 하면 한 근에 2냥 4전이 줄어들고, 정밀하게 하면 한 근에 4냥 8전이 줄어든다.

신철 100근으로 정철(正鐵) 50근을 만든다. 거칠게 하면 한 근에 1냥이

---

285) 『신편 목민고』, 「화약개도법(火藥改搗法)」, 441~442쪽과 내용이 같은데, 『신편 목민고』의 세주가 여기에서는 본문으로 되어 있다.

286) 본문은 '火藥一砧一曰三斤 役軍三名'인데, 『신편 목민고』에는 '火藥一貼一曰 役軍 三名'이다.

287) 도침(擣砧) : 피륙이나 종이 따위를 다듬잇돌에 다듬어서 반드럽게 하는 일.

288) 가전(價錢) : 물건의 값으로 치른 돈.

289) 신철(薪鐵) : 광산에서 나는 철의 종류의 하나.

290) 작철(斫鐵) : 쇠를 제련하는 것을 가리키는 것으로 보인다.

291) 정철(正鐵) : 무쇠를 불려서 순도를 높인 쇠. 시우쇠.

줄어들고, 정밀하게 하면 한 근에 4냥, 더 정밀하게 하면 한 근에 8냥이 줄어든다. 숯은 정밀한 것과 거친 것을 물론하고 한 근에 8승이다. 이것은 선공감(繕工監)[292]의 규정이다.

　모든 군기(軍器) 개수(改修)와 들어온 물종의 많고 적음은 마땅히 각 군문에 상세히 물어서 그에 따라서 행하는 것이 좋다.[293]

도적 다스리는 법[治盜法][294]

　도적이 생민에게 끼치는 해는 크니 경계하고 대비하지 않을 수 없다. 그 경계하고 대비하는 방법의 핵심은 간사한 도적들이 흩어져 사라지도록 하는 데에 있다. 마땅히 각 면에 한문과 한글로 다음과 같은 내용으로 전령을 내려 알린다.

　내력이 분명하지 않고 행동이 매우 황당하며 농사일에 힘쓰지 않고 일 없이 드나드는 자들은 모두 도적의 부류이니, 각 마을에서는 이들을 머물러 살게 해서는[295] 안 된다. 혹 원래부터 살고 있던 사람이라 하더라도 수상하고 황당한 행동을 할 경우에는 마을에서 빠짐없이 비밀리에 신고해야[296] 한다. 만약 그 자가 대처하기 어려울 정도로 사납고 악하여[297]

---

292) 선공감(繕工監) : 고려 · 조선시대 토목과 영선(營繕)에 관한 일을 관장하기 위해 설치했던 관서.

293) 이 부분은 『신편 목민고』, 「화약개도법(火藥改搗法)」, 443쪽에 보인다.

294) 이 항목은 『신편 목민고』, 「치도법(治盜法)」, 481~483쪽과 거의 일치한다.

295) 본문은 '如接'이나 『신편 목민고』와 『치군요결』 모두 '止接'으로 되어 있어 이를 따른다.

296) 『신편 목민고』는 '盡告'이나 본문과 『치군요결』은 '密告'이므로 이를 따른다.

297) 『신편 목민고』와 『치군요결』은 '肆虐難處'이나 본문은 '肆惡難處'이므로 이를

마을사람들이 입도 벙긋하지 못할 때에는 관가에서는 기찰(譏察)하여
체포하는 방법[譏捕][298]를 활용한다. 이때 또한 향통(䚋筒)[299]을 나누어
주어 마을에 살고 있는 사람들이 각기 몰래 수상한 사람의 이름을 써
통속에 넣도록 하라. 만약 사사로운 원한 때문에 양민을 거짓 신고할
경우에는 관가에도 이목이 있으니, 잘 헤아려 선량한 사람이 다치지
않도록 한다. 이전에 자잘하게 물건을 훔쳐 도적(盜賊)이 된 자가 잘못을
뉘우치고 착실하게 농사를 지으며 나쁜 짓을 하지 않을 경우, 이 자
또한 양민이므로 비록 그 이름이 향통에서 나온다 할지라도 관가에서는
자세히 조사하여 분간한다. 우리 경내의 민인들이 오로지 농사일에만
힘써서 '출입이 무상하고 행동이 황당하다'는 일로 그 이름이 향통에
빈번하게 나오지 않게 되면 관가와 민간이 모두 평안 무사하게 될 것이니,
각자 이를 가슴깊이 새겨두는 것이 마땅할 것이다.

한 달에 여러 차례 향통을 마을로 보내어 행동이 황당한 사람들의 이름을
써서 바치게 하면 간악한 무리들이 두려워하며 흩어질 것이다. 그러나
향통에서 그 이름이 자주 나타나는 사람을 가려 뽑아 몰래 그 이름을
기록하고 몰래 탐문한다. 그 가운데 특히 심한 자는 가려 뽑아서 매우
세게 장(杖)을 치고 그 죄상을 말하여 그의 잘못을 뉘우치게 한다. 그
다음 각 면(面)에 다음과 같은 내용을 즉각 알린다.

어떤 마을의 아무개가 농사일에 힘쓰지 않고 행동이 황당하여 좋지 못한
일을 많이 했다. 그래서 붙잡아다 엄하게 매질하여 그가 잘못을 뉘우치게
했다. 다른 면에서도 또한 농사일에 힘쓰지 않고 행동이 황당한 자들이

따른다.

298) 기포(譏捕) : 강도·절도 등을 염탐하여 체포하는 일.
299) 향통(䚋筒) : 대로 만든 벙어리 모양의 밀고용 투서함.

많이 있으니, 앞으로 두고 보아 반드시 징치(懲治)할 것이다. 각 면에[300] 이 전령을 반포하여 여기에 해당하는 사람들이 잘못을 뉘우치고 죄를 저질러 중한 형벌을 받지 않도록 하는 것이 마땅하다.

그런데 항통이라고 하는 것은 사사로운 원한 때문에 모함하는 일이 많으므로, 항통에 적힌 이름을 일일이 믿어서는 안 되며 또한 그 내용을 가볍게 입 밖에 내서도 안 된다.

흉년에는 도둑을 금하고 초적(草賊)[301]을 금하는 절목[302]을 알려 조심하게 한다.

도적을 다스리는 절목[治盜節目][303]

1. 다른 고을의 재인배(才人輩)[304]로서, 처자를 거느리고 각 면(面)에

---

300) 『신편 목민고』와 『치군요결』은 '各村'이나 본문은 '各面'으로 되어 있어 이를 따른다.

301) 초적(草賊) : 몰래 남의 물건을 훔쳐가는 도둑, 서적(鼠賊). 또는 남의 농작물을 훔치는 도둑. 초절(草竊)이라고도 함.

302) 『성종실록(成宗實錄)』 권14, 성종 3년 정월 임인(壬寅)조에 한성의 5부 방리에서 도적을 금하는 절목이 실려 있는데 아래 내용과는 다르다.

303) 『신편 목민고』, 「치도절목(治盜節目)」, 483~485쪽.

304) 재인배(才人輩) : 고려 · 조선시대 천한 직업에 종사하던 무리의 하나. 일명 재백정(才白丁)이라고도 한다. 이들의 생활수단은 화척(禾尺)과 마찬가지로 유기(柳器) · 피물(皮物)의 제조와 도살 · 수렵 · 육류 판매 등이었다. 때로는 가무를 통해 생활하기도 했는데, 조선후기 이후에는 주로 창극(唱劇) 등의 기예(技藝)에 종사했던 것으로 보인다. 일반 양인들은 이들과 함께 거주하거나 혼인하기를 꺼려하였다. 이에 이들도 자기들끼리의 집단생활과 혼인을 도모했고, 여러 지역을 돌며 일시 거주하는 유랑생활을 하였다. 이러한 과정에서 걸식 · 강도 · 방화 · 살인 등을 자행했으며, 고려 말에는 왜구를 가장해 민가를 약탈하기도 하였다.

잠시 머물며 곡식을 구걸하는 무리라고 일컫는 자들은 모두 도적이다. 그 머물러 사는 집 주인과 함께 모두 각별히 마구 장(杖)을 쳐서[305] 신문할 터이니, 이를 위해 '아무개 집에 재인이 몇 명 와서 머물렀다'는 내용으로, 존위(尊位)·풍헌(風憲)·약정(約正)·이정(里正)이 (그들이 온 뒤) 다음 날 안으로 첩보하라.

1. 다른 고을에 사는 사람이 같은 일족(一族)이라 하고는 이 고을에 와서 살 경우, 이 또한 도적의 무리들이다.[306] '아무개의 집에 그의 일족 몇 명이 와서 머물고 있다'고 첩보하라.[307]

1. 곡식이 빨리 익는 밭에서는 이웃한 땅의 주인들이 각기 막(幕)을 만들도록 하고, 3일씩 돌아가며 수직을 서도록 한다. 만약 곡식을 잃어버릴 경우 그 날 수직을 선 자는 엄중하게 치죄하라고 첩보하라.

1. 민호는 가좌(家座)의 순서에 따라 5가 단위로 통을 만들고 통내에서 장정을 내어 날을 정해 수직을 선다. 그 통에서 도둑이 들 경우 그 날 밤 수직을 선 자를 엄중히 치죄하며 이를 위해 우선 오가작통성책(五家作統成冊)을 수정(修正)하여 관에 보고하라.

1. 근래 초적이 매우 많다고 한다. 남녀를 막론하고 매일 저녁 각자의 손바닥에 도장을 찍어 빙고(憑考)하는 바탕으로 삼는다. 매달 보름과 그믐에 상하(上下)의 인원이 한 곳에 모두 모여 한 사람의 이름을 밀통(密筒)에 각기 내도록 한다. 밀통에 이름이 많이 들어있는 자는 도적이 아니면

---

305) 『신편 목민고』는 '罪杖'이나 『치군요결』과 본문은 '亂杖'으로 되어 있어 이를 따른다.

306) 본문과 『치군요결』은 '養賊之類'이나 『신편 목민고』의 '盜賊之類'를 따른다.

307) 본문은 '是如事'이나 『신편 목민고』와 『치군요결』에는 '是如牒報事'로 되어 있어 이를 따른다.

분명 악한이므로 각별히 엄한 형벌을 가하여 징려하고 (이를) 매달 보름과
그믐에 존위가 첩보하라.

1. 다음 날부터 사람을 보내어 염문(廉問)하여 혹 이를 거행하지 않을
경우, 존위와 풍헌·약정을 각별히 무겁게 치죄할 생각이니, 깊이 새겨
거행하도록 하라.

1. 추수 때 혹 소를 도살하여 곡식과 바꾸거나, 혹은 담배·젓갈·소금
등의 물건으로 곡식을 바꾸거나, 혹은 관인배들이 밖으로 나가 곡식을
요구하는 경우 등, 이 같은 불법을 보고도 못 본채 끝까지 하나하나 보고하지
않다가 염문할 때 탄로가 나면, 존위(尊位)와 풍헌·약정을 사또에게 보고하
여 형추(刑推)하게 함으로써 본보기로 삼는다.

1. 이 전령은 한시도 지체하지 말고 차례차례 빨리 전달하되, 각 면의
이름 아래에다 이 전령이 도착하는 즉시 표시를 하며[懸註], 마지막에
도착한 면에서 이 전령을 관으로 되 바쳐야 한다. 일을 빨리 처리하는지
안하는지를 살펴 처리할 생각이니 알아서 거행하도록 하라.

장시에는 못된 자들이 꽤 있다. 먼저 읍내 장시부터 염찰하여 시가(市價)
를 마음대로 조정하고 크고 작은 되를 섞어서 사용하는 자에 대해서 시험적
으로 엄히 장(杖)을 치면, 곡물을 가지고 장시로 온 촌사람들이 낭패를
당하지 않을 것이다.

호적·문안을 살핌[考籍案][308]

호적 및 각종[309] 문안(文案)[310]은 동헌[311]의 방 속에 봉하여 두고, 민인들

---

308) 『신편 목민고』, 「고안적(考案籍)」, 422쪽과 거의 일치한다.
309) 본문은 '各邑'이나 『신편 목민고』와 『치군요결』은 모두 '各色'으로 되어 있어

의 소장 및 인물에 대해 참고할³¹²⁾ 만한 것이 있으면 곧 참고한다. 이것은 정치의 중요한 기술이니,³¹³⁾ 이서와 민인이 감히 함부로 하지 못하게 한다. 문안과 호적은 잠시도 곁에서 떨어져 있게 해서는 안 된다.³¹⁴⁾

읍총을 만듦[作邑摠]³¹⁵⁾

한 고을의 육방(六房)³¹⁶⁾과 기타 해당 이서들이 관장하는 업무를 거행(擧行)한 것, 받들어 올린 것[捧上], 지출한 것[應下] 등의 각종 명목으로 이방(吏房)³¹⁷⁾의 주관 아래 담당 이서들을 참여하게 하여 책자를 만들어서 살펴보기 편하게 한다면 한 고을의 일을 일목요연하게 파악할 수 있을 것이다.

이를 따른다.

310) 문안(文案) : 사건 서류나 장부.

311) 동헌(東軒) : 조선시대 지방 관서에서 정무(政務)를 보던 중심 건물.

312) 본문과 『치군요결』은 '可求者'이나 『신편 목민고』는 '可考者'로 되어 있어 이를 따른다.

313) 본문은 '考治之要術'이나 『치군요결』은 '爲治之要術', 『신편 목민고』는 '爲政之要術'로 되어 있어 이를 따른다.

314) 본문은 '不可須臾去也'이나 『치군요결』과 『신편 목민고』 모두 '不可須臾去側也'로 되어 있어 이를 따른다.

315) 『신편 목민고』, 「고찰문서하기(考察文書下記)」, 368쪽.

316) 육방(六房) : 조선왕조 때 승정원(承政院) 및 각 지방 관아에 두었던 이방(吏房)·호방(戶房)·예방(禮房)·병방(兵房)·형방(刑房)·공방(工房)의 총칭. 향리(鄕吏)들이 지방관을 보좌하여 그 실무를 각각 분담하였다.

317) 이방(吏房) : 지방 관아에 딸린 6방의 하나로서 지방관서에서 인사 관계의 실무를 맡아보던 부서 또는 그 일에 종사하던 책임 향리.

향임을 천거하고 임명하는 법[鄕薦差法][318]

향임[319]을 차출할 때에는 향청[320]에 일임해서는 안 된다. 현임 향소와 기타 소임을 맡은 사람들이 각기 고을에서 재주가 있어 쓸 만한 사람을 그 수에 구애받지 말고 각기 추천하게 한다. 추천자 명단[薦記][321]이 들어온 후, 그 가운데 적절하지 않은 자를 천거한 자는 죄를 주고, 추천자 명단을 향청에 주어 그들로 하여금 다시 추천하게 하면 향임을 천거 받아 선정하는 것이 참으로 정밀해질 것이다. 또 향임과 풍헌을 역임한 자를 차례로 하나하나 불러 그 말을 자세히 묻고 그 행동거지를 자세히 살핀다. 또한 그가 재임할 때의 능력이 어떠했는지를 물어 그 중에 합당한 자는 직접 몰래 기록해두었다가 궐원이 생기는 데로 보충해 넣으면, 향원(鄕員)[322] 가운데 재주 있는 사람들은 모두 거두어 쓸 수 있을 것이다.

---

318)『신편 목민고』,「향소(鄕所)」, 357쪽.

319) 향임(鄕任) : 조선시대 지방 자치기구의 하나인 유향소(留鄕所)의 직임. 일반적으로 좌수(座首)나 별감(別監)을 가리키며, 이들은 향리의 악폐를 방지하고 수령의 사무를 보좌하는 역할을 담당하였다. 초기에는 좌수를 유향품관(留鄕品官) 중에서 천거하여 경재소(京在所)에서 임명하였으나, 이후 향안(鄕案) 입록자 곧 향원(鄕員)들의 모임인 향회(鄕會)의 추천으로 수령이 좌수를 임명하고, 좌수가 별감 등을 추천하여 수령이 임명하였는데, 본문의 내용은 그러한 변화 과정을 잘 보여 준다.

320) 향청(鄕廳) : 조선시대 지방의 수령을 자문, 보좌하던 자치기구. 조선초기에 설치된 유향소(留鄕所)를 임진왜란 이후 대개 향청이라 불렀다. 조선초기의 유향소는 고려시대의 사심관제(事審官制)가 부활된 것으로서 향촌 사회의 자치적 기구라 할 수 있다.

321) 천기(薦記) : 추천 대상을 기록한 글.

322) 향원(鄕員) : 조선시대 초기부터 지방에는 각 지역마다 지역 사회의 지배층인 현족(顯族)으로 구성되는 계(契)가 있었다. 그 구성원을 향원(鄕員)이라 하였다. 향원의 명부를 향안이라 하며, 향안에 오르는 것은 내외 혈통에 하자가 없어야 하는 등 무척 어려웠다.

해유(解由)에 유의함[留意解由][323]

해유[324]는 일단 교체된 이후에 마땅히 해야 하는 일이므로, 혹 소홀히 내버려 두었다가는 교체되어 집에 돌아가는 때를 당해서는 구애(拘碍)[325] 됨이 많아 해유가 나오지 않을 염려가[326] 있다. 마땅히 도임하기 이전에 전임 수령들의 해유 규식을 호조에서 베껴 적어 가지고 가며, 도임한 이후에는 해유에 구애될 만한 조건을 기록하여 벽 위에 붙여놓는다. 그리고 위에 바칠 때마다 상납 자문[尺文][327]을 받아서 해유를 담당한 이서[由 吏][328]에게 맡기고, 그를 신칙하여[329] 교체된 후에 구애될 만한 단서가 생기지 않도록 하는 것이 좋다.

옥(獄)을 수리함[獄修理][330]

옥을 수리하는 일에 유의하지 않을 수 없다. 심한 추위와 더위에는

---

323) 『신편 목민고』, 「해유(解由)」, 536쪽.

324) 해유(解由) : 관원의 교체시 전임자와 후임자 사이에 인수·인계하는 법률적 절차. 후임자에게 그 사무와 소관 물건을 인계하고 재직 중의 회계(會計)와 물품 관리에 대한 책임을 면하는 제도이다. 재정·현물·군기(軍器)에 관계되는 것이 므로 호조·병조의 소관이었으며, 해유를 받지 못하면 전직(轉職)·승진·녹봉 에 제약을 받았다. 특히 전곡(錢穀)의 출납을 맡아보던 관청의 관원이나 지방관의 해유는 더욱 엄격하였다.

325) 구애(拘碍) : 속박하고 방해함.

326) 본문은 '未出之意'이나 『신편 목민고』와 『치군요결』 모두 '未出之患'으로 되어 있어 이를 따른다.

327) 자문[尺文] : 조세·부과금·수수료 등을 받고 교부하는 영수증서.

328) 유리(由吏) : 해유를 담당한 향리.

329) '而申飭由吏'가 『신편 목민고』와 『치군요결』에는 있는데 본문에서는 누락되었다.

330) 『신편 목민고』, 「옥정(獄政)」, 521쪽.

죄수가 죽을까 염려된다. 또 담장이 무너지면 무거운 죄를 진 죄수가
도망갈까 걱정된다.

환곡을 관리하는 법[糶糴法]¹⁾

고지기를 엄하게 단속함[嚴守庫直]²⁾

새로 부임한 수령은 작년에 받아들인 곡물에 대해서는 그 품질의 좋고 나쁨, 분량[斗斛]의 맞고 틀림[準否]을 알 수 없다. 대개 10월에 받아들여서 2월에 창고를 열기까지의 기간은 3~4개월에 불과하다. 콩이³⁾ 으레 불어나는 것은 습기가 있는 곳에 두기 때문이다. 벼는 비록 불어나는 일은 없지만 반드시 크게 줄어드는 일은 없다. 쥐가 갉아먹어서 줄어드는 것[鼠耗]도 있을 수 없다. ‘쥐로 인해서 줄어든다’고 말하지만, 쌓아둔 곡물에 대해서는 원래 깊이 들어가서 갉아먹는 일은 없다. 벽에 가까운 곳에 쌓아둔 한 줄에만⁴⁾ 쥐로 인해서 줄어드는 일이 있을 뿐이다. 따라서 이른바 ‘창고

---

1) 조적법(糶糴法) : 환곡에 관한 규정을 담은 법률. 『민정자료』에는 여기서부터 「군정(軍政)」·「전정(田政)」까지를 묶어 『정요(政要) 1』(이하 『정요 1』로 줄임)이라고 불렀다.

2) 『신편 목민고』, 「조적법(糶糴法)」, 386~388쪽.

3) 본문은 ‘斗大’이나 『신편 목민고』와 『정요 1』에는 모두 ‘豆太’로 되어 있어 이를 따른다.

4) 본문은 ‘止於近墻壁地隊一隊’이나 『신편 목민고』는 ‘至於近墻壁地臺一隊’인데 이를 따른다.

곡식의 모축(耗縮)'이라는 것은 모두 색리와 고지기의 농간이다. 비록 이미
지난 뒤에라도 이들과 같이 약속하기를 "창고를 열어서 환자를 나누어
줄 때 일일이 말[斗]로 되어서 지급하고, 만약 조금이라도[升合] 줄어들면
일일이 '무면(無面)'5)이라고 장부에 기록하고 거두어들이겠다"는 뜻으로
신칙(申飭)하는 것이6) 마땅하다.

　창고를 열어서 (곡식을) 출납할 때 이른바 '부석꾼(負石軍)'7)이 함부로
들어가서[攔入] 간사한 짓을 하는데, 그 폐단이 적지 않다.8) 차라리 거리가
먼 마을[村]에 사는 양민(良民)에게 윗도리를 벗고 대님[端袵]9)을 푼 뒤
곡식 섬을 지고 나가게 하는 것만 못하다. 혹은 10명으로 한 무리[一運]를
이루거나 혹은 20~30명으로10) 한 무리를 지어서 그들이 받을 곡식을
그들이 져 나르게 하면 볏섬을 뚫어서 바닥에 쌀을 흘리는 폐단은 반드시
없어질 것이다. 또한 출입하는 사람들의 숫자를 맞춰보아 창고에 들어간
사람이 오래 창고 속에 머물지 않도록 한 연후에야 간사한 짓을 하는
폐단을 없앨 수 있다. 혹은 밥을 싸서 미리 넣어 두고 볏섬을 져 나를
때11) 멋대로 들어가서 밤새 머물면서 간사한 짓을 하다가 다음 날에 창고문
을 열기를 기다려서 나오는 폐단도 있다. 환자를 나누어 줄 때 수령이

---

5) 무면(無面) : 돈이나 물건이 축나는 일.

6) 본문에는 '申飭'이 빠져 있으나, 『신편 목민고』와 『정요 1』에는 있으므로 이를
　따랐다.

7) 부석꾼(負石軍) : 볏섬 따위를 져 나르는 군인을 말함(負碩軍). 본문은 '所負石軍'인
　데, 『신편 목민고』와 『정요 1』에 의거하여 '所謂負石軍'으로 번역하였다.

8) 본문에는 '其弊不些'가 빠졌는데, 『신편 목민고』와 『정요 1』에는 있으므로 이를
　따른다.

9) 대님[端袵] : 한복 바지를 입은 뒤에 그 바짓가랑이 끝을 다리에 졸라매는 끈.

10) 본문은 '十石', '二三十石'이나, 『신편 목민고』와 『정요 1』의 '名'을 따른다.

11) 본문과 『정요 1』은 '隊'이나 『신편 목민고』의 '際'를 따른다.

앉아 있는 곳으로부터 창고 문에 이르기까지 사람들이 막아서지 못하게 하고[12) 물건이 가로막지 못하게 하며, 군관과 사령들이 마당에 늘어서서 떠들며 혼잡하게 하는 것을 엄금한다.[13) 부석꾼이 들어갈 때는 그 수를 외치며 들어가게 하고[14) 나올 때는 볏섬 수를 외치면서 나오게 한다.

창고 담당자가 곡물을 가지고 간사한 짓을 저지르는 것을 막는 것은 가을에 거두어들일 때만큼 좋은 때는 없다. 그들이 당연히 차지하기로 되어 있는 색락미(色落米)[15) 등과 같은 곡물을 환자처럼 일일이 섬으로 꾸려서[作石][16) 별도의 창고에 넣어 두고 그들과 약속하기를 "환자를 나누어 주는 일이 끝난 뒤에 만약 줄어든 것이 없으면 당연히 너희들에게 지급하겠지만 만약 줄어든 것이 있으면 이것으로 부족분을 채우겠다. 가을·겨울에는 곡식이 흔하고 봄·여름에는 곡식이 귀하다. 만약 줄어든 것이 없으면 곡식이 귀한 때 너희들이 전액을 받아 쓸 수 있으니 너희들에게도 유익할 것이다"라고 해두는 것이 마땅하다.

대개 창고문과 곡물 근처에는 잡인이 어지럽게 출입하기 마련이다. 일절 금지한 연후에야 받아들이고[捧上] 나누어 줄[分給] 때 분위기가 엄숙해져서 민인들이 기뻐할 것이다.

환곡을 쌓아 둘 때 관속(官屬)들은 으레 관원(官員)의 시야를 가려서 창고 문으로 출입하는 것을 보지 못하게 하려 한다.[17) 환자를 나누어

---

12) 본문은 '人得遮立'이나 『신편 목민고』와 『정요 1』의 '人不得遮立'을 따른다.

13) 여기는 본문과 『정요 1』, 『신편 목민고』가 모두 다른데, 본문을 따른다.

14) 본문의 '呼數人之'는 『신편 목민고』와 『정요 1』의 '呼數入之'를 따른다.

15) 색락미(色落米) : 세곡(稅穀)이나 환곡(還穀)을 받을 때 간색(看色)이나 마질에서 축나는 것을 채우기 위하여 가외로 더 받는 곡식으로 간색과 낙정을 붙여서 나온 말.

16) 작석(作石) : 곡식을 섬에 담아서 한 섬씩 만듦.

주기 위해 개좌(開坐)[18]할 때, 동쪽 창고의 곡식을 꺼낼 때에는 곡물을
서쪽에 두고 민인(民人)으로서 받을 사람은 남쪽 마당에 서 있게[19] 한다.
동서남북의 창고는 모두 이런 방식으로 행한다.

말·곡·되·홉의 규격을 먼저 정비함[先整斗斛升合][20]

중앙이나 지방의 창고 담당자는 으레 두 종류의 곡(斛)을 사용하여,
거두어들일 때는 큰 곡을 사용하고, 나누어 줄 때는 작은 곡을 사용하니,
이는 참으로 간사한 폐단이다. 반드시 먼저 관의 곡과 되·홉을 거두어
용량을 비교하여 헤아려 보아야 하는데, 홉으로 되를 맞추고, 되로써 말을
맞추며, 말로써 곡을 맞춘다. 그 가운데 기준에 맞는 홉·되·말·곡을
골라 낙인을 찍어 표시한다. 그 나머지 망가진 말·곡이나 기준에 미치지
못하는 말·곡은 비용이 좀 들더라도 반드시 모두 정량에 맞도록 개조하여,
홉(合)·작(夕)의 어긋남도 없게 한다. 그런 연후 관의 창고와 사창(司倉)[21]
에서 사용하는 것을 제외하고는 모두 창고 안에 거두어 두어, 큰 것과

---

17) 이 부분이 『정요 1』에는 "還穀積置(之時) 官屬例以遮隔官員眼目 (使不得見)庫門出入
爲主矣"로 되어 있는데 본문에는 괄호 안의 글자가 누락되었다. 『정요 1』을
따른다.

18) 개좌(開坐) : 법정이나 관청에서 공사(公事)를 처리하기 위해 관원들이 자리를
정하고 벌여 앉는 것.

19) 『신편 목민고』와 『정요 1』은 모두 '會'이나 본문의 '立'을 따른다.

20) 『신편 목민고』, 390~391쪽.

21) 사창(司倉) : 원래는 개성부(開城府)에 있는 여섯 창고 중 하나로서, 능침(陵寢)의
수치(修治), 향사(享祀)의 공구(供具), 관해(館廨)·교량(橋梁)의 보수, 내왕하는
사신[使价]의 접대 등을 담당하였다. 『증보문헌비고(增補文獻備考)』 권155, 국용
(國用) 2 참조. 여기서는 지방에 있는 중앙 각 사(司) 소속 창고를 가리키는 것
같다.

작은 것을 같이 사용하며 농간을 부리는 폐단을 없게 한다.

말·되·홉의 경우에는 반드시 많이 만든 후에야 관정(官庭)에서 사용할 수 있다. (예를 들면 환곡과 같은 것을) 통 단위로 분급할 때 사용할 수 있을 것이다. 이것이 없으면 민인들은 반드시 곡물을 가지고 읍내 면주인의 집[主人家]에 가서 말을 빌려 곡식을 나눈다. 그런 뒤에는 으레 말 삯[斗子價]을 내게 된다. 따라서 읍내에 머물 때에 자연 축나는 것이 많게 되므로, 관아에서 말과 되·홉을 나누어 주고 관정의 너른 마당에서 환곡을 나누어 주게 하는 것만 같지 못하다.

말에는 열네 가지 종류가 있다. 한 말부터 열네 말까지 각기 다른 말이 있는데, 열다섯 말을 곡(斛)이라 한다. 즉 한 말들이 말, 두 말들이 말, 세말들이 말, 네 말들이 말, 다섯 말들이 말, 여섯 말들이 말, 아홉 말들이 말, 열 말들이 말, 열한 말들이 말, 열두 말들이 말, 열세 말들이 말, 열네 말들이 말이 있으며 열다섯 말들이 말이 곡이 된다.

되는 아홉 종류의 되가 있고, 홉 또한 아홉 종류의 홉이 있다. 이러한 되와 말이 있으면 만 섬의 환곡이라 할지라도 순식간에 나누어 줄 수 있을 것이다. 그러나 다양한 되와 말을 사용하다 보면 착오가 일어나기 쉽다. 그러므로 되와 말을 관아 앞에 쌓아 두고 먼저 곡(斛)으로 받을 사람들을 호명하여 한 줄을 만들고, 다음 열네 말을 받아 갈 사람을 호명하여 한 줄을 만든다. 이 같은 방식으로 불러들여 받아야 할 말로 나누어 주는 것이 좋다.

대개 말과 곡은 호조(戶曹)의 동곡(銅斛)[22]에 한결같이 따라야 되는 나라

---

22) 동곡(銅斛) : 구리로 만든 곡자. 호조(戶曹)의 동곡(銅斛)이란 전국(全國)의 곡(斛)의 모범(模範 : 기준)으로서 구리로 만들어 호조에 비치하여 둔 것을 말한다. 이를 수령에게 정부에서 나누어 준다.

의 법이 있다.[23] 그러나 외방의 관리들이 임의로 만들어 사용하여 크기가 고르지 않다. 큰 것으로 거두어들이고 작은 것으로 나누어 주니 그 정상이 참으로 가슴 아프다. 관장이 이를 살피지 못하여 해악이 민간에 이르니, 도량형을 통일해야 하는 정치의 원칙에 어긋나서, 오히려 시골거지[田乞]가 음덕을 베푸는 것에도 못 미친다. 반드시 위와 같이 말과 되를 거두어들여 기준 용기와 비교하여, 네 모서리에 박철(縛鐵)[24]을 덧대고 네 면에 낙인을 찍는다. 박철을 덧대지 않으면 바닥판과 네 모서리로 만드는 크기를 가지고 반드시 농간을 부린다.

민호는 가까운 곳에 붙여서 통을 만들고, 통수를 가려서 정한[25] 다음, 환곡을 나누어 주고 거두어들이는 일을 모두 통 단위로 시행한다.[26]

조적(糶糴)을 제대로 하는 법은 오로지 가명으로 속여 받는 행위를 살피는 것에 있다. 강자는 많이 받아먹고 약한 자는 조금 받아먹으니, 가을에 거두어들일 때 가명으로 받아간 곡식은 일족에게 거두는 것을 면하지 못하게 된다. 지금의 이른바 일족이라는 것은 모두 (받아간 사람과) 관계가 없는 사람이다.

가령 동촌의 백갑(白甲)이란 이름 아래 기록된 곡식을 억지로 일족이라 칭하고는 서촌의 흑갑(黑甲)에게서 나누어 징수한다. 이것이 바로 소장을 올리는 원인인데 거두어들이는 것이 매우 어렵다. 동촌의 백갑이 받은

---

23) 『대전회통(大典會通)』권6, 공전(工典), 도량형(度量衡), '軍門大斛 一從戶曹銅斛.'

24) 박철(縛鐵) : 못 박기가 어려운 곳에 겹쳐 대는 쇳조각.

25) 본문은 '定擇十統首'이나 『정요 1』의 '擇定統首'를 따른다.

26) 이 항목을 『정요 1』에서는 소제목으로 처리하였다. 이하 소제목 3개의 내용은 『신편 목민고』, 「이부근작통법(以附近作統法)」, 391~395쪽과 거의 일치한다.

수량을 서촌의 흑갑이 무슨 수로 자세히 알겠는가? 민인들은 그 수량을 알지 못하고 관장 또한 그 연유를 살피지 못하니, 이서들은 이 틈을 타서 농간을 부려 그 수를 불린다. 이것이 만드는 폐해로 말미암아 가을과 겨울철에 민간이 어지럽다.

이른바 강자는 대·중·소호의 등급 나누기를 마음대로 하고 또 다른 사람의 이름을 빌려 제멋대로 받아먹는다. 그러므로 흉년이 든 해에는 곡물이 하호(下戶)의 가난한 백성들에게 고르게 분배되지 못하고, 가을에는 (강자가 가명으로 받아먹은) 수가 많으므로 거두어들이는 것이 어렵다. 이러한 폐단을 바로잡는 방법에 '통을 만드는 것[作統]'만큼 좋은 것이 없다.

통을 만들 때, 만약 한 이(里) 전부를 통으로 삼고 한 면 전부를 통으로 삼는다면 민인들에게 이목이 미치는 못하는 점이 있게 된다. 반드시 한 촌락의 지붕과 울타리가 서로 붙어 있는 집을 한 통으로 삼거나 혹은 10가를 한 통으로 삼거나, 아니면 30, 40~50가를 헤아려 통으로 삼는다. 매 통 가운데 토지가 있고 오래 살았으며 기력이 있어 능히 통을 통솔할 수 있는 사람을 한 명 뽑아 통수(統首)[27]로 삼고 통내의 조적(糶糴)에 관한 일을 전적으로 맡게 한다. 양반은 절대 통수로 삼지 말 것이며, 중인과 상민[常漢]을 활용, 곡식을 나누어 주고 거둬들이는 일을 전담하게 한다. 이와 같이 통 단위로 징수하는 법[統徵][28]을 쓴다면 간사한 아전과 호강들이 마음대로 받아먹는 폐단을 막을 수 있을 것이다.

---

27) 통수(統首) : 민호(民戶)를 편제(編制)한 통의 어른. 통(統)의 우두머리. 통주(統主)라고도 함. 조선시대 오가작통법(五家作統法)에서는 오가를 1통으로 하고, 통내의 호구를 감시·감독할 책임자로 통수를 두었음.
28) 통징(統徵)하는 법 : 통을 단위로 하여 환곡을 나누고 또 거두어 들이는 방식.

10호를 채우지 못하는 촌락은 가장 가까운 통에 편입시킨다.

이서(吏胥)와 노비·사령(使令)은 각 청의 수임(首任)을 통수(統首)로
정한다.

관아 아전의 경우 이방, 호장을 통수로 삼고, 사령은 관아 아전통[官吏統]
에 붙인다. 노비는 노비통(奴婢統)을 만드는데 우두머리 비(婢)와 우두머리
노(奴)를 통수로 삼는다. 호장과 이방은 검속하여 (이들이) 민인의 통과
뒤섞이지 않게 한다.

원수성책(願受成冊)을 바치게 하여 호구의 대소를 조사·고찰한다.

각 통은 원수성책(願受成冊)[29]을 써 바치는데, 호적의 인구수에 따라서
책을 만든다. (그 책에는) 먼저 주호의 이름을 쓰고 그 아래 두 줄로 장년
남자 ○명, 장년 여자 ○명, 어린 남자 ○명, 어린 여자 ○명, 합계 ○명이라
쓴다. 대·중·소·잔[30]·독호(獨戶)[31]는 이 써서 바친 내용에 따라 구분한
다. 면임은 이를 거두어 모아 관에 바치고 환곡을 나누어 받는 날[定日]을
알려 준다. 성책이 올라오면, 관장은 여러 담당 이서 중에 글을 잘 읽고

---

29) 원수성책(願受成冊) : 환곡을 필요로 하는 사람들이 얼마나 받으려 하는지를
   기록한 책자.

30) 대·중·소·잔호(殘戶) : 조선전기에는 지방의 각호를 토지 소유량에 의거하여
   구분하고 이에 따라 역을 차등적으로 부과하였는데, 토지가 50결인 경우를 대호
   (大戶), 30결 이상을 중호(中戶), 10결 이상을 소호(小戶), 6결 이상을 잔호(殘戶),
   5결 이하를 잔잔호(殘殘戶)라 하였다. 서울의 경우는 토지가 아니라 가옥의 간수에
   의해 구분하였다. 『세종실록(世宗實錄)』권67, 세종(世宗) 21년 3월 무인(戊寅)
   참조. 조선후기에는 이러한 기준을 무시한 채 호구를 구분하는 일반적인 용어로
   사용되었던 것 같다.

31) 독호(獨戶) : 늙고 아들이 없는 가난한 집.

계산에 능한 사람을 한두 명 뽑아 호적과 통기(統記)[32] 등의 책을 일일이 서로 살피게 하여 대·중·소·잔·독호로 등급을 나누고, 호적에 들어 있지 않은 자나 호를 나눈 자[分戶]는 뽑아내어 별도로 기록했다가 조사를 마친 뒤에 다시 책을 만들어서, 분급도록(分給都錄)[33]처럼 정서(正書)하고 도장을 찍는다. 옮겨 적을 때에 절대 마음대로 쓰거나[冒錄] 더 쓰는[加錄] 폐단이 없게 한다.

통수가 바친 성책 가운데 호적에 들지 않은 자나 분호한 자가 적혀 있는 폐단이 있을 경우에는 통수와 면임에게 다음과 같은 내용의 체문[34]을 내려 사문(査問)한다.

아무개를 호적과 맞추어 보니 애초부터 입적한 일이 없다. 어디에 살던 사람이 언제부터 통에 와서 살게 되었는지, 그가 소지한 호패와 호적을 내어 놓게 하여 살펴본 뒤 그가 신원이 확실한 사람이거든 접주인(接主人)[35]이 기록에 올리면 통수가 보증하여 통에 들이고[36] 환곡을 받을 수 있게 하라. 만약 신원이 확실하지 않은 사람이면, 통에서 자세히 살펴 처리하여, 가을이 와도 그가 상환하지 못하게 되어 통내 사람들이 나누어 상환하는 폐단이 생기지 않게 하라.

---

32) 통기(統記) : 통에 관한 기록.

33) 분급도록(分給都錄) : 환곡(還穀)의 분급 내용을 기록한 책자.

34) 체문[帖文] : 수령이 그 고을의 면임(面任)이나 동임(洞任), 향교, 서원 등에 지시하던 문서.

35) 접주인(接主人) : 어떤 사람과 주로 접촉하였던 사람. 즉 어떤 혐의를 가진 사람과 자주 접촉을 하거나 그와 친분이 두터웠던 사람.

36) 이 부분이 『정요 1』에는 '接主人懸錄(爲旀) 統首(懸)保 以爲入統'인데 본문에는 괄호 안의 글자가 누락되었다.

호패와 호적[牌籍]을 가진 자가 들어오면 통수(統首)는 또한 이를 보증하고 곧바로 본 통 안에 기록하여37) 그가 환곡을 받을 수 있도록 한다. 그가 신역(身役)을 지고 있는지 그렇지 않은지를 살펴 따로 한 책에다 기록[置簿]해 두었다가 한정(閑丁)을 충정하는 것이 좋다. 그가 다른 고을에서 신역을 지고 있는 사람이라 할지라도, 다른 고을에서 옮겨와38) 사는 것이 오래되었으면, 그 본 고을[本土]의 신역은 아마도 면제되었을 것이니, 적어 두었다가 본 고을에서 몰래 살펴 은밀히 찾아오는 것을 기다려야 한다.

통에서 써서 바친 책에 분호(分戶)가 있을 경우에는 면임(面任)과 통수에게 다음과 같은 체문을 보내어 알리는 것이 마땅하다. "통내의 아무개를 조사해보니 이 사람은 본래 아무개가 거느리던 사람인데, 이번 식년(式年)부터 분호하여 호적청에서 별도로 치부(置簿)하였으니, 금년부터 이미 다른 호가 되었으므로 연호(煙戶)39)로서 역을 부담해야 한다." 이어 본 통에서 이 사실을 기록하여 환곡을 받을 수 있게 한다.

이상 두 조항은 환곡을 나누어 주는 것 때문에 호수(戶數)를 늘리고 군정을 충당하는 이익이40) 생긴 경우이다. 호적에 기록되지 않은 자와 분호 등등을 낱낱이 뽑아서 기록하여41) 책자로 만들어 두는 것이 좋다.

---

37) 본문은 '統首若許懸保'이나 『정요 1』에는 '若'이 '亦'으로 되어 있어 이를 따른다.

38) 본문은 '逃接他境'이나 『정요 1』의 '移接他境'을 따른다.

39) 연호(煙戶) : 가족공동체를 중심으로 국가 영역 내의 백성을 편성한 단위. 일반적으로 인가(人家)·민호(民戶) 등을 의미하며, 가(家)·호(戶)·연(烟) 등과 동일한 개념이다.

40) 본문은 '簽丁之役'이나 『정요 1』의 '簽丁之益'을 따른다.

41) 이 부분이 『정요 1』에는 '未入籍者 (分戶者) 這這抄出書錄'인데 본문에는 괄호 안의 글자가 누락되었다. 『정요 1』을 따른다.

책자로 기록하지 않는다면 흩어져서 잊어버리기 쉽다.

날짜를 정하여 분급함[定日分給][42]

각 통(統)의 원수성책(願受成冊)[43]과 호적(戶籍), 통기(統記)를 비교하여 조사한 후 문서(원수성책) 1건은 해당 이서에게 써서 주고, 1건은 책상 위에 둔다. 또 장건기(長件記)[44]를 만들어 각 통수(統首)에게 써서 준다. (그 장건기의) 각 건과 이름 아래에는 대·중·소·잔(殘)·독호(獨戶)의 글자를 쓰고, 대호는 몇 말[斗], 중호는 몇 말, 소·잔·독호는 몇 말을 지급한다고 쓴다. 아무 통(統) 내 대호가 몇 호이고 받을 곡식이 모두 몇 섬[石], 중호는 몇 호이고, 받을 곡식이 모두 몇 섬, 소·잔·독호는 몇 호이고, 받을 곡식이 모두 몇 섬인지를 쓴다. 아무 통내에는 모두 쌀 몇 섬, 벼[租] 몇 섬, 콩 몇 섬을 지급한다고 쓴다. 나눠주기로 정한 날 이전에 이와 같이 수량을 계산하여 배정한 후에 분급하기로 정해진 날짜를 반포한다.

신법(新法)을 처음 정했을 때는 이서와 민들이 그 거행 절목에 익숙하지 않아서 도리어 전례(前例)에 따르는 것만 못하게 된다. 반드시 먼저 대략 한두 면(面)에 분급해 보아서 많은 사람들이 어지러운 지경에 이르지 않게 되면 절목들에도 자연스럽게 익숙해질 것이다. (이에 따라서) 관장(官長)의 이목도 한가해져서 쉴 틈이 있게 되니 쉽게 살필 수 있어서, 한 읍의 민들을 섞어 불러서 잘 처리하지 못하는 일이 많아서 잘못이 생기는 폐단은

---

42) 이 항목은 『신편 목민고』, 「정일분급(定日分給)」, 395~399쪽과 거의 일치한다.

43) 원수성책(願受成冊) : 환곡을 받기 원하는 사람의 명부.

44) 장건기(長件記) : 금전이나 사람·물건의 이름을 쭉 적은 글발. 발기라고도 한다.

반드시 없어질 것이다.

장건기(長件記)에 매 회기[巡]에 내어주는 곡물의 총 수[都數]를 쓰고 이를 미리 통수에게 나눠준다면, 민이 이번 회기에는 어떤 곡식을 몇 말을 받는지 환히 알 수 있을 것이다.

가령 1통이 받을 것이 3석 3말 3되 3홉이라면, 3석은 임의로 뽑아서[抽 栍]45) 곡수(斛數)를 맞춰본 후 내어준다. 되·말·홉·작[夕]46)의 남는 수[零數]는 관 앞에 완석(完石)을 내어두고 되질하여 (석에 못 미치는) 되와 말의 남는 수는 내어주게 하는 것이 마땅하다.

먼 촌에 먼저 분급한 후 가까운 촌에 분급한다.

분급하는 날은 거리의 원근을 헤아려 일찍 업무를 시작하고 민인을 대령하게 한 다음 아침 일찍부터 나누어 준다.

1. 우선 거리가 먼 촌과 통의 통수를 먼저 부르고, 아무[某] 통(統)이 제일 먼저 받고, 아무 통이 두 번째로 받고, 아무 통이 세 번째로 받고, 아무 통이 네 번째로 받고, 아무 통이 다섯 번째로 받는다고 그 순서를 대문 밖에 게시하고 창고 앞마당에 함부로 들어가지 못하게 한다.

1. 첫 번째로 받을 통이 들어올 때 통수가 맨 앞에 서고, 민들은 각각의 호적을 가지고 차례로 줄을 선다. 제출된 호적을 (원수)성책과47) 맞춰본

---

45) 추생(抽栍) : 제비뽑기. 추첨. 어사(御史) 등의 관리(官吏)를 파견하여 지방을 순찰할 경우 그 대상 지방을 추생하였고, 과거의 강경(講經) 시험에서 경서(經書)에 있는 글귀를 대상자에게 추생하게 하였다.
46) 작[夕] : 용량 측정의 한 단위로서 홉의 10분의 1.
47) 본문은 '上籍準成後'이나 『신편 목민고』의 '上籍準成冊後'를 따른다.

후 통 위에 적힌 석수(石數)를 담당 이서가 외치면, 창고문을 지키고 있는 군관(軍官)과 사령(使令) 또한 외친다. 통민(統民)이 창고에 들어가 숫자에 맞춰 석을 지고 나와 관아의 마당 가운데 쌓아 둔다. 관리가 각종 곡물을 뽑아서 되어보고, 곡이 맞으면 통수가 거느리고 온 통민들은 관에서 작성한 장건기에 따라 각자의 몫을 받는다. 관에서는 측량할 말과 되를 내려주어 관아 마당의 한가한 곳에서 관장이 보는 앞에서 나눠 갖게 하고, 좌수(座首)48) 또는 별감(別監)49)으로 하여금 살피게 하여[照管]50) 혼란과 불균등한 폐단이 없도록 한다. 지급이 끝나면 즉시 출송하여 정해진 군교로 하여금 멀리 읍 밖에까지 호송토록 한다. 제1통이 받을 곡식을 되는 사이에 또 두 번째 받을 통을 불러, 계속 이어지게 한다.51)

1. 양반호는 환곡을 받을 때 호적을 들여보내는 것을 괴롭게 생각한다. 노비로 하여금 주인의 성명이 담긴 호패를 지니고 와서 받게 한다. 노비와 호패가 없는 사람은 그 상전의 이름과 수결(手決)이 적힌 작은 종이를 가져오라고 분부한다. 대개 양반호가 받아야 할 환자를 완악한 노비[頑奴]가 몰래 빼돌리는 경우가 있으니 반드시 통수가 인솔하여[押領]52) 가게 하고, 환자를 받았다는 본주인인 양반의 답을 받아 오게 한다. 만약 부족분

---

48) 좌수(座首) : 조선왕조 때 지방의 주, 부, 군, 현에 두었던 향청(鄉廳)의 우두머리. 아관(亞官). 수향(首鄉)이라고도 함. 향청에는 그 군현내의 유향품관이나 나이가 많고 덕망이 있는 선비를 선임하여 수령의 자문에 응하고 풍속을 단속하며 향리(鄉吏)를 규찰하였음.

49) 별감(別監) : 조선시대 향임(鄉任)의 하나. 좌수(座首)의 다음이다.

50) 『신편 목민고』에는 '照管監分'인데 본문에서는 '照管監'이 누락되었다.

51) 본문에는 이 문장이 아래 문단에 이어져 있는데, 『정요 1』에 따라 위 문단에 이었다.

52) 압령(押領) : 죄인이나 물건을 호송함. 본문은 '押頭'이나 『신편 목민고』와 『정요 1』의 '押領'을 따른다.

이 생기면 노비 가운데 완악하거나 게으른 자를 선택하여 엄하게 매를
쳐서 경각심을 불러일으킨다. 혹은 모두에게 매를 친다면 이는 비록 작은
일이지만 양반호는[53] 장차 크게 기뻐할 것이다. 1차 분급 때부터 이와
같이 하면 다음 회기[後巡]에는 양반집 노비들이 두려워할 것이다.

**검찰하는 군교(軍校)의 무리를 다수 정하여 소란스러움과 잡인 및 몰래
훔치는 일을 금한다.**

나눠주고 받아들일 때 관속은 소란스럽지 않게 하고, 민들은[54] 함부로
출입하지 못하게 한다. (환자를) 받을 사람은 들어가고, 이미 받은 사람은
나간다. 아직 받지 못한 사람은 문밖에서 기다리며, 통수(統首)는 문밖에
있으면서 통민을 거느리고 대기한다. 곡식을 나누어 주는 사람은 관아
마당 한 귀퉁이에 있으면서 떠들거나 소란을 일으키지 못하게 하여 관장의
지시와 호령이 번거롭지 않게 한다. 이를 시행하는 관속[執役官隸]은 함부
로 대오[部伍]에서 벗어나지 말며, 민들의 나아가고 그침은 한결같이 절도
에 맞고 엄숙하게 해서, 마치 이임회(李臨淮)[55]가 장성(杖鍼) 벽루(壁壘)에
올라 깃발을 휘두르며 얼굴빛을 바꾸었던 것 같이 한 뒤에야 관장의 뜻이
편안하고 이목이 밝아져서 일을 잘 처리할 수 있을 것이다.

모든 일을 이와 같이 하면 조아(爪牙)[56]와 수족(手足)들이 먼저 적절하게
나누어 배치하고 엄하게 약속대로 시행하여, 반듯하고 문란함이 없을

---

53) 본문에는 『신편 목민고』와 『정요 1』의 '而(班)戶將大悅矣'에서 (班)이 누락되었다.

54) 본문은 '吏民'이나 『신편 목민고』와 『정요 1』의 '民人'을 따른다.

55) 이임회(李臨淮) : 당나라 장수. 『삼국사기』 권44, 「열전」 '장보고·정년(張保皐·
    鄭年)'.

56) 조아(爪牙) : 유능한 조수(助手). 측근자. 심복.

것이다. 군교들은 미리 부대를 나누어서, 반드시 검찰군교를 다수 확보한 후, 그중 한 무리는 떠드는 것을 금하고, 한 무리는 잡인을 금하며, 한 무리는 속여서 훔치는 일을 막는다.[57]

상례와 장례를 제외한 별환을 일절 금함[喪葬外別還一切防塞]

이미 통 단위로 지급할 환자[通還]를 받아들일 때 통수에게 책임을 지운다. (그런데) 별도로 분급하는 환자[別還]는 본래 통수와 약속한 것 이외의 것이니[58] 통수에게 책임을 지우기 어렵다. 경내(境內)에 가난하여 장사를 지내지 못한 사람[過葬之人][59]이 있다면, 통내에서 사내 종[奴子]을 두고 서로 친한 사람에게 통수가 보증한 단자를 받아 내게 한 연후 믿고 (환자를) 나누어주는 것을 허락한다.

올해 환자를 갚지 못한 사람을 뽑아내서 알리고 제거함

이와 같은 사람은 대부분 매우 궁핍하고 가난했기 때문인데, 양반과 관속 가운데 완악하고 나태한 자에게서 많이 나타난다. 3차례 정도 나눠주지 않은 뒤에 그 곤란하고 급함을 살피고, 다른 사례에 의거하여 보증인을 세워 통에 넣는다. (통에 들어가면) 다가오는 가을철 환자를 거둬들일 때에 (못낸 것까지) 거둬들인다. 또한 이미 부채가 많은데 또 이와 같이

---

57) 본문에는 이 문장의 뒷부분이 누락되었다. 『신편 목민고』와 『정요 1』에 의하면 "軍校之屬 不可不豫先部分 (必宜多定檢察軍校之屬 一以禁喧譁 一以禁雜人 一以禁偸竊)"로 본문에 비해 괄호 부분이 더 들어 있어 이를 따른다.

58) 『신편 목민고』와 『정요 1』의 '本是統(首)約束之外'에서 본문에는 (首)가 누락되었다.

59) 과장(過葬) : 장기(葬期)가 지남. 가난하여 장기 안에 장사를 지내지 못함.

분급해 주면 가을이 되어도 받지 못한 것들이 작년보다 많아질 것이다.
따라서 다만 종자 곡식만을 나누어주어야 할 것이다.

환자를 받아들이는 법[還上還捧法][60]

가을이 되어 기일이 되기 전에 각 통수(統首)[61]에게 여러 차례[三令五
申][62] 알린다.

환자를 받아들이는[捧糴] 길은 애초에 엄히 독촉하지 않으면 끝내는
곡식이 다 떨어진 후에야 독촉하여 거두게 된다. 이 때문에 받아들이지
못하는 것이 많아진다. 반드시 가을걷이 전에 여러 차례 자세히 각 마을의
통수에게 다음과 같이 알린다.

통(統)마다 정한 날짜 안에 수량에 맞게 환곡을 바쳐야 할 것이니, 이
뜻을 충분히 알고 통내의 사람들에게 곡물을 준비하도록 알려서 일제히
납부할 수 있도록 하라. 만일 한 되, 한 홉이라도 거두지 못한 것이 있으면
납부하는 당사자[元當身]는 물론이고 통수도 엄히 다스릴 것이라고 통내
에 특히 자세히 알려라. 통내의 사람 가운데 혹 가난하고 의지할 바가
없어 맞추어 내기가 어려운 무리가 있으면 통내의 여러 사람이 처리
방법을 의논한 후 아무쪼록 마련해 납부하도록 한다. 그 가운데 혹 도주가
염려되는 자가 있으면 그릇을 잡아두거나 그 물건(物件)·시초(柴草)를

60) 『신편 목민고』, 「환자환봉법(還上還捧法)」, 402~406쪽.
61) 통수(統首) : 통(統)의 우두머리. 통주(統主)라고도 함. 조선시대 오가작통법(五家作
統法)에서는 오가를 1통으로 하고, 통내의 호구를 감시·감독할 책임자로 통수를
두었음.
62) 삼령오신(三令五申) : 세 번 명령하고 다섯 번 다짐함. 여러 번 거듭 단속하는
일.

잡아둔다. 또는 그 사람이 아직 받지 않은 품삯이 있으면 마을에서 일을 시킨 주인에게서 직접 받아 두었다가 바치는데 충당하는 것이 의당하다.

아직 가을걷이를 하기 전에, 그리고 이미 가을걷이를 한 후에[63] 이와 같이 서너 차례 전령을 내리는 것이 좋다.

받아들이는 날짜를 배분할 때 한 면(面) 단위로 받아들이지 말고 각 통(統)을 교차로 받아들인다.

가령 남면의 제1리 제1통과 제3통, 제5통, 제7통, 제9통을 먼저 받아들이고 나서 제2통, 제4통, 제6통, 제8통과 같이 교차로 날짜를 정한 다음에야 말과 소를 서로 빌려서 쓸 수 있을 것이다.

통내에서 곡(斛)[64]을 만들어 납부하게 한다.

곡물은 민인의 무리가 스스로 말 또는 되를 헤아려서 자기 곡물을 각기 가지고 관에 들어와 곡으로 만들면 곡물이 자연히 많이 허비된다. 불가불 1통 내에서는 마을에서 1통이 납부할 곡물을 곡으로 합하여 실어 오면 소나 말, 져오는 사람 수도 줄일 수 있고, 곡물도 많이 들지 않을 것이니, 이것이 오묘한 방법이다. 또 1통에서 섬으로 합하여 한꺼번에 납부하면 가난한 사람도 기일에 맞추어 통에 들지 않을 수 없으니, 독촉하여 징수하는 폐단을 더는 좋은 방법이다.

---

63) 『신편 목민고』와 『정요 1』에는 '已秋收後'인데, 본문에는 '已秋收'가 누락되었다.

64) 곡(斛) : 열말에 해당하는 용량의 단위. 우리나라에서는 예로부터 사용되어온 용적 단위 명으로 홉(合)·승(升)·두(斗)·석(石)이 있어 곡이라는 단위명의 필요성이 없어 사용되지 않았으나, 중국과의 교류가 빈번해져 고려 정종 때부터 곡 단위가 양제 단위 명으로 사용되었다.

총액 영수증[都尺文][65)]은 환곡을 받는 대로 바로 내어준다.[66)]

곡물은 받아들인 후에 영수증을 곧바로 본인에게 내어주어야 뒷날 간리배가 다시 징수하는 폐단을 없앨 수 있다. 하지만 이 법처럼 일괄 납부하였으면 영수증도 한 사람 한 사람에게 각각 내어 줄 수 없으니,[67)] 반드시 당초 분급한 도건기(都件記)[68)]의 예에 의거하여 사람들의 이름 아래 환자 수량을 모곡과 함께 기록한 다음 도장을 찍고[踏印] 서명하여[着押] 일괄 영수증을 내어준다. 도자문은 반드시 미리 정비해 놓은 다음에야 때를 당해서 수선스러워지는 염려가 없을 것이다. 그리고 분급 성책에서 영수증을 내어준 사람들의 이름을 일일이 가위표[爻周]를 해서 지우는 것이 좋다.

---

65) 도자문[都尺文] : 자문은 조세·부과금·수수료 등을 받고 교부하는 영수증인데, 도자문은 총액 전체의 영수증을 말한다.

66) 본문은 '都尺文隨納隨給'인데 법제처본에는 '隨給'이 누락되었다.

67) 『신편 목민고』와 『정요 1』에는 "旣以依此法都納 則尺文不可――各爲成給"로 되어 있다.

68) 도건기(都件記) : 건기(件記). 사람이나 물품의 이름 혹은 금액을 열기(列記)해 놓은 문서.

군정(軍政)

이(里)에서 군역을 대정하는 것에 관한 절목[里定節目][1]

1. 각 방(坊)의 이(里)마다 민호(民戶)·소명(小名)을 벌여 적고, '이상 ○호(戶) 내 남정(男丁)이 ○명'이라 하여 한 권의 책으로 만든 뒤, 관에서 도장을 찍어 이(里)에 둘 것. 미진한 조건은 다시 상세히 할 것.

1. 각종 군병마다 종류를 나누어 기록하여, 1건은 궤짝에 담아 관에서 봉인을 찍은 뒤 규찰관의 집에 두며, 1건은 이(里)에 둘 것.[2]

1. 각 이(里)에서 내력이 분명한 사족(士族) 외, 멋대로 유학(幼學)[3]이라고 하는 자들은 6, 7년 정도 호적을 거슬러 올라가 살핀 뒤, 만약 이 사람이 군보(軍保)[4]의 자손일 경우에는 멋대로 유학이라고 한 것을 지워버리고

---

1) 이 항목은 『신편 목민고』, 「이정절목(里定節目)」, 449~455쪽과 같은 책, 「속오(束伍)」, 444~445쪽이 합쳐져 있다.

2) 『정요 1』은 "每各色軍兵 分秩書錄 一件櫃藏官封 (紏)察官家置之 一件 出置里中事"인데 본문은 '色'이 '邑'으로 되어 있고, 괄호 안의 '紏'가 누락되었다. 『정요 1』을 따른다.

3) 유학(幼學) : 사족(士族)으로서 아직 벼슬하지 않는 사람의 호칭. 조선후기에는 상민 가운데 멋대로 유학을 칭하면서[冒稱幼學] 군역을 면하려고 하여 문제가 되었다.

한정(閑丁)으로 치부(置簿)해 둘 것.

1. 이(里)마다 근실한 상민 가운데 일에 밝은 자[解事者]가 있으면 한 사람씩 택하여 유사(有司)라고 이름 붙여 차출할 것.

1. 이민(里民) 가운데 무거운 역을 피하고 가벼운 역을 얻고자 다른 고을의 군역으로 옮겨간 자는 이 내에서 일일이 관에 보고하여 각별히 무겁게 다스린 뒤 고된 역에 배정하고, 이 내의 요역을 그가 담당하도록 하여 다른 지역으로 옮겨가는 폐단을 막을 것.

1. 각종 원군병(元軍兵) 및 금위영(禁衛營)[5]·어영청(御營廳)[6]의 마병(馬兵)·보군(步軍)의 호수(戶首)에 딸린 자보(資保)[7]를 대정(代定)하는 일도 이(里)에서 모두 거행하여 호수 등이 어지럽게 난리를 피우는 폐단을 없앨 것.

1. 이(里)마다 영향력이 있고 일에 밝은 향인(鄕人)을 규찰관(糾察官)[8]으

4) 군보(軍保) : 조선시대 군역 의무자로서 현역에 나가는 대신 정군(正軍)을 지원하기 위해 편성된 신역(身役)의 단위. 조선시대 양인으로 16~60세의 정남(丁男)은 모두 군역의 의무가 있었지만 실제로는 군역에 징발된 정군과 이를 경제적으로 보조하기 위한 보(保)가 편성되었다.

5) 금위영(禁衛營) : 조선후기 숙종 때 설치되어, 대궐의 수비와 수도 방어의 임무를 맡았던 군영(軍營). 훈련도감(訓鍊都監)·어영청(御營廳)과 함께 도성 수비를 담당한 삼군문(三軍門) 가운데 하나이며, 총융청(摠戎廳)·수어청(守禦廳)과 함께 5군영이라고도 하였다.

6) 어영청(御營廳) : 조선시대 중앙에 두었던 5군영 가운데 하나. 인조 2년(1624)에 개성유수(開城留守) 이귀(李貴)를 어영사(御營使)로 임명하고, 260여 명의 화포군(火砲軍)을 뽑아 훈련시키게 한 것이 시초였다. 이괄(李适)의 난 이후 잠시 총융사(摠戎使)에 속하였다가 정묘호란(丁卯胡亂) 직후인 인조 6년(1628)에는 그 수가 5천 명으로 늘어나 청(廳)을 설치하고 어영대장을 두었다.

7) 자보(資保) : 보포(保布)를 내어 실역에 복무하는 군정(軍丁)을 돕는 보인(保人).

8) 규찰관(糾察官) : 풍기(風紀)·금법(禁法) 등을 규찰하는 직임. 수령이 향인 가운데 선정하였다.

로 삼아 그로 하여금 검찰하게 하여 두두인(頭頭人)9)이 마음대로 사적인
일을 하지 못하게 할 것.

　1. 규찰관은 두두인의 불법적인 일만 검찰할 뿐, 한정(閑丁)의 명단을
바치는 일[望納] 등의 일에 대해서는 일체 간여하지 못하게 할 것.10)

　1. 각종 군병 가운데 죽은 재[物故]가 있으면 죽은 자가 살았던 이[本里]의
두두인(頭頭人)들이 같이 검시하도록 하고 이에 대한 규찰관(糾察官)과
풍헌(風憲)11)의 보장(報狀)12)을 받는다. 이들은 검시한 여러 사람들과 같이
관으로 들어와 '이웃사람들이 하는 증언[三切隣의 일]'13)을 같이 행하여
조사를 마친 뒤 입안(立案)14)을 만들 것.

---

　9) 두두인(頭頭人) : 상민으로서 힘깨나 쓰며 가장 우두머리가 되는 사람. 두민(頭民).
　　행정조직이나 군사조직의 정식 직급은 아니지만 일정 집단의 우두머리를 지칭할
　　때 사용함. 예컨대 향촌의 부세를 책납할 때 또는 공론을 모을 필요가 있을
　　때 향촌 존위(尊位), 유사(有司), 색장(色掌)과 함께 참가하는 두두인의 경우가
　　그러함.
　10)『신편 목민고』에서는 이 문단이 앞 문단에 붙어 있다.
　11) 풍헌(風憲) : 풍기를 바로잡고, 관리의 정사(正邪) 청탁을 감찰 규탄하는 면이나
　　이(里)의 직임.
　12) 보장(報狀) : 어떤 사실을 알리기 위하여 보고하는 공문.
　13) 삼절린(三切隣)의 일 : 삼절린(三切隣)은 어떤 사건이 일어났을 때 그 사건이 일어
　　난 곳에서 가장 가까이 살고 있는 이웃의 세 집, 혹은 그 집에 사는 사람들을
　　가리키는 말이다. 이들은 옥사 송사에서 증인 역할을 하였고, 경우에 따라서는
　　연대 책임을 지기도 하였으며 부역 · 조세 부담 등과 관련해서도 연대 책임을
　　지기도 하였다. 본문의 '삼절린(三切隣)의 일을 행했다는 것'은 두두인 등이 삼절
　　린이 하는 바대로 죽은 자에 대하여 증언을 했다는 것을 말한다.
　14) 입안(立案) : 조선시대 관부(官府)에서 개인의 청원에 따라 발급하는 문서. 개인의
　　청원에 따라 매매 · 양도 · 결송(決訟) · 입후(立後) 등의 사실을 관(官)에서 확인하
　　고, 이를 인증해 주기 위해 발급하는 문서이다. 예를 들면, 토지 · 가옥 · 노비나
　　그 밖의 재산의 매매 · 양도 등의 사유가 발생했을 때 취득자가 관에 입안을
　　신청하면 관에서는 재주(財主)와 증인 · 필집(筆執), 또는 관계인의 진술을 받아
　　확인한 다음 입안을 만들어 주었다.

1. 죽은 자에 대한 입안[物故立案]이 만들어지면 그 날 바로 관장이 눈으로 볼 수 있는 곳에서, 잡인들을 내쫓고 두두인들을 마당 가운데 열 지어 앉힌다. 그 앞에 밀봉한 통을 놓고는 두두인 등이 각각 한정(閑丁) 1명씩을 적어 밀봉한 통에 넣게 한다. 관장 앞에서 개봉한 뒤 그 사람을 즉각 데려와 진술을 받은 후 이(里)에 있는 도안(都案)15)과 관에 있는 사정책(査正冊)16)에 표를 붙이고 관에서 서명 날인하거나 수결[手決-套署]17)한다. 부표한 종이 위에 좌수(座首)가 서명하고 군무도감(軍務都監)이 서명하여, 이리저리 뒤바꾸거나 뇌물을 받고 농간을 부리는 폐단이 일어나지 않도록 할 것.18)

1. 또한 죽은 자에 대한 검시 방법이 있지만 매우 허술하다. 풍약(風約)19) 등이 아무개가 죽었다고 보고하면 관가에서 감색(監色)을 정하여 거짓인지 아닌지를 가리도록 하는데, 감색이 애초에 현장에 나가지도 않을 뿐만 아니라 비록 나간다 하더라도 (죽은 자와 관계가 있는 사람이) 한 초빈(草

---

15) 도안(都案) : 정기적으로 몇 해에 한 번씩 군사적인 범위에서 각종 군사들을 조사하여 만드는 군안(軍案).

16) 본문은 '査定冊'이나 『정요 1』과 『신편 목민고』의 '査正冊'을 따른다.

17) 수결[手決-套署] : 자기 성명 또는 직함 아래에 도장 대신 자필로 쓰는 일정한 자형(字形). 수례(手例). 수압(手押). 관직에 있는 신분계층에서만에 사용했는데, '一心' 두 글자를 뜻하도록 고안하였다. 즉, 수결의 특징은 '一'자를 길게 긋고 그 상하에 점이나 원 등의 기호를 더하여 자신의 수결로 정하는 것으로, '일심' 2자(字)를 내포한다. 따라서 수결은 곧 사안(事案) 결재에 있어서 오직 한마음으로 하늘에 맹세하고 조금의 사심도 갖지 아니하는 공심(公心)에 있을 뿐이라는 표현으로 써 왔다. 중국이나 일본에는 일심결(一心決)의 수결제도는 없고 서압만 있는 것으로 보아 이 수결은 조선시대에 한하여 사용하였던 것으로 보인다.

18) 본문은 '以防換定推移 幻弄受賂之弊事'이나 『정요 1』과 『신편 목민고』는 '以防推移 換定 捧賂弄奸之弊事'이다.

19) 풍약(風約) : 풍헌과 약정. 면이나 이(里)의 직임.

殯[20]을 가리키며 그 무덤이라고 하고는 돈을 주면, 감색이 돌아와 (아무개가) 진짜 죽었다고 보고하니, 관가에서 무엇을 근거로 그 진위를 가릴 수 있겠는가?

이후로는 사람이 죽었다는 보장(報狀)이 면(面)에서 들어오면 관가는 바로 감색을 그 면으로 파견하여 그 죽은 자의 가족[屍親], 삼절린(三切隣) 및 그 이(里)의 호적감고(戶籍監考)·이정(里正)·통수 등과 함께 검시하도록 한다. 그 뒤에 감색이 검시한 사람들을 데리고 관아의 마당에 들어오면, 관가에서 모든 사람들에게 밀봉한 통을 돌려 한정(閑丁)의 이름을 적어 바치게 하고 곧 관장이 개봉한다. 이름이 오른 한정을 즉각 데려다가 조사한 뒤 그 한정에게 다시 검시하게 한다.

혹 살아 있는 자를 죽었다고 한 사실이 밝혀지면 그 한정에게는 '양역을 부과하지 마라[勿侵良役]'는 완문(完文)[21]을 발급하여 주고, 애초 검시하였던 사람은 모두 형추(刑推)[22]한다. 그런 뒤 감색의 자식을 우선 군역에 충정(充定)하고 그 나머지 이정(里正) 등은 역이 없으면 충정하고 양역을 부담하고 있는 자는 속오군을 겸하여 지도록 한다.

1. 각 군병의 노제(老除)[23]·도망자·사망자[逃故][24]를 대정(代定)하는

---

20) 초빈(草殯) : 어떠한 사정으로 장사를 지내지 못하고 송장을 방 안에 둘 수 없는 경우에, 한 데나 의짓간에 관을 놓고 이엉 같은 것으로 그 위를 이어서 눈, 비를 가리게 하는 일.

21) 완문(完文) : 관부(官府)에서 향교·서원·결사(結社)·촌(村)·개인 등에게 발급하는 문서. 어떠한 사실의 확인 또는 권리나 특권의 인정을 위한 확인서, 인정서의 성격을 가진다. 완문은 관부에서 일방적으로 발급하는 경우도 있었으나, 대개는 당사자 또는 관계단체의 진정 또는 청원에 의하여 발급하였다.

22) 형추(刑推) : 죄인에게 형장을 가하여 추문함. 신문(訊問).

23) 노제(老除) : 군역을 진 사람이 나이가 차서 그 군역을 면제받는 경우를 말함.

24) 도고(逃故) : 도망자와 물고자.

것을 세초(歲抄)²⁵)라 한다. 연말이 되면 환자와 신포 등 각종 바치는 일, 전정(田政)의 마무리 등으로 관가와 민간이 매우 바빠 눈코 뜰 새가 없는데도 어찌할 도리 없이 서둘러[忙迫]²⁶) (세초를) 마쳐야 한다. 그래서 관가에서는 미처 살피지 못하고 민간에서는 호소하는 폐단이 이 때문에 많이 일어난다. 도망자·노제자·사망자 등 응당 빠져야 할 무리에 대해서는 풍헌, 규찰관, 두두인이 한 장소에 회동하여 명부를 정리하는데, 김매기가 끝나고 추수가 시작되기 전인 7·8월 경에 수정하여 바치도록 할 것.

1. 사망자 대정(代定)은 일각도 지체하지 말고 불시에 거행할 것.²⁷)

1. 사망자에 대한 입안[物故立案]²⁸)이 허위로 이루어지는 경우가 많다. 법률이 엄중하므로 만약 발각되는 경우에는 풍헌·약정·규찰관·두두인을 법률에 의거하여 무겁게 벌주고 결코 용서하지 말 것.

1. 도망자는 10년의 기한이 찰 경우 정부에서 대정(代定)을 허용한다. 이른바 도망자라고 하는 사람 중에는 이웃 고을에 자리 잡고는 친족에게 신포를 마련해 주면서²⁹) 10년의 시한이 차기를 기다리는 자도 있고, 혹 잠시 다른 고을에 도피해 있으면서 사태를 관망하는 자도 많이 있으니, 도망했다는 것을 모두 믿고 들어줘서는 안 된다. 두두인·규찰관에게 책임을 전적으로 맡겨 도망자를 찾아내도록 하고 끝내 그 간 곳을 알아내지 못하면 10년 동안 이(里)에서 징수할 것.³⁰)

---

25) 세초(歲抄) : 군인 중 사망·도망·질병자를 조사하여 6월과 12월에 군병 또는 군보(軍保)의 결원을 보충하던 제도.

26) 망박(忙迫) : 어찌할 겨를이 없이 매우 급함.

27) 『신편 목민고』에는 이 문단이 누락되었다.

28) 물고입안(物故立案) : 물고, 곧 사망을 증명하는 문서.

29) 족징(族徵)을 하므로 도망자가 이같이 친족에게 신포를 마련하여 주었다.

30) 『정요 1』과 『신편 목민고』에는 '限十年 里徵事'인데, 본문에는 '里徵事'가 누락되었

1. 노제(老除)의 경우, 도안(都案) 상의 정년을[31] 다 채웠다고 말하지만 얼굴과 두발이 쇠하지 아니한 자가 더러 있다. 이는 처음에 초사(招辭)를 받고 충정할 때 나이를 많이 속였기 때문이다. 강보에 쌓인 어린 아이를 강제로 충정하기 보다는 등짐 잘 지고 괭이질 잘 하는 노쇠하지 않은 사람을 그대로 두는 것이 좋다. 이른바 노제 명부[老除成冊]가 들어오는 날에는 두두인이 노제자를 모두 데리고 오도록 하여 관장이 몸소 살피도록 한다. 간혹 허위로 명단을 올린 경우가 없지 않으므로, 장적 및 각종 증빙문서를 앞에 두고 이름순으로 하나하나 그들에게 따져 물어, 노소가 바뀌어 들어가는 폐단을 방지할 것.

1. 도망자·노제자·사망자 가운데는 공문을 허위로 받아 끝내 대정하도록 한 경우가 있다. 새로 대정한 사람으로 하여금 조사하여 허위사실을 관가에 고발하게 하면 그 새로 대정한 사람에게는 '10년 동안 군역을 부과하지 마라[限十年勿侵軍役]'는 완문(完文)을 발급하거나 본인이 스스로 원하면 가벼운 역에 충정할 것.

1. 초안을 사정(査正)하여 장부에 기록한 뒤, 앞서 역을 진 사람에게 아무개가 그 대신으로 들어온 것을 명확히 알게 하고 새로 역을 지는 사람에게는 아무개 대신으로 들어온 것을 명확히 알게 한[32] 뒤에야 포를 거둘 때 양쪽으로 책임을 지우는 일이 생기지 않을 것이며, 또 농간을 부려 바꿔 충정하는 일이 없게 될 것이다. 그러므로 반드시 풍헌·약정 및 이전에 역을 진 사람과 새로 역을 질 사람, 두 사람이 같이 모여 확인하고

다.

31) 본문은 '等年定年'이나 『정요 1』과 『신편 목민고』의 '案年定年'을 따랐다.
32) 본문은 '使新人照然其知某人入於某人之代'이나, 『정요 1』과 『신편 목민고』에서는 밑줄친 글자가 없는데, 이를 따른다.

서명한 기록[手記]을 감봉(監封)33)하여 들여보내도록 할 것.

1. 각 군문에서 사정(査正) 및 세초가 결정되어 내려온 뒤에는 즉각 (이에) 전령하여야 한다. 이때 이름과 직역을 상세히 기록하여 보내도록 하여34) 이전에 역을 진 사람과 새로 역을 진 사람이 면제[頉下]와 대정(代定)35)한 사실을 명확히 알게 하여 중간에 농간을 부리는 폐단을 방지하도록 할 것.

1. 이(里)에서 대정하는 법은 수사하고 붙잡아 들이는 번거로움을 없애고, 숨기고 누락하는 일[隱漏]을 방지하며, 농간을 부리려는 단서를 끊으려는 데 목적이 있다. 법이 오래되면 폐단이 생기니, 떠돌며 걸식하는 의탁할 데 없는 사람의 이름을 빌어 짐짓 숫자만 채우는 일이 없지 않다. 한정의 명단을 바칠 때에는 반드시 호적을 작성한 해에 호적에 든 사실과 전답의 경작 사실을 명부에서 살펴서, 토지 없이 남의 집에 붙어사는 사람의 이름을 빌려 충정하는 일이 없도록 할 것.

1. 이(里)에서 대정한 뒤 도망자가 발생한 경우에 본리의 규찰관이 관가에 보고한 뒤에, 이에 사는 근실한 사람을 차사(差使)36)로 정하고 도망자의 주호(主戶)37) 및 그의 일족(一族)을 방문하여 그가 돌아오길 독려하도록 한다. 끝내 그의 행방을 알 수 없으면 다른 곳에 살고 있는 일족에게

---

33) 감봉(監封) : 내용(內容)을 감사(監査)하여 봉하고 도장을 찍음.

34) 본문은 '各坊分錄出送'이나 『정요 1』과 『신편 목민고』의 '而各名各役 詳細錄送'을 따랐다.

35) 대정(代定) : 다른 사람으로 바꾸어 대신 채움.

36) 차사(差使) : 차사원을 통칭하는 말. 차사원은 각종 특수임무의 수행을 위하여 임시로 차출, 임명되는 관원으로, 정3품 이하의 당하관 중에서 임명되었다. 중앙 정부에서 지방으로 파견되는 경우와 각도에서 중앙으로 보내는 경우의 두 종류가 있었다.

37) 주호(主戶) : 호주(戶主)를 가리킨다.

책임을 지우지 말고, 이(里)에서 균등하게 나누어 바치도록 할 것. 이징(里徵)
에 관한 법은 본래 조가(朝家)의 규정은 아니므로, 만약 시행하려 한다면 마땅히 영문(營
門)에 보고하여야 한다.[38]

1. 만약 진짜 도망한 자와 오래 전에 죽은 사람이 있음에도 불구하고
대정하지 않았거나 또 대정하기 적합한 한정이 있음에도 일부러 숨기고
누락시켜 거론하지 아니함으로 해서 이징(里徵)하게 하는 폐단을 일으켰다
면, 규찰관이 두두인의 죄상을 낱낱이 열거하여 관가에 즉시 보고한다.
규찰관이 사사로운 정리에 얽매어 즉시 보고하지 않을 경우, 대소 민인들이
한 목소리로 그를 관에 고발하여 처치하도록[39] 하여 이징의 폐해를 제거할
것.

1. 본리(本里)에서 명단을 올린 한정을 군무도감 및 담당 이서가 다른
면으로 이정(移定)하고, 뇌물을 받고 생색을 내려고 하는 경우에는, 이들을
군정(軍丁)을 농간한 죄목으로 법에 의거하여[40] 처벌한다. 본리의 사민(士
民)은 공동으로 호소하며 목숨 걸고 다툰다. 부정하게 농간을 부려 이정하여
준 담당 이서는 곧 그가 이정하여 준 자를 대신하여 (그 역에) 우선 강정(降
定)[41]하여 이정하는 폐단을 엄격히 방지할 것.

---

38) 세주의 본문은 '里徵法 元○朝家事目'으로 ○에 한 글자가 누락되었는데, 『정요
1』은 '無'자, 『신편 목민고』는 '非'자로 되어 있어 이를 따른다.

39) 본문의 '處置'가 『정요 1』과 『신편 목민고』에는 '治罪'로 되어 있다.

40) 『대전통편(大典通編)』권4, 병전(兵典), 「면역(免役)」, "위법(違法)으로 제군(除軍)
[除隊]하게 한 경우에는 논죄(論罪)한다. 7인 이상이면 수령(守令)을 파직하고
5인 이상이면 그의 자급(資級)을 강등하며 4인 이하이면 장(杖) 80에 처하며
1인 이상이면 색리(色吏)를 장(杖) 100 도(徒) 3년에 처한다. 부실(富實)한 군정(軍丁)
을 아전(衙前)으로 바꾸어 정한 경우 및 군적(軍籍)에 등록된(案付) 군정(軍丁)을
향리(鄕吏)나 고공(雇工)으로 (취급하여) 시행한 경우에는 위법(違法)으로 제군(除
軍)하게 된 예(例)에 따라 논죄(論罪)한다."

41) 강정(降定) : 현 직품을 강등시켜 군역으로 충정함. 징계방법의 하나.

1. 농간을 부린 감관이 출신(出身)42)인 경우에는 그 아들·사위·동생·조카[子·壻·弟·姪] 등 가까운 친속을 본리(本里)의 문제의 군역에 강정(降定)시킬 것.43)

1. 속오군의 역은 사람들이 모두 싫어해서 회피하므로 아침에 채워놓으면 저녁에 흩어져서 그 해가 마을에 두루 미친다. 먼저 한 고을의 호수(戶數)의 총 합계를 내고, 속오군 수의 총 합계를 낸다. 가령 호수가 3천인데 속오군이 3백 명이면 9호마다 1정이 나와야 한다.44) 각 지방의 여러 고을 가운데 호수와 속오군 수가 서로 일치[相等]하는 곳은 있어 본 적이 없다. 이로써 미루어보건대 비록 호수(戶數)가 적은 고을이라도 매 호당 1정을 세우는 것에 불과하다. 옛 사람이 말하기를 호에는 남자 장정이 최소한 3명은 있다고 하였으니, 3명 중 1명을 내는 것은 처음에는 감당하기 어려운 역은 아니었다. 하물며 각 고을의 호수가 어찌 속오군의 숫자보다 적을 수가 있겠는가.45)

지금 마땅히 민호의 숫자를 속오군의 숫자와 비교하여 속오군의 숫자가 민호수의 3분의 1이면 2호로써 속오군 1호의 보인으로 주게[保授]46) 한다. 속오군의 숫자가 만약 민호수의 5분의 1이면 4호로써 속오군 1호의 보인으로 주게 한다. (보인으로 하여금 속오군의) 모든 요역에 관한 일을 일절

---

42) 출신(出身) : 문무과에 합격하고 아직 벼슬에 나아가지 않은 사람.

43) 여기까지는 『신편 목민고』, 「이정절목(里定節目)」, 449~455쪽과 거의 일치한다.

44) 인조대에 실시된 '십일지초법(什一之抄法)'과 유사하다. 이는 숙종대까지 유지되었으며, 영조대에는 거의 허구화되었는데, 여기서는 그것을 복구할 것을 주장한 것으로 볼 수 있다.

45) 본문과 『정요 1』은 '況各邑戶數 輒多於束伍軍之名數者哉'이나 『신편 목민고』에서는 '輒多'가 '豈下'로 되어 있어 이를 따른다.

46) 보수(保授) : 가까운 친척이나 그 이웃 사람이 잔호(殘戶)를 책임지고 맡는 일.

돌아보고 보호하게 한다. 만약 도고(逃故)⁴⁷⁾가 있으면 위의 2호 혹은 4호가 담당하여 세우게 한다. 대상자 명단을 내서 사정(査定)하는 규정을 하나같이 위의 군역을 정하는 규정대로 시행할 것.⁴⁸⁾

1. 속오군은 20세에서 45세 사이로 제한하여, 노약(老弱)이나 굶주린 기색[菜色]⁴⁹⁾이 얼굴에 가득 찬 사람을 충정(充定)하는 일이 없게 해야 한다. 반드시 건장하고 착실한 사람을 가려 뽑을 것.

1. 속오군에 양반집 노비도 충정하는 것은 원래부터 속오군 사목이 그러하였다.⁵⁰⁾ 따라서 속오군의 이해(利害)는 양반에게도 미친다. 속오군이 거주하고 있는 근처에 살고 있는 사람들은 존비(尊卑)를 따지지 말고 모두 가까운 통(統)에 넣어서 기록하여 속오군의 보인으로 줄 수 있게 한다.⁵¹⁾ 혹 양반이 거주하는 통에서는 양반을 존위(尊位)로 정하여 통내를 통솔하여 속오군 1명을 책임지고 내게 하고, 통내에 만약 양반이 없으면 일에 밝은[解事] 상민[常漢]을⁵²⁾ 골라서 통수(統首)로 정하여 속오군 1명을 책임지고 내게 할 것.⁵³⁾

---

47) 도고(逃故) : 도망하거나 죽은 사람을 말함. 주로 조선시대 일반 농민의 군역·요역 부담의 과정에 따라 초보적인 저항의 형태로 도망하였거나, 수명이 다하여 죽은 사람을 총칭함.

48) 본문은 '上項正軍規式事'이나 『신편 목민고』의 '上項定軍役規式'을 따른다. 여기의 '上項定軍役規式'이란 영조 6년(1730)에 나온 「속오절목(束伍節目)」을 지칭하는 것으로 보인다. 「속오절목」은 『비변사등록』 88책, 영조 6년 경술 9월 25일 8-892~896쪽에 수록되어 있다.

49) 채색(菜色) : 굶주린 사람의 창백한 얼굴빛.

50) 『속대전(續大典)』 권4, 병전(兵典), 성적(成績).

51) 이것은 「오가통사목」을 준행하라는 말로 이해된다.

52) 본문은 '解事漢'이나 『정요 1』과 『신편 목민고』의 '解事常漢'을 따른다.

53) 이 부분은 『신편 목민고』, 「속오(束伍)」, 444~445쪽에 보인다.

한정(閑丁)의 침해를 금하는 규정[閑丁勿侵式][54]

1. 한 집에서 4, 5명의 부자(父子)가 군역을 질 경우, 한 사람은 사목(事目)[55]에 의거, 대정(待丁)으로 허락한다. (그러나) 형제가 한 집에서 생활한다고 이를 경우에는 들어주지 않는다. 10세 전 어린이에게 군역을 부과하지 않는다. 전토가 없는 걸인으로서 작문(作文)[56]에 들어있는 자는 부과하지 말 것.

1. (여기에) 다하지 못한 조건은 추후에 마련한다.

1. 각종 가벼운 역[歇役]에 투속(投屬)한[57] 자는 관장이 부임한 이후에는 그것에 관한 공문(公文)을 보내지 않는다. 혹 발급 연도를 뒤로 하여 공문을 얻으려 하는 자는 공문을 위조한 죄로 관찰사에게 보고하여 형추·정배(定配)하도록 한다.

이정법 시행에 관한 보고서 초안[里定報草][58]

이(里)에서 군역을 대정하는 법[里定法]은 곧 조정[朝家]의 아름다운 제도이다. 민의 소란스러운 원성이 없게 만들고, 이서가 농간을 피우는 폐단을 없애는 것으로 이보다 좋은 제도는 없으니 여러 읍의 수령들은 두려워하는 마음으로 거행해야 할 것이다.

---

54) 이 항목은 『신편 목민고』, 「이정절목(里定節目)」의 끝 부분에 보인다.

55) 사목(事目) : 정부에서 공사(公事) 제도(制度) 법제(法制)에 관하여 정한 규정(規定) 또는 규칙(規則).

56) 작문(作文) : 관의 양안 호적 등의 서류를 가리키는 이두 말.

57) 본문은 '役屬'이나 『정요 1』과 『신편 목민고』의 '投屬'을 따랐다.

58) 『신편 목민고』, 「이정보초(里定報草)」, 456~459쪽. 이것은 이정법(里定法) 시행과 관련하여 수령이 감사에게 보고하는 보고서 초안이다.

최근 민의 고질적인 폐해로 양역(良役)이 가장 심하다. 본현(本縣)의 사례를 들어 말한다면, 여러 명목의 양역을 지는 군인[良軍]은 불과 몇 명밖에 안 되고, 호적 가운데의 양호(良戶) 역시 몇 호에 불과하니, 얼마 안 되는 몇 호에서 몇 호의 한정(閑丁)59)을 책임지고 차출하는 것은 실로 감당할60) 길이 없다. 비록 양역을 감당한 만한 민일지라도 먹고 살만하고 흑립(黑笠)61)을 쓰고 다니는 자라면 누구나 거짓 명목을 만들어 백방으로 면제되려 한다. 그리하여 도망가거나 사망한 지 오래된 사람에 대해서 다시 인징(隣徵)과 족징(族徵)을 피할 수 없게 되어 마침내 탈난 곳을 대신하는 일[代頉]이 제대로 이루어지지 못하는 것은 모두 이 때문이다.

현감(縣監)62)은 먼저 이 같은 폐단에 유념하여 각종 양군(良軍)의 도안(都案)63) 가운데 과거 10년 동안의 도망자와 사망자 가운데 이미 탈(頉)이 난 자를 빠짐없이 찾아냈더니, 도망친 자는 다시 돌아오고, 죽은 자도 살아나서, 과연 실재 한정(閑丁) 2백 명을 얻게 되었다. 그리고 다시 각 군(軍)에서 실제로 도망하거나 사망한 자와 오래 전부터 내려온 이징(里徵)의 숫자를 조사하였더니 2백여 명에 이르렀다. 이에 새로 찾아낸 한정으로 (면징·이징자를) 대정(代定)하였더니, 대신 채워진 자들도 감히 한 마디의

---

59) 한정(閑丁) : 나이 15~60세의 장정으로 국역에 나가지 않는 사람. 본문은 '責出幾名閑良'이나 『정요 1』과 『신편 목민고』에 의거 '責出幾名閑丁'에 따른다.

60) 본문과 『정요 1』은 '難繼之道'이나 『신편 목민고』의 '難堪之道'를 따른다.

61) 흑립(黑笠) : 검은 빛깔의 갓. 곧 칠립(漆笠)을 이른다.

62) 현감(縣監) : 최하위의 지방행정구역 단위였던 현(縣)의 종6품 관직이다. 지방수령 중 가장 낮은 직급이나 전국적으로 140인[員]이 파견되어 지방에 파견된 수령(守令)의 다수를 차지하고 있다. 여기서는 감사에게 보고하는 보고자로서의 수령 자신을 지칭한다.

63) 도안(都案) : 정기적으로 몇 해에 한 번씩 각종 군사들을 조사하여 만드는 군안(軍案). 이를 근거로 결원을 보충하거나 보포를 징수하였음.

원망과 비방을 늘어놓지 않아서, 다행히도 수십 년 된 면징·이징을 탈(頉)로 처리하여 빼줄 수[頉給] 있었다.

(그러나) 금년 세초(歲抄)64)를 당해서는 있는 힘을 다했지만65) 어떻게 손 쓸 수 없는 상황에 이르게 되었다. (그런데 마침) 감영의 관문[營關]이 도착하였는데,66) (그 내용을 읽어보니) 수십 행에 달하는 지침과 가르침은 실로 백가지 간특한 속임을 타파한 것이었다. 여러 차례 받들어 읽어보니[奉讀] 깨닫지 못하는 사이에 경탄해 마지않게 되었다. 만약 이 법을 시행하면 첨정(簽丁)67)의 소란스러움과 간사한 이서의 교묘한 못된 꾀[幻弄]가 제거될 것이며, 진짜 도망하여 탈이 난 자를 대정할 수 있을 것이다. 어찌 백성에게 큰 행복이 아니겠는가. 지금부터는 이 감영 관문의 뜻을 민간에 널리 알려 규율로 삼을 것이다.

만약 존위(尊位)68)와 풍헌(風憲),69) 약정(約正)70)의 무리들에게 이정법

---

64) 세초(歲抄) : 매년 6월과 12월에 사망 또는 도망하거나 질병에 걸린 군병(軍兵)을 보충하는 것.

65) 검려지기(黔驢之技) : 사람의 졸렬한 기능의 비유. 어떤 사람이 나귀를 타고 검주(黔州)를 지나는데 호랑이가 처음 보는 나귀를 두려워하였다. 하지만 이후 호랑이는 나귀가 발길질하는 재주 외에는 무서워할 대상이 아님을 알고 마침내 나귀를 물어 죽였다는 고사에서 유래함.

66) 감영의 '관문'은 앞의 「이정절목(里定節目)」을 말한다.

67) 첨정(簽丁) : 장정을 군적에 올려 기록함. 또는 그 장정. 군정에 결원이 생겼을 때 대신할 자를 정하는 것.

68) 존위(尊位) : 리(里) 또는 동(洞)의 어른이 되는 사람을 높여서 이르는 말.

69) 풍헌(風憲) : 풍기를 바로잡고, 관리의 정사(正邪) 청탁을 감찰 규탄하는 면이나 이(里)의 직임.

70) 약정(約正) : 향약(鄕約) 단체의 임원(任員). 도약정(都約正)과 부약정(副約正)이 있었음. 풍속과 기강, 상부 상조 등에 관한 일을 맡고, 수령이 향약을 실시할 때는 실무를 보조하는 구실을 하기도 함.

(里定法)을 제멋대로 실행하게 하면,71) 조종(操縱)하고 수뢰(受賂)하는 근심
이 생길 뿐만 아니라 혹 거지로서 의지할 곳이 없는 사람으로 빠진 인원을
메울 염려가 있다. 또 청산(靑山)과 녹수(綠水)라는 가짜 이름으로 초사(招
辭)72)를 바치고 그 군포는 이(里) 가운데에 분배하여 민의 전곡을 함부로
거두어들이는 폐단이 없지 않을 것이다. 이에 현감의 천박한 견식으로
별도의 과조(科條)를 세워서 첩보(牒報) 뒤에 붙이니, 사또께서는 이를
살피신 후에 이 중에 뺄 것은 빼고 남길 것은 남겨서 정식(定式)으로 삼아
시행하여 간사한 이서와 풍헌, 약정의 무리가 농간을 부릴 여지를 주지
말지 말아야 할 것이다.

1. 사망자를 검사하는 법. 이미 위에 썼으므로 이 아래 4조와 함께 참고할
것.73)

1. 각 면(面)에 한정이 있고 없음은 그 이(里)의 풍헌과 약정, 호적감고(戶籍
監考)74)가 모를 리가 없다. 이들을 일일이 불러다가 관가(官家)에서 직접
힐문(詰問)하여 만약 사실대로 말하지 않으면 각별히 엄한 형벌을 내려
기필코 찾아낼 것.

1. 면 가운데 실제 한정을 감당할 자가 있음에도 풍헌·약정과 이정(里正)

---

71) 본문은 '泛行里正之法', 『정요 1』은 '泛行里定之法', 『신편 목민고』는 '統行里定之
法'인데 『정요 1』을 따른다.

72) 초사(招辭) : 죄인이 범죄 사실을 진술하는 말.

73) 본문은 '物故檢驗之法'이라고만 되어 있는데, 『정요 1』에는 이 아래에 '已書于上
此四條 與在上者 參考'라는 세주(細註)가 붙어 있으며, 『신편 목민고』에는 본문은
없고, '物故檢法 依上法'이라는 세주가 윗 문단의 세주로 붙어 있다. 여기서는
『정요 1』을 따랐다.

74) 호적감고(戶籍監考) : 호적을 작성하기 위해 수령이 민서(民庶) 가운데 차출한
사람.

의 무리가 이웃사람들에게 미움을 사지 않으려고 혹은 관가의 책임추궁을 면하려고 떠돌아다니는 거지를 데리고 와서 초사(招辭)를 올리거나 혹은 거짓 이름을 써서 대정하고 그 군포를 이(里) 중에서 거두어서 납부하기도 하는 폐단이 으레 있다. 풍헌과 약정이 보고한 한정을 붙잡아와 사실을 확인한 후 그 가옥의 크기와 전답(田畓)의 유무(有無)를 물어 과연 이 자가 전답도 집도 없는 사람이라면 채워 넣지 말고, 그 풍헌과 약정의 무리들에게 엄중한 형을 가하여 채워 넣을 자의 명단을 다시 올리게 할 것.

1. 한정(閑丁)에서 벗어나려는 부류는 비록 군보(軍保)[75]의 자손이라도 반드시 유학(幼學)[76]이라 칭한다. 이 무리는 각별히 조사하여 추려내 군역에 채워 넣어야 할 것이다. 선현(先賢)의 후예라면 이미 조정에서 대수(代數)를 한정하여 채워 넣으라는 법령이 있으니,[77] 조정의 법령에 따라 군역에 채워 넣으며, 그 중 문무(文武) 가운데 한 가지라도 기예에 능통한 자는 군역을 면제해 줄 것.

1. 풍헌과 약정이 보고한 한정을 관가에서 심문하여 확인할 때 어떤 사람을 대정하였다고 상세히 기록해 둔다. 한정으로 정해진 사람이 세초하여 수정할 때 담당 색리에게 뇌물을 주어 가볍고 무거운 역을 바꿔 정한 사실이 드러나는 대로 영문(營門)에 보고하지 않고 즉시 엄중한 형벌에 처할 것.

1. 풍헌과 약정이 보고한 것을 (이서들이) 혹 가지고 나가서 사용하고

---

75) 군보(軍保) : 병역에 복무하지 아니하고 보포(保布)를 바치는 장정.
76) 유학(幼學) : 사족(士族)으로서 아직 벼슬하지 않는 사람의 호칭. 조선후기에는 상민 가운데 멋대로 유학을 칭하면서[冒稱幼學] 군역을 면하려고 하여 문제가 되었다.
77) 『대전통편(大典通編)』 권4, 병전(兵典) 「면역(免役)」 참조.

반납하지 않는다. 마땅히 종이로 싸서 단단히 봉하고, 도장을 찍어서 창고에
긴히 보관해 두는 것이 좋다.78)

(민이) 상납한 모든 군포(軍布)·전(錢)·미(米)는 담당 이서의 손에 맡겨
둬서 중간에서 낭비되게 해서는 안 된다. 동헌(東軒)79) 앞에 별도로 견실한
창고를 만들어서 받아들이는 대로 창고에 넣어두는 것이 좋다. 혹은 읍내[邑
底]에 살고 있는 부유한 상민이나 건실한 사람 수십 인을 골라서 구분하여
봉표(封標)80)하고 받아들이게 해도 좋다.81)

군포를 거두어들이는 법[軍布收捧法]82)

군포와 신공(身貢)을 거두어들이는 규정에 의하면, 담당 이서에게 먼저
전령(傳令)을 내어 독촉하게 하기 때문에 족징(族徵)83)이나 이징(里徵)84)을
감당할 수 없는 가난한 사람들이 일시에 모두 들고 일어나서 소송을 일으킨

---

78) 이 문단은 『정요 1』과 『신편 목민고』에는 보이지 않는다.

79) 동헌(東軒) : 지방 수령의 집무실.

80) 봉표(封標) : ①능(陵)의 자리를 미리 정하여 봉분을 하고 세운 표. ②벌채(伐採)를
금지하는 경계에 세우는 표. 여기서는 받아들인 물건을 봉하는 표식을 의미하는
것 같다.

81) 이 문단은 『정요 1』에는 있는데, 『신편 목민고』에는 「군포수봉법(軍布收捧法)」,
448쪽에 있다. 『신편 목민고』에는 '分析封標' 아래 '捧佶音' 3자가 더 있다.

82) 『신편 목민고』, 「군포수봉법(軍布收捧法)」, 447~448쪽.

83) 족징(族徵) : 전세(田稅), 군역(軍役), 환곡(還穀) 따위의 부담을 진 사람이 갚지
못할 때에 그의 일족에게 책임을 전가하여 대신 부담시키는 것.

84) 이징(里徵) : 지방 관원이 공금(公金)을 사사로이 썼거나 또는 납세 의무자가
없어졌거나 했을 적에 그것을 그 마을 사람들에게 대신 물리는 일.

다. 이것이 관과 민이 모두 혼란스러워져서 감당하기 어렵게 되는 이유이다. 반드시 각종 거두어들여야 할 것들을 이(里) 별로 뽑아내어 작은 글씨로 이름을 나열하여 기록하여 이(里)마다 하나의 책자를 완성하고, 맨 첫째 장(張)에는 다음과 같이 전령을 쓴다.

신포(身布)를 납부해야 할 사람은 각각 그 이름 밑에 '당납(當納)' 2자 및 '○일 납부한다'라고 쓰고 원당신(元當身)[85]이라고 표시한다. 가난하여 납부할 수 없는 사람은 '빈(貧)'자를 쓰고, 또한 정해진 납부 일을 쓴다. 해마다 족징(族徵)하는 것은 '아무 이(里)에 거주하는 아무개가 수족(首族) 으로서 납부한다'고 쓰고, 수족의 이름을 써 둔다. 매년 이징(里徵)하는 것은 '이징(里徵)'이라고 쓰고 또한 정해진 날짜를 쓴 뒤, 두두인(頭頭人)[86] 의 이름을 써 둔다. 혹은 원래 신포를 담당한 자[元當身]가 이사 갔을 경우에는 이름 밑에 '아무 촌으로 이사 갔다'고 쓰고, 또한 접주인(接主人) 의 이름을 쓰는 것이 마땅하다.

이렇게 책자를 완성하여 (납부) 기한 전에 반포하고, 정해진 날짜에 납부한 이후 원래 납부할 자인지를 확인한 뒤 (그 이름을) 지운다. 그 중 가난한 자[貧殘者] 및 족징·이징·이사 간 자 등을 뽑아 기록하여 수족(首族)·두두인(頭頭人)·이사간 자의 이임(里任)에게 독촉하여 정해 진 날짜에 와서 납부하게 하면 간편하여 혼란스러워질 근심이 없어질 것이다.

---

85) 원당신(元當身) : 원래 신포를 납부할 사람.

86) 두두인(頭頭人) : 상민으로서 힘깨나 쓰며 가장 우두머리가 되는 사람. 행정조직이 나 군사조직의 정식 직급은 아니지만 일정 집단의 우두머리를 지칭할 때 사용함. 예컨대 향촌의 부세를 책납할 때 또는 공론을 모을 필요가 있을 때 향촌 존위(尊位), 유사(有司), 색장(色掌)과 함께 참가하는 두두인의 경우가 그러함.

1. 일족(一族)에게 분담시키는 것[別音][87]을 담당 색리에게 맡겨 두면 안 된다. 여러 차례에 걸쳐서 거듭 징수하는 폐단이 생기기 때문이다. 장부상으로 원래 군포를 내야할 사람[元當身]에게 전령을 내려, 그에게 수족(首族)에게[88] 전하게 한다. (그러면 수족이) 그 숫자를 헤아려서 알아서 배분하고 각 이름 밑에 각각 분담할 숫자를 표기하게 한 뒤, 군포를 납부할 때 '분담한 것을 납부한다[納別音]'고 기록하게 한다. 그리고 수족과 군포를 거두는 일을 맡은 임장 및 담당 이서를 신칙하여[89] 거듭 징수하거나 함부로 징수하는 폐단을 없게 해야 한다.

금송작계절목(禁松作契節目)[90]

1. 여러 읍에 소나무 벌채를 금지하라[禁松]고 정부에서 밝히고 신칙(申飭)한 것이 한두 번이 아니므로 본 현(縣)의 대소(大小) 민인(民人)이 금송(禁松)의 엄격함을 반드시 잘 알고 있을 것이다. 그러나 만약 절목(節目)을 반포하지 않는다면 어리석은 민이 법에 어두워 죄를 짓는 자가 반드시

---

87) 벼름[別音] : 분배. 분담.

88) 본문은 '傳給於首族'인데 『정요 1』과 『신편 목민고』에는 '(使之)傳給於首族'으로 '(使之)'가 더 있다.

89) 본문은 '申飭( )加捧濫徵之弊'인데, 『정요 1』과 『신편 목민고』에는 '申飭' 다음에 '於首族 及收布所任 及該吏 俾無'가 더 있어 이를 따른다.

90) 『정요 1』의 「금송작계절목(禁松作契節目)」과 거의 일치하나, 『신편 목민고』에는 없고, 안정복(安鼎福)의 『임관정요(臨官政要)』(이하 『임관정요』로 줄임)에 보인다. 『만기요람(萬機要覽)』, 「재용편(財用編) 5」, 송정(松政), 총례(總例), "대개 소나무를 심는 데 적당한 곳은 다 그 수효가 있고, 금양(禁養)하는 절목(節目)도 또한 그 법이 있으니, 숙종 갑자(숙종 10년, 1684)에 절목을 특별히 찬정(撰定)하여 제도(諸道)에 반시(頒示)하고, 정종 무신(정조 12년, 1788)에 고쳐 찬정하여 반행(頒行)하였다."

없지 않을 것이고, 교활한 이서가 법을 빙자해서 간사한 짓을 하는 자 또한 반드시 있을 것이다. 이에 절목을 나열하여 대소 민이 모두 똑같이 지켜서 행해야 할 바탕으로 삼는다.

1. 모든 금령(禁令)은 완급(緩急)에 따라 폐단이 발생하기 마련이다. 소나무를 기르는 정치는 이용후생(利用厚生)의 일단이므로 관에서 엄하게 금지하고자[91] 한다면 반드시 간사함을 적발한 뒤에야 (소나무) 벌채 금지령을 범하는 일이 있는지 없는지를 알 수 있는데, 간사함을 적발하면 반드시 소란스럽게 폐단을 낳을 근심이 있다. 그러므로 각 동네에서 경계선을 나누어 정하여 금송계(禁松契)를 조직하고, 각 이(里)와 각 동(洞)에서 각자 노력하여 금양(禁養)[92]하지 않을 수 없다.

1. 각 이(里)와 각 동(洞)에서 사물의 이치에 밝은 사람으로 도유사(都有司) 두 사람을 정해서 1년 동안 교대로 가좌(家座)[93]의 차례에[94] 따라서 매일 교대로 산을 순시하게 한다. 두 사람이 감당하기에는 면적이 너무 넓다면 한 사람을 추가로 정할 것.

1. 산지기의 역은 민이 감당하기 어려우니 (한 사람으로) 몇 달 동안 치우쳐 정해서 뇌물을 쓰고 이를 면하려는 폐단이 생기지 않게 해야 한다. 계 조직 안에서 가좌의 차례와 남자 장정의 숫자에 따라서 돌아가면서 날짜를 정하여 일률적으로 경성(京城)의 좌경(座更)[95]하는 법과 같이 산을

91) 본문은 '自官有( )嚴禁'이나 『정요 1』은 괄호 안에 '欲'이 더 있어 이를 따른다.
92) 금양(禁養) : 나무를 베지 못하게 하고 기름.
93) 가좌(家坐) : 집의 앉은 위치나 순서를 말한다. 오늘날의 지번(地番)과 비슷하다. 조선시대 작통(作統)할 때, 이 가좌차서(家座次序)에 따라 하였음.
94) 본문은 '從家座'이나 『정요 1』에는 뒤에 '次'가 더 있어 이를 따른다.
95) 좌경(座更) : 궁중의 보루각(報漏閣)에서 북과 징을 쳐서 시각을 알리던 일. 하룻밤을 5경(更)으로 나누고 초경과 5경은 3점(點), 2·3·4경은 5점으로 나누어, 경에는

순시하여 금송령을 범하는 자를 잡아오게 하여 관가에서 경중에 따라 죄를 준다.

1. 각 동(洞)과 이(里)의 경계선은 이전부터 있던 경계선을 따라서 각 이와 동이 벌채를 금지하는 것을 나누어 관장하는 경계선으로 삼는다.

1. 사대부 집안 산소(山所)의 금양처(禁養處)에 있는 묘지기 노(奴) 및 임시로 묘지를 관장하는 민호 역시 일체로 계 조직에 넣는다.

1. 양반 묘소의 소나무를 비록 본 주인이 마음대로[96] 벌채하더라도 금송령을 범한 것으로 논한다.

1. 산과 늪의 관리는 본주에게 일임하지만 점거하여 기르고 벌채하는 것은 이전에 소나무를 기르는 것과 같이 각 이(里)의 금송계 경계선 안에 있는 것 가운데 일년초 외에 (벌채를) 엄금하여 산 전체가 민둥산이 되도록 벌채하는 폐단이 없게 한다.[97]

1. 사찰(寺刹)이 있는 곳도 또한 경계선을 나누어서 각 사찰의 중을 관리자로 정하고 벌채를 금지하는 것을 하나같이 동(洞) 내의 규약에 따른다.

1. 각 이(里) 가운데 조이[召史][98]와 병자(病者)를 제외하고 모두 가좌(家座)의 순서에 따라서 계안(契案)을 정비하고 관(官)에서 반포한 절목을 베껴내어 이번 그믐날까지 관에 납부하여 관의 (확인) 도장을 받아서 이(里)에 갖추어 두도록 한다.[99]

북을, 점에는 징을 그 숫자만큼 쳤음.

96) 본문은 '本里擅斫者'이나 『정요 1』의 '本主擅斫者'를 따른다.
97) 본문은 '全山赭伐之弊'이나 『정요 1』에는 맨 앞에 '無'가 있어 이를 따른다.
98) 조이[召史] : 양민(良民)의 아내.
99) 본문은 "修正契案 謄出官須節目 趁今晦日內納官 以爲踏印呈上之地爲齊"이나 밑줄

1. 대·중·소의 소나무를 벌채하는 자를 처벌하는 법률은 진실로 지극히 엄하다. 따라서 오늘날 어린 아이를 보호하고 기르듯이 하고, 금옥(金玉)과 같이 아껴야 하며, 어린 소나무일 때 더욱 그래야 한다. (그런데) 무지한 백성들이 하찮은 풀과 같이 여겨 멋대로 베어낸다. 벌레로 인해 손상되는 폐단뿐만 아니라 도끼로 찍어내는 것이 나날이 심해져서 거의 씨가 마를 지경이니 진실로 근심스럽기 짝이 없다. 금령의 조목을 등급을 나누어서 나열하고 기록하여 각 계에 속한 민인들에게 분명하게 알려 주어야 한다.

1. 옮겨 심은 어린 소나무[稚植松]를 벌채한 자는 한 그루마다 태(笞) 10대를 치고, 여섯 그루 이상이면 감사에게 보고하고 조사하여 처리한다.[100]

1. 자라는 어린 소나무를 벌채한 자는 한 그루에 태(笞) 50대를 치고, 두 그루 이상이면 감사에게 보고하고 조사하여 처리한다.[101]

1. 옮겨 심은 작은 소나무를 벌채한 자는 한 그루에 태 50대를 치고, 두 그루 이상이면 감사에게 보고하고 조사하여 처리한다.

1. 자라는 작은 소나무를 벌채한 자는 한 그루 이상이면 감사에게 보고하고 조사하여 처리한다.

1. 중간 크기 소나무[中松]와 큰 소나무[大松]는 산 것이나 고목나무를 물론하고 한 그루라도 벌채한 자는 엄하게 가두고 감사에게 보고한다. 소나무 가지를 꺾다가 발각된 자는 한 가지마다 태 20대를 치고, 세 가지

친 글자가 『정요 1』과 『임관정요』 모두 각각 '定', '頒布', '里'로 되어 있어 이를 따른다.

100) 본문은 "稚生松……一株笞五十度 二株以上 報使勘處"이나 『정요 1』과 『임관정요』의 "稚植松……每一株 笞十度 六株以上 報使勘處"를 따른다.

101) 본문은 "每一條 笞十度 六株以上 報使勘處"이나 『정요 1』과 『임관정요』의 "一株 笞五十度 二株以上 報使勘處"를 따른다.

이상이면 감사에게 보고하고 조사하여 처리한다.

1. 울타리를 짜거나 다리 보수 및 하천 둑에 소나무 가지를 쓰는 자는 모두 벌채를 금지하는 법을 어긴 죄로 논한다.

1. 다른 지역의 계에 속한 자가 (경계를) 넘어 와서 벌채한 것을 같은 동(洞)의 사람이 모를 리가 없다. 발각되는 대로 금송령을 범한 자[犯松人]가 살고 있는 본리의 담당 이서를 같이 처벌한다.

1. 한 해 동안에 나누어진 경계[分界] 안에서 소나무를 씨 뿌리고 키운 것이 많지 않으면 해당 계의 도유사(都有司)를 경중에 따라 벌을 준다.

1. 도유사를 교체할 때는 새로 차임(差任)된 유사와 함께 소나무 뿌리의 유무를 확인하고 적간(摘奸)한 것을 기록한 수기(手記)를 주고받게 하여 앞뒤의 유사가 서로 미루는 폐단을 없앤다.

1. 소나무 벌채를 금지하는 정치는 모두 민에게 이익이 있게 하기 위한 것이다. 만약 관가에서 담당자를 별도로 정하여 벌채를 금지하게 하면 반드시 이를 빙자하여 혼란을 일으켜서 이익과 혜택은 미치지 못하고 오히려 근심과 피해만 끼치게 되므로, 오늘날 각 이(里)와 각 동(洞) 안에서 계를 조직한 것은 실로 뜻한 바가 있는 것이다. 각 계의 담당자들은 이 뜻을 잘 알아서 대수롭지 않게 여기지 말고 마음을 다하여 거행해야 한다.

1. 모든 금령(禁令)은 당연히 명령이 나오기 전과 후를 분간해서 시행해야 한다. 따라서 절목을 반포한 이후의 소나무 벌채를 금지하는 명령을 범한 자[犯松者]는 발각되는 대로 죄를 주는 것은 당연한 일이다. 그런데 담당자들이 금령 이전의 일을 가지고 어리석은 민을 위협하여 술과 음식을 토색(討索)하고 뇌물을 받아 낸다면 마땅히 무거운 율로 다스려야 할 것이므로 이것을 알고 거행하게 해야 할 것이다.

1. 외딴 촌락이나 후미진 마을, 깊은 산이나 절벽 같은 곳은 관에서

몸소 적간하거나, 혹은 다른 일로 인해서 붙잡히거나, 혹 소나무 뿌리에
도끼 자국이 있거나 혹 나뭇가지로 인해 붙잡히거나 하면, 죄를 범한
자는 당연히 법률에 의해 죄를 줄 뿐만 아니라 그 이(里)의 유사와 담당
산지기[山直]도 모두 처벌한다.

전정(田政)[1]

전안대장(田案大帳)[2] 및 각 년의 행심책(行審冊)[3] 등 전정[4]에 관련된
모든 문서는 한꺼번에 거두어 궤짝이나 농에 담아 서명하고 단단히 봉한
뒤 수시로 꺼내 본다. 먼저 각 면의 오래된 진전[舊陳], 각종 재탈[灾頉][5]
및 시기결(時起結)의 총수를 계산한다. 면마다 이와 같이 하면 이른바
성천(成川),[6] 포락(浦落),[7] 복사(覆沙),[8] 양진(量陳),[9] 잉진(仍陳)[10]의 실수

---

1) 전정(田政) : 농지에 관한 전반적인 정책. 『신편 목민고』, 「전정(田政)」, 485~487쪽
   과 거의 같다.

2) 전안대장(田案大帳) : 토지대장.

3) 행심책(行審冊) : 각 고을의 농사 작황과 재해 정도를 매년 기록한 책.

4) 본문은 '田籍'이나 『정요 1』과 『신편 목민고』의 '田政'을 따른다.

5) 재탈[灾頉] : 재해를 입어 작황이 나빠 조세 납부가 면제됨. 본문은 '各項'이나
   『정요 1』과 『신편 목민고』의 '各頉'을 따른다.

6) 성천(成川) : 홍수에 휩쓸려 논밭의 형체가 무너져 개천으로 변한 곳.

7) 포락(浦落) : 불어난 냇물이나 강물에 논밭이 개먹어서 무너져 떨어져 나간 곳.

8) 복사(覆沙) : 홍수 등으로 전답에 모래가 덮인 곳.

9) 양진(量陳) : 양안 곧 토지대장에 등록되어 있는 묵정밭.

10) 잉진 : 계속 묵는 밭. 본문은 '舊陳仍實數'이나 『정요 1』과 『신편 목민고』의 '量陳舊
    陳實數'를 따른다.

와 시기(時起) 실수(實數)를 한눈에 파악할 수 있다. 그런 연후 그 가운데
각 년의 성천(成川)·포락(浦落)·복사(覆沙), 잉진, 구진(舊陳),11) 양진의
곳곳을 (수령이) 직접 답험(踏驗)12)하되 사표(四標)는 지금 현재 눈에 잘
띄는 물건으로 기록한다는 뜻을 따로 면임과 좌수를 정하여 알리고, 그들이
다 함께 농간부리는 일을 적발하도록 하고 사이사이 관장이 직접 검험한다.
만약 차이가 나거나 거짓이 있으면 향소와 면임을 사목에 의거하여 각별히
밭머리에서[田頭] 엄한 형을 가하여 다른 사람들에게 경각심을 주면 다른
면의 진전과 기경전, 재·실(災實)13)을 착오 없이 파악할 수 있을 것이다.
반드시 7~8월의 농사가 한가해진 뒤에 이 같은 조치를 앞서 취하면, 도로
기경한 곳[還起]14) 및 해마다 나타나는 여러 면제사항[雜頉]을 가지고
서원(書員)이 사복을 채우는 일을 찾아낼 수 있을 것이다.

　재해를 당한 것과 그렇지 않은 것[災實]을 위의 방법을 활용하여 찾아낸
후 또 봄·여름이 지난 뒤 면임이 보고한 재탈에 관한 치부책[災頉置簿冊]15)
을 살피면 올해의 재탈(災頉)을 앉아서 계산할 수 있을 것이다. 그런 뒤
민들이 올린 단자(單子)를 아래 절목과 같이 받아들인다. 그러나 사정을
잘 모르는 서툰 수령은 서원에게 맡기고 다만 그가 크게 혼란시키는 것만
금지하는 것이 좋을 것이다.

---

11) 구진(舊陳) : 이전의 묵정밭.
12) 답험(踏驗) : 농사가 잘 되고 못된 것을 현장에 나가서 조사하여 그 손실에 따라
　　조세를 매기던 법.
13) 재·실(災·實) : 재결(災結)과 실결(實結).
14) 환기(還起) : 진전(陳田) 가운데 도로 기경(起耕)한 밭.
15) 재탈치부책(災頉置簿冊) : 재해를 입어 정상적인 수세가 불가능한 토지를 정리해
　　둔 책.

전령(傳令)[16]

거행할 일은 다음과 같다. 가을걷이가 멀지 않다. 전답에 심어놓은 여러 곡식의 재탈처(災頉處)[17]를 관에서 곳곳을 답험하여 계산할 것이다. 연분사목(年分事目)[18]이 내려오기 전에 늦게 이앙하여 소출이 축소된 곳과 분수등재(分數等災)를[19] 거론해서는 안 된다. 그러므로 특별히, 반드시 재탈의 혜택을 받아야할 것만 우선 뒤에 붙인 단자의 본장(本張)[20]에 기록해야 할 것이므로, 이것을 같이 보내니, 이 봉단(封單)에 따라 단자를 작성하라.

한 사람이 소유한 전답이 열 곳의 면에 흩어져 있더라도 그 전답이 자리 잡고 있는 면에서 각 전답에 해당하는 여러 장의 단자를 나누어 올리거든 면임은 각인(各人)의 단자를 거둔 후 한결같이 천자문의 순서에[21] 따라 성책(成冊)하여 이 달 ○일 내로 관에 바친다. 이때 재탈처의 시작(時作)[22]과 동서(東西)의 범표(犯表)[23] 또한 단자의 예[單子例]에 따라 적는다.

---

16) 이 항목은 전정(田政)과 관련된 전령(傳令)을 말하는 것으로서 앞서 나온 도임 전후의 전령과는 다르다. 『신편 목민고』, 「전령(傳令)」, 487~488쪽과 거의 일치한 다.

17) 재탈처(災頉處) : 재해를 입어 정상적인 수세가 불가능한 경작지.

18) 연분사목(年分事目) : 연분(年分)에 대한 규정. 연분은 그 해 농사의 풍흉에 따라 해마다 토지를 상상(上上)·상중·상하·중상·중중(中中)·중하·하상·하중·하하(下下)의 아홉 등급으로 나누던 제도. 연분사목은 가을에 정해서 반포하는데, 앞당겨 7월에 만들어 반포하는 경우도 있었다(『숙종실록』 권49, 숙종 36년, 7월 기미).

19) 분수등재(分數等災) : 재해를 입은 토지를 그 무겁고 가벼움에 따라 등급을 매김.

20) 본장(本張) : 이 뒤에 나오는 '단자규식(單子規式)'을 가리킨다.

21) 본문은 '單子次例'이나 『정요 1』의 '字次例'와 『신편 목민고』의 '字行例'를 따른다.

22) 시작(時作) : 조선시대 소작인(小作人)을 지칭하던 말. 조선전기에는 전호(佃戶)라 하다가 후기에 그때그때 남의 토지를 경작한다 해서 시경작인(時耕作人)이라 하고, 양안(量案)을 작성할 때 자작지(自作地) 소유자는 기주(起主)라 표시하는

그 내용은 다음과 같다.

'○○자(字) 제○번째 전답 ○부(負) ○속(束) ○두락지(斗落只)²⁴⁾ ○배미
[夜味]²⁵⁾'는 '처음부터 종자를 뿌리지 않아서 구진(舊陳)이 됨' 혹은 '오래된
성천·포락·복사', '새로 생긴 성천·포락·복사' 등등과 같이 재해의
이름에 맞추어 탈을 기록한다[懸頉]. 또한 동쪽 ○배미는 횡경답(橫耕畓),
서쪽 ○배미는 직경답(直耕畓), 남쪽 ○배미는 부종답(附種畓), 북쪽 ○배미
는 이종답(移種畓) 등 답험할 때에 본 대로 범표의 내용을 기록한다.

시작(時作) 또한 '○○면 ○○리 ○통 ○호 주호(主戶) 누구'라고 쓴다.
이때 주호가 양반일 때는 아무개 생원(生員)의 앙역노(仰役奴) 아무개라
쓰며, 중인 이하²⁶⁾일 때는 그 주호의 이름을 직접 써서 농간을 부릴 여지를
없앤다. 농사짓는 사람들[田夫輩]이 관가에서 답험하지 않을 것이라고
요행을 바라고 실결(實結)²⁷⁾을 재결(災結)²⁸⁾이라고 했다가 그 사실이 밝혀
지면 양반 양민을 가리지 않고 결코 용서하지 않을 것이니 가슴깊이 새겨
거행하라.

모내기 할 때, 한 곳의 논 가운데 혹 씨를 두세 되 뿌릴 만한 면적에
아직 이앙(移秧)하지 않았으면 '○○자(字)답 ○부(卜) 중 ○부는 처음부터
씨를 뿌리지 않았다'고 기록하고, 사방의 범표(犯標)를 기록하는 일 또한

반면, 소작인은 '시작', '작', '작인'으로 표시하였다.

23) 범표(犯表) : 재해(災害) 표지(標識).

24) 두락지(斗落只) : 두락. 파종하는 종자의 양이 1두일 경우, 1두락지라 함.

25) 야미(夜味) : 배미의 한자어 표기.

26) 본문은 '中人以上'이나 『정요 1』과 『신편 목민고』의 '中人以下'를 따른다.

27) 실결(實結) : 수확이 가능해져 부세를 호조에 납부하는 경작지. 재결(災結)의 반대.

28) 재결(災結) : 재해를 입어 부세 납부가 정상적으로 이루어질 수 없는 경작지.

위와 같이 한다. 오래 묵은 땅이나 이전에 모래로 덮인 곳[舊陳舊伏沙] 가운데 다시 경작하는 곳이 많이 있는데, 여전히 탈(頉)로 기록된 곳은 존위와 풍헌·약정이 직접 간험(看驗)한 후 수정·성책하여 관에 보고한다. 이렇게 하여 다 찾지 못한 이유로 죄를 받는 폐단이 없도록 한다. 재탈성책 (灾頉成冊)을 수정하여 보고할 때, 해당 면의 풍헌과 약정이 으레 뇌물을 받는 폐단이 있는데, 전처럼 하지 말고 착실히 거행하는 것이 마땅하다. 이때 전답 가운데 올해의 진전(陳田)은 애초 거론하지 않는다. 이것을 각 면의 존위와 풍헌·약정에게 전령한다.

단자를 작성하는 규식[單子²⁹⁾規式]³⁰⁾

○○면 ○○리 제○통 ○호 주호 검동(檢同)³¹⁾의 전답 재해단자(某面 某里 第幾統 幾戶 主戶檢同 田畓災單子)

○○면 ○○리 ○자 제 ○답 ○부 ○속(某面 某里 幾字 幾畓 幾卜 幾束)은 '처음부터 씨를 뿌리지 않음'. 동쪽 한 배미[夜味]는 횡경답(橫耕畓),³²⁾ 서쪽 두 배미는 직경답(直耕畓),³³⁾ 남쪽 두 배미는 부종답(付種畓),³⁴⁾ 북쪽

---

29) 단자(單子) : 타인에게 보낼 물품이나 어떠한 사실을 조목조목 적어 받을 사람에게 올리는 문서. 대개는 매 조목을 별행으로 썼다.

30) 이 항목은 『신편 목민고』, 「단자규식(單子規式)」, 489쪽과 「우일법(又一法)」, 489~490쪽이 합쳐져 있다.

31) 본문의 '檢同'은 인명으로 보인다. 『정요 1』과 『신편 목민고』는 '某人'으로 되어 있다.

32) 횡경답(橫耕畓) : 가로 모양의 논.

33) 직경답(直耕畓) : 세로 모양의 논.

34) 부종답(付種畓) : 직접 씨 뿌린 논.

다섯 배미는 이종답(移種畓)35)이다. 전부(田夫) 검동은 이름을 쓰거나 수촌
(手寸)하고 전답이 소재한 면에 보낸다.

또 한 가지 방법이 있다. 민간에서 단자가36) 모두 올라온 후 관장이
관속과 향소,37) 이노(吏奴)를 거느리되, 각자 먹을 점심을 가지고 직접
전야(田野)에 나아간다. 한 자(字)당 5결씩 각자에게 나누어 맡겨 재해
입은 곳을 살피게 한다. 관장은 높은 언덕에 앉아서 재해를 입은 것이
맞으면 푸른 기를 세우게 하고, 그렇지 않으면 흰 기를 세우게 한다. 관장이
내려가 깃발을 따라 답험(踏驗)하여 실(實)로 돌릴 것은 실로 돌리고 재(災)로
파악한 것은 재로 처리한다. 그동안 날마다 기록하여 문서를 작성한다.
재실심사를 신속히 진행하는 것은 힘써서 총명하게 관찰하는 데 달려
있다. 그 사이에 새롭게 경작한 곳을 숨기거나 누락된 전답은 붉은 깃발을
세우고 기록한다.

매년 잡탈(雜頉)38)이라 하여 서원(書員)의 주머니로 들어가는 것은 제1조
의 방법과 같이 수괄하고, 민간에서 올린 단자의 허실을 조사하는 것은
상단의 방법처럼 자세히 살피면 착오가 발생하지 않을 것이다. 다만 (다른

---

35) 이종답(移種畓) : 모내기한 논.

36) 『정요 1』과 『신편 목민고』는 '畢捧民單'이나 본문에서는 '單'이 누락되었다.

37) 『정요 1』과 『신편 목민고』는 '鄕所'인데 본문에서는 '鄕'이 누락되었다.

38) 잡탈(雜頉) : 각묘(各廟), 능(陵), 원(園), 묘위전(墓位田), 궁방전(宮房田), 아문둔전
(衙門屯田), 영문둔전(營門屯田), 각양잡위전(各樣雜位田), 구진전(舊陳田) 등 부세
가 면제되는 전지. 잡탈에 시기전(時起田)을 합한 것이 원장부(元帳付) 전답(田畓)
이다. 국역(國役)과 같은 국가적 의무를 이행해야 할 경우 빠질 수 있는 공식적인
면제 사유 이외의 다양한 이유를 들어 의무에서 면제됨. 탈(頉)이란 의무를 수행할
수 없는 상태, 예컨대 부모가 돌아가셨거나 당사자가 중병에 들거나 불구자인
경우 등을 지칭함.

마을이나 면에 소재한 토지를 문서상으로) 옮겨오고 옮겨가는 것[移來移去]
과 8결을 기준으로 한 명의 작부(作夫)를 세우는 일은39) 관리하기가 어렵다.
양호(養戶)40)의 폐단이 없는 읍은 없으니 이는 이익이 있는 곳에서는 잘못을
방지하기가 지극히 어렵다는 사실을 의미한다. 자신이 총명하여 일 처리에
능통한 자가 아니면 순서를 잡아서 성취할 수 없을 것이다. 이 때문에
노련한 수령은 전정(田政)에 심각하게 마음을 쓰지 않고, 다만 위로 책임을
면하고 아래로 원망과 비방이 없게 하려 할 뿐이다.

전정법(田政法)41) 이하는 이서윤의 기록이다.42)

각 읍의 전정(田政)과 관련된 규정은 일정하지 않다. 그 규정에서는
혹 서원(書員)43)을 보내서 답험하게 하거나 혹 민으로부터44) 단자를 직접

---

39) 팔결작부(八結作夫) : 전결(田結)에 부과되는 세금을 징수하는 단위로서『속대전
(續大典)』호전(戶典) 수세(收稅)조에 다음과 같이 규정되어 있다. "매 8결(結)을
1부(夫)로 삼는다. 전부(佃夫) 중에서 살림이 넉넉하고 근면한 자를 선택하여
호수(戶首)로 삼는다. 대체로 그 8결에서 납부해야 할 전세와 역은 호수가 그
정해진 결 내에 있는 전부(佃夫)로부터 징수하여 납부한다."

40) 양호(養戶) : 토호나 관속의 무리들이 그들의 경작지를 민전(民田)과 합해서 기록
하고 그 세금을 자기가 받아서 낼 때 평민으로부터 미두(米豆)를 가렴(加斂)하여
그 세금을 채우는 자, 또는 민결(民結)을 억지로 빼앗거나 역가(役價)를 억지로
징수하는 자(『속대전』 호전, 수세)로서 이들은 가벼울 때는 장형(杖刑)으로부터
무거우면 도(徒)·유형(流刑)에 처하라고 규정하였다.

41) 이 항목은『민정자료』의『정요 2』와 거의 같고,『신편 목민고』,「우일법(又一法)」,
490~491쪽 ;「작결법(作結法)」, 492쪽 ;「양호지폐(養戶之弊)」, 492~493쪽의 내
용이 항목 구분없이 뒤섞여 있다.

42) '李庶尹'은 이광좌(李光佐, 1674~1740)를 말한다. 이광좌는 영조대 소론 탕평파를
대표하는 인물인데, 여러 차례 지방관을 역임하면서 목민서를 여러 가지로 지어
놓았다. 이광좌에 대한 자세한 내용은 권두의「해제」참조.

43) 서원(書員) : 중앙과 지방의 각 관서에 배속되어 주로 행정 실무를 담당한 이속(吏

받아서 마감한다. 그러나 서원은 농간을 부려 조세를 부과할 결(結)을
훔치는 것이 매우 심하기 때문에 결코 전례에 따라서 서원을 정하여 보내서
는 안 될 것이다. 민 스스로 단자를 올리게 하면 간사한 민들이 속이고
숨기는 농간을 부려 그 폐단이 끝도 없을 것이다. 또한 해마다 (같은 방법으
로) 되풀이해서 시행하여 분명하게 조사할 방도조차 없게 해서는 안 될
것이다.

　각 면 각 이에 사는 중서(中庶)⁴⁵⁾ 가운데 사리에 밝고 또한 가계(家計)가
넉넉한 자를 선택하여 별유사(別有司)로 삼는다. 답험할 때가 되면 이들을
모두 관정으로 불러서 엄중히 신칙하여 분부하기를 "너희들이 조금의
결부라도 농간을 피우면 각별히 중한 형벌을 받을 뿐 아니라 전 가족을
군역으로 강정(降定)할 것이다"고 하며, 각각 다짐[侤音]을 받는다. 이들을
내보낼 때 행심책(行審冊)을 쪼개서 각각 혹 2~3자(字)⁴⁶⁾씩, 혹은 4~5자씩
나누어 주고 수일 안에 곳곳을 답험하여 마치고 사실대로 결부를 파악하게
한다.

　만약 이번에 새로 재해가 발생하여 탈이 생긴 곳이 있으면, 반드시
길이와 넓이를 자[尺]로 재며, 사방의 범표(犯標)는 그 자리에서 눈에 띄는

屬). 지방 서원은 부(府)·대도호부(大都護府)·목(牧)·도호부·군·현에 배속
되었다. 그리고 해당 지역의 수령과 육방아전의 지시를 받으면서 세금징수·손실
답험(損實踏驗) 등의 행정 실무를 담당하였다. 각 관아별 배속 인원은 『경국대전』
에 부는 34인, 대도호부·목은 30인, 도호부는 26인, 군은 22인, 현은 18인으로
명문화되었으며, 이 인원이 한말까지 계속되었다. 이들은 중앙의 서원과 달리
산계, 상급서리 배속, 영직, 실직 등과는 유리된 만큼 천역시 되면서 기피되었다.
44) 본문은 '自單'이고, 『신편 목민고』는 '民單'으로 되어 있는데, 의미는 동일한
　것 같다.
45) 중서(中庶) : 중인이나 서얼.
46) 1자(字)마다 5결씩 번지를 달아주는 것.

분간하기 쉬운 물건으로 상세히 기록해 둔다. 성천(成川)과 포락(浦落), 복사(伏沙), 잉진(仍陳), 구진(舊陳) 등도 곳곳마다 척량(尺量)하며, 사방에 혹 범표로 표시할 수 없는 곳이면 혹 도로와 나무, 돌로 경계를 삼으며, 따로 흙을 쌓아올려 만든 둔덕을 경계로 삼는다.

(이상의 내용을) 별도의 책으로 만들어 보고하며, 반드시 직접 현장에 나아가 농간을 부렸는지 여부를 조사하는데, (이를 위해 몇 건을) 뽑아서 자로 재어 본다. (이때) 만약 조금이라도 차이가 나면 유사와 전부(田夫)를 함께 모아놓고 바로 그 자리에서 엄중히 다스린다. 또한 전부(田夫) 등이 실결(實結)로 파악된 것이 지나치게 많다고 원망하면 이 역시 그 자리에서 실상을 조사하여 탈로 잡아주면 민들의 원망이 없어질 것이다.

(이렇게 하면) 서원의 무리들이 이전부터 해 먹었거나 간특한 민들이 속여서 숨겼던 결부(結卜)가 저절로 드러나 한 고을의 실결(實結) 총수(摠數)가 전에 비해 훨씬 늘어날 것이다. 이 때문에 각종 재해를 입은 곳과 오래 된 진전은 모두 탈로 처리될 것이니 실질적인 혜택이 민에게 미칠 것이다.[47]

작결할 때 각 이(里)의 유사로 하여금 한 곳에 모여서 작결하고 문서가 (수령에게) 들어오면 도장을 찍어 내보내되, 일일이 살피며 발급해 주면 이서들이 애초에 손댈 일이 없을 것이고, 촌민이 관아에 들어오는 폐단도 없어질 것이니 실로 절묘한 방법이라 할 것이다.

또 각종 재탈(災頉)이 있는 결(結)은 관가에서는 비록 모두 재해 입은 것으로 인정[給災]하더라도 유사들이 (민들에게) 그 모든 수를 출급하리라고 보장하기 어렵다. (따라서) 소위 급재하는 결은 반드시 작결하기 전에

---

47) 여기까지는 『신편 목민고』, 「우일법(又一法)」, 490~491쪽과 거의 일치한다.

146 목민고

먼저 골라서 내려주되, (여기에) 도장을 찍어 각 면과 이(里)에 내려보내서 민인들이 미리 입재처(入災處)를 모두 알게 한다면 유사(有司)들이 재결(災結)을 갖고 감히 농간을 피우지 못할 것이다.48)

양호(養戶)의 폐단 역시 미리 엄중히 막아야 한다. 유사(有司)들에게 분부하여 각 면의 결부(結卜)에서 (다른 마을이나 면에서 소재한 토지를 문서상으로) 옮겨오고 옮겨 갈[移來移去] 때 만약 실결(實結)을 뽑아서 양호들에게 모두 속하게 한 경우가 있으면 발견되는 대로 모두 엄히 다스리고 군역에 채워 넣겠다는 뜻으로 각별히 신칙한다. 또 작결할 때 부유한 자를 모두 호수(戶首)로 삼으면49) 양호의 폐해는 조금 줄어들 것이고, 전세와 대동미(大同米)를 거둘 때에도 어려움이 없을 것이다.50)

작결한 뒤 혹 실(實)을 재(災)로 평가했다고 원망하는 일이 발생하면 유사들을 잡아들여 심문한 뒤 유사에게 옮겨서 징수하는 것도 혹 한 방도일 것이다.51)

다만 전정(田政)을 이와 같이 하면 토호와 간리(奸吏)가 크게 의심하고 원망하는 마음을 일으켜 관장을 모함할 것이니, 비록 남는 결수가 있더라도 (수령이) 사사롭게 써서는 안 될 것이다. 비록 군기(軍器)나 공용 등과 같이 용도가 명확한 곳이라도 민이 세금을 내는 결[民結]을 사용하지 않은 뒤에야 낭패를 당할 염려가 없을 것이다.52)

---

48) 이 부분은 『신편 목민고』, 「작결법(作結法)」의 앞 문단이다.
49) 본문은 '富者爲矣'나 『신편 목민고』의 '富結者爲戶首'를 따른다.
50) 이 부분은 『신편 목민고』, 「양호지폐(養戶之弊)」의 앞 부분이다.
51) 이 부분은 『신편 목민고』, 「작결법(作結法)」의 끝 문단이다.
52) 이 부분은 『신편 목민고』, 「양호지폐(養戶之弊)」의 끝 부분이다.

가좌법(家坐法)[53]

제대로 다스리려면 먼저 경내 민인들의 인구의 많고 적음, 가계(家計)의
생활 정도를 자세히 파악해 두어야 한다. 그래야만 진휼을 베풀 때, 굶주리
는 자를 가려내는 일이 거의 문란하지 않을 것이고, 세초(歲抄)[54] 때가
되어 장정을 찾을 때에도 적절히 대처할 수 있으며, 혹 족징(族徵)[55]할
일이 있어도 배분하는 방법을 잘 마련할 수 있을 것이다. 이외에도 수많은
일을 헤아려 잘 대처할 수 있다. 수령된 자가 몸소 가호마다 찾아다니면서
간사한 일을 찾아내지는 못할 것이니, 가좌법 만큼 절묘한 것이 없다.[56]
이에 다음과 같이 조목별로 열거한다.

○○면 ○○리 제○통 ○호 아무개[57]

　가사(家舍) ○칸. 그 가운데 와가(瓦家) ○칸, 초사(草舍) ○칸. 우마 ○필. 원호(元戶)
　또는 이거(移居) 여부.

　인구 ○명. 그 가운데 남정(男丁) ○명, 여정(女丁) ○명. 전답 ○결.

---

53) 가좌법(家坐法) : 가옥이 위치한 차례에 따라서 주소와 성명 등 관련 내용을
　　상세히 적는 법. 『신편 목민고』, 「가좌법(家坐法)」, 422~423쪽과 거의 일치한다.

54) 세초(歲抄) : 매년 6월과 12월에 관리의 이동과 군인의 결원을 보충하는 일. 매년
　　6월과 12월에 이조와 병조에서 관원들의 고과에 따라 벼슬을 올리거나 내리기도
　　했고, 군인의 사망 도망 질병 등을 조사하여 6월과 12월에 군병이나 군보의
　　결원을 보충하였다.

55) 족징(族徵) : 전세(田稅), 군역(軍役), 환곡(還穀) 따위의 부담을 진 사람이 갚지
　　못할 때에 그의 일족에게 책임을 전가하여 대신 부담시키는 것을 말하는데,
　　조선후기 삼정문란(三政紊亂)의 대표적인 유형이었다.

56) 본문은 '爲抄且至矣'이나 『정요 2』의 '爲妙且至矣'를 따른다.

57) 이 부분의 배열은 본서와 『신편 목민고』가 본문과 세주의 배열이 다른데, 『정요
　　2』를 따랐다.

사방에58) 집이 없는 경우에는 도로, 목석 등이라도 모두 범표(犯標)로
삼아서 기록한다.

원결(元結) 얼마 이래(移來)

역(役)의 있고 없음

동·서쪽 ○○집

남·북쪽 ○○집

재상가 또는 사대부가는 애초에 그 주인집에 물어서 알려고 하지 말고,
면임이 밖에서 살펴 기록하여 보고하는 것도 무방하다.59)

항통법(缿筩法)60)

관장이 된 자가 모든 정령(政令)을 반드시 다 잘하지는 못한다. 바깥사람
이 이미61) 옳은 도리로 간하지 못하고 수령이 스스로도 성찰하지 못하면,
간사한 이서가 중간에서 권세를 부려서 민의 원망이 비록 날마다 분분하게
일어나더라도 수령이 정사를 보는 깊은 곳에는 들리지 않아 알 길이 없으니,
마침내 같이 연루되었다는 욕을 면하지 못하는 경우가 많다.

사인(私人)62)을 보내 탐문하고 싶지만 상세히 알아 오리라는 보장이

---

58) 본문에는 맨 앞에 '四方'이 빠져 있는데, 『정요 2』와 『신편 목민고』를 따랐다.

59) 마지막 두 문단은 여기에서는 본문으로, 『신편 목민고』에서는 세주로 처리되어
있다.

60) 이 항목은 『신편 목민고』에는 없고, 『정요 2』와 『목강(牧綱)』, 김선경(金善卿)
편, 『조선민정자료총서(朝鮮民政資料叢書)』, 여강출판사, 1986(이하 『목강』으로
줄임), 198~199쪽에 있다.

61) 본문은 '外人既'이나 『목강』에는 '外及下屬'으로 되어 있다.

62) 사인(私人) : 공경대부(公卿大夫)나 왕실(王室)의 가신(家臣).

없으며, 민인도 의심하여 "사인이 염탐을 나와 뇌물을 받는다"고 비방한다. 다른 고을로 하여금 염찰하게 하면 이 역시 폐단이 없지 않다. 옛사람의 항통법(缿筩法)을 써서 여항(閭巷)의 세세한 폐단이나 관정(官政)의 득실(得失)을 모두 파악하여 편의에 따라 처치하는 것이 가장 좋을 것이다.[63] 이른바 항통(缿筩)이란 것은, 쉽게 얻을 수 있는 대나무 통이나 작은 단지를 반드시 잘 봉한 다음 밖으로 작은 구멍을 하나 내어서, 작은 종이를 접어서 겨우 투입할 수 있으며 또 밖에서 도로 빼나가는 폐단을 방지하도록 만든 것이다. 면(面)의 대소에 따라서 1~2통, 또는 2~3통에 보내어, 이장(里長)들로 하여금 반드시 각리에 서로 돌려서 마을에 걸어 놓도록 한다. 그리고 한 달이 지난 다음 거두어들여 열어보고 만일 관정(官政)의 잘못에 관한 이야기가 들어 있으면 빨리 고치며, 개혁되지 않은 민폐에 관한 것이면 바로잡아 제거한다. 그러나 그 가운데는 개인적인 감정 때문에 거짓으로 얽어 넣은 것도 없지 않을 것이니, 모두 다 믿어서는 안 된다.

만일 이서의 무리가 그 가운데 들어 있으면 반드시 붙잡아 들여 분부하기를, "네가 무슨 민간을 침탈한 일이 있기에, 여기에 들어갔느냐? 다음에도 이처럼 너의 폐단 이야기가 나오면 그 사실 여부를 따지지 않고 반드시 엄히 다스리겠다"고 한다. 그러면 간사한 이서가 민을 호랑이처럼 두려워하여, 감히 폐단을 저지를 생각을 품지 못할 것이다. 만일 마을 사람이 그 가운데 들어 있으면 그 행동이나 사건이 가장 패악한 자를 선택하여 별도로 염문(廉問)하여 그 실상을 파악한 뒤, 붙잡아 오게 하여 무겁게

---

63) 본문의 이 문장은 결락이 심하다. 『정요 2』는 "若或遣私人而探問 則(未必詳細而民人疑謗曰 私人出廉)問捧錢. 或因他境(而廉察 則亦不無弊端. 而莫如用古人)缿筩法 以爲備悉閭巷間銖兩之弊 及官政間(得失之事) 而隨便處置之爲愈"로 되어 있는데, 본문에는 괄호 부분이 누락되었다. 단 '或'은 본문에 '欲'으로, '隨便處置之爲愈'는 본문에 '隨便宜處之爲宜'로 되어 있어 이를 따른다.

다스린다. 양반으로서 항통에 들어간 자가 있으면 면임에게 전령하기를, "○○면 ○성 양반이 항통에 많이 들어갔다. 이 사람이 과연 누구이며, 진실로 법을 어긴 사실이 있는가? 상세히 조사하여 보고하라. (죄가 있으면) 다스릴 것이다"고 하면 면임이 감히 지명하여 보고하지 못하고 단지 '알지 못한다'라고 보고할 것이다. 그러나 양반은 자연히 두려워 움츠릴 것이며, 간사한 향리와 토호 모두 손을 쓸 수 없게 된다. 만일 도적질하는 사람이 그 가운데 들었으면 역시 본동(本洞)에 자세히 조사하여 보고하라고 명령하면, 도적에 대한 근심이 저절로 사라지고 민폐 역시 제거될 것이니, 이 또한 민을 다스리는 하나의 길이다. 만약 (항통을) 달마다 내보내면 폐단이 없지 않을 것이다. 반드시 부임한 초기에 연속으로 서너 차례 항통을 내보내 그 고을의 풍속과 민심이 어떠한지를 자세히 알아본다. 그 다음에는 1년에 서너 차례 내보내도 무방하다.

정치의 요점[爲政之要][64]

정령(政令)과 관계된 모든 일은 반드시 먼저 강령(綱領)을 이해한 연후에야 정신이 저절로 집중되어[65] 손쉽게 일을 처리하여[66] 여유가 생겨서[67] 일마다 잘 처리할 수 있는 바탕을 얻을 수 있다. 옛사람의 말에 "다른 사람에게 만드는 법[規矩]을 가르쳐 줄 수는 있어도 배우는 사람의 솜씨[巧]를 정교하게 해줄 수는 없다"고 하였다.[68] 지금 이 별법(別法) 가운데

---

64) 이 항목 역시 『신편 목민고』에는 없고, 『정요 2』에만 있다.

65) 본문은 '自傳'이나 『정요 2』의 '自專'을 따른다.

66) 유인(游刃) : 칼을 자유롭게 놀림. 손쉽게 일을 처리하는 것의 비유.

67) 회회(恢恢) : 여유가 많은 모양.

포장하는 많은 말은 원칙[規矩之道]에 불과할 뿐 '교(巧)' 한 글자는 오로지 행하는 사람이 때에 맞추어 변통(變通)하는 것에 있을 뿐이다. 법(法)이 비록 지극히 좋은 것이라도 잘 적용하지 못한다면 효과가 없을 뿐만 아니라 폐단이 생기기[69] 마련이니, 반드시 일에 따라서 잘 헤아려서 별법을 치우치게 믿다가 폐단을 낳는 일이 없게 하는 것이 좋다.

이른바 강령(綱領)이 되는 법이란 청렴결백한 것[廉白]이 최상이고, 삼가는 것[謹愼]이 그 다음이며, 일의 본말을 자세하게 밝히고[綜覈][70] 절약하는 것[節撙]이 그 다음이고, (이렇게 하면) 재결(裁決)하는 것[剖決][71]은 저절로 부차적인 일이 되어 버린다. 하루 종일 생각할 일은 위를 덜어서 아래를 도와주는 것[損上益下]과 재물을 흩어서 은혜를 베푸는 정치를 급무로 삼는 것이다. 또한 읍의 품격이 각자 다르고 민정(民情)은 이전의 습속을 편하게 여기므로 매사에 반드시 전례(前例)를 물어서 크게 불가한 일이 아니라면 전례를 따라서 시행하되, 그 가운데 혹 감독하고 신칙해야 할 일이 없지 않을 것이므로 이런 일은 바로 혁파하여 제거해야 한다.

기타 자기 자신을 이롭게 하는 것과 같은 일은 단호히 잘라 내고, 의복이나 음식과 관련된 것은 수령으로 자처하지 말고 항상 평상시의 가난한 선비와 같이 처신한다. (이와 같이 하여) 마음이 흔들리지 않고 일을 시행하는 것이 정대(正大)해야만 한 읍을 다스릴 수 있을 것이다.

---

68) 『맹자(孟子)』 진심(盡心) 하(下), "맹자 말하기를 '목수나 수레공은 다른 사람에게 만드는 법을 가르쳐 줄 수는 있어도 배우는 사람의 솜씨를 정교하게 해 줄 수는 없다'고 하였다(孟子曰 梓匠輪輿 能與人規矩 不能使人巧)."

69) 본문은 '弊亦隨宜'이나 『정요 2』의 '弊亦隨生'을 따른다.

70) 종핵(綜覈) : 일의 본말을 자세하게 밝힘.

71) 부결(剖決) : 시비(是非)·곡직(曲直) 및 선악(善惡)을 판단하여 결정함.

군(郡)을 다스리는 데 긴요한 법[治郡要法][1]

청(淸)·신(愼)·근(勤) 3자는 군을 다스리는 근본의 핵심이다. 만약 몸가짐이 청결하고 일마다 반드시 삼가고 일마다 반드시 결백하다면 어찌 다스리지 못할 근심이 있겠는가?

농사와 양잠이 잘 되는 것[農桑盛], 호구가 늘어나는 것[戶口增], 학교가 흥하는 것[學校興], 군정이 갖춰지는 것[軍政修], 부역이 균등한 것[賦役均], 청원과 소송이 간략해지는 것[詞訟簡], 간사함과 교활함이 사라지는 것[奸猾息], 이 일곱 가지 일이 또한 군을 다스리는 큰 절목이다.

매일 업무를 볼 것이며, 반드시 해 뜨기 전에 시작하고, 해 진 후, 혹은 깊은 밤에 업무를 마친다.

대좌기(大坐起)[2]에는 반드시 조복(朝服)[3]이나 융복(戎服)[4]을 입고, 평일

---

1) 이 항목도 『신편 목민고』에는 없고, 내등길지조(內藤吉之助) 편, 『조선민정자료 목민편(朝鮮民政資料 牧民篇)』, 『치군요법(治郡要法)』, 1942, 61~72쪽(이하 『치군 요법』으로 줄임)에 있다.

2) 대좌기(大坐起) : 좌기(坐起)는 관원이 관청에 나아가서 공무를 집행한다는 뜻인데, 의식(儀式)이 있는 날에는 대좌기(大坐起)라 하여 더 위의(威儀)를 크게 갖춘다.

3) 조복(朝服) : 조정(朝廷)에 출사(出仕)할 때 입는 관원(官員)의 정식 의복(衣服).

4) 융복(戎服) : 군복(軍服).

의 소좌기(小坐起)에도 반드시 도포를 입고 갓을 쓴다. 간편한 옷을 입고 이서와 민을 대하지 말라.

모든 상사(上司)의 분부(分付)는 크게 시행할 수 없는 것 외에는 일일이 순종(順從)하여 서둘러서 시행하여야 한다.

전세·군포·환곡 등의 일은 반드시 기한을 맞추어 내도록 독려해야 한다. 그 정해진 날짜에서 한 달 전에 감결(甘結)5)을 내서 반포하고, 각 면의 약정(約正)과 이정(里正)에게 만약 정해진 날짜 안에 수납하지 못하면 형추(刑推)하겠다는 뜻으로 다짐을 받아둔다. 반포한 정해진 날짜 안에 납부하지 못하면 약정과 이정은 모두 형추하여 3~4대 장(杖)을 친다. 납부해야 할 사람이 전부를 납부하지 못하면 정해진 규정대로 차수를 채워서[準次]6) 형추하고, 만약 다수(多數)를 납부하지 못하였으면 형추하여 4~5대 장(杖)을 치고 다시 날짜를 정해서 납부를 독려한다. 이웃한 사방의 여러 읍에서 납부하기 전에 반드시 납부를 마쳐야 한다.

미곡(米穀)을 거두어들일 때는 지나치게 받지 말고, 반드시 작은 그릇으로 간색(看色)7)하고, 평평하고 균일하게 되질한다.8) 그리고 민에게 전대를 기울이지 못하게 하라. 전대 밑바닥에 아직 남은 쌀이 있는데도 그것이 다 차지도 않아서 점점 기울여서 겨우 채우고 그만두는 (폐단이 있기 때문이다.)

환곡을 출급할 때는 반드시 기준에 맞는 분량을 지급한다. 출급한 후

---

5) 감결(甘結) : 감(甘)은 죄를 달게 받겠다고 자복했다는 뜻이고, 결(結)은 죄인의 신문을 끝낸다는 의미이다. 따라서 감결은 죄인의 자복을 받은 최종적인 신문서라는 의미이다. 또는 상급 관청에서 하급 관청에 내리는 공문.

6) 준차(準次) : 형벌을 집행할 때 정해진 차수를 채움.

7) 간색(看色) : 물건의 좋고 나쁨을 판단하기 위해 그 일부를 살펴보는 것.

8) 본문은 '平均平量'인데, 『치군요법』의 '平均斗量'을 따른다.

반드시 관속들이 여러 가지로 침탈하는 폐단이 있으므로 출급을 마치면,
면주인(面主人) 남녀(男女)와 사령(使令)의 무리를 불러서 관정(官庭)에 모이
게 하고 일일이 점고(點考)하여 나가지 못하게 한 뒤, 관리와 군관으로
하여금 환곡을 받은 민들을 모두 인솔하여 관문 밖 5리까지 경호하여
나가게 한다.

　부득이한 일이 아니면 추호라도 민에게서 구하지 말고, 민을 혼란스럽게
하는 일이 없게 하여 오로지 깨끗하고 간명하게[淸簡]9) 다스려서 민이
자유자재로 그 삶을 즐기고 생업에 편안히 종사하게 해야 한다. 예를
들면 사대부가 장사지낼 때 상여를 지고[擔持] 묘를 만드는[造墓] 등의
일이 가장 민을 힘들게 하는 단서가 된다. 만약 기호(畿湖) 지방의 대로변
고을이라면 친구의 장례 행렬이 지나가지 않을 수 없으므로, 미리 외발통
수레[獨輪車]10)를 만들어 두고 관에서 사용하는 짐 싣는 말[卜馬]을 2~3필
주어서 타고 가게 한다. 만약 재상(宰相)의 장례 행렬이 있으면 관전(官錢)을
헤아려 지급하고 민을 고용하여 상여를 메고 가게 한다. 조묘군은 단지
본 면 본 동의 일군으로만 지급한다.

　모든 법금(法禁)은 단지 면의 해당 면임에게만 엄하게 신칙할 뿐, 가볍게
군인을 내보내 적간(摘奸)하여 민간에 해를 끼치는 일이 없게 해야 한다.

---

　9) 본문은 '請簡'이나 『치군요법』의 '淸簡'을 따른다.

　10) 독륜거(獨輪車) : 외발통 수레. 뒤에서 한 사람이 칫대를 잡고 밀도록 만든 수레.
　　　한가운데쯤 바퀴를 달았는데 바퀴가 수레바탕 위로 반이나 솟았으며, 양쪽이
　　　상자처럼 되어 싣는 물건이 꼭 맞서지 않으면 안 된다. 바퀴 닿는 곳에는 북을
　　　반쯤 자른 것같이 보이며, 바퀴를 가운데로 하고 짐은 사이를 두고 실어서 바퀴와
　　　짐이 서로 닿지 않도록 하였다. 칫대 밑에 짧은 막대가 양쪽으로 드리워서,
　　　갈 때는 칫대와 함께 들리고 멈출 때는 바퀴와 함께 멈추어서, 이것이 버팀나무가
　　　되어 수레가 쓰러지지 않다(『열하일기(熱河日記)』, 『일신수필(馹汛隨筆)』, 「거제
　　　(車制)」).

모든 관속(官屬)은 절대로 마을로 나가서 왕래하지 못하게 해야 한다. 관아의 노비 역시 절대로 관아의 문 밖으로 나가서 왕래하는 것을 금하여 민간을 침범하거나 폐단을 일으키지 못하게 해야 한다.

또한 모든 일에 부득이한 경우가 아니면 새로운 규정이나 신법(新法)을 만들어서 민을 혼란스럽게 하여 폐단을 낳는 일이 없도록 해야 한다. 자질구레한 일상적인 일은 단지 이전 등록(謄錄)에 따라 시행하여 폐단이 없게 하는 것이 좋다.

군(郡)을 다스리는 것은 나라를 다스리는 것보다는 작지만 또한 적당한 인재를 얻지 못하면 다스릴 수 없다. 그런데 사대부에게는 혹 국가에 충성을 다하여 국가를 위해 죽을 사람이 있을 수 있지만 관리들은 모두 관을 속이고 자신을 이롭게 할 마음을 품고 있어서 충성스럽고 근면한 자를 얻기가 더욱 어렵다. 반드시 향소(鄕所)[11]의 무리에게 이서(吏胥)들 중에서 보다 충성스럽고 근면하며 사리에 밝은 자가 누구인지 물어 봐야 한다. 또한 자질(子姪)들로 하여금 급창(及唱)[12]·통인(通引)들[13] 또는 관기(官妓)들에게도 이와 같이 물어보게 하여, 그들 가운데 조금 나은 자가 있으면 육방(六房) 및 관청의 고지기와 같은 자리에 임명하도록 한다.

---

11) 향소(鄕所) : 조선초기에 악질 향리(鄕吏)를 규찰하고 향풍을 바로잡기 위해 지방의 품관(品官)들이 조직한 자치기구. 유향소(留鄕所)라고도 하였다. 유향소 품관은 처음에는 부 이상 5인, 군 4인, 현 3인이었다가 성종 때는 부 4인, 군 3인, 현 2인이었다. 후기에 와서 현은 1인을 늘려 3인이었으며, 좌수 1인, 별감 2인의 3인을 삼향소(三鄕所)라고 하였다. 유향소·삼향소는 모두 사람을 가리키는 말인 동시에 청사를 의미하기도 하였다.

12) 급창(及唱) : 관아에 딸린 사령의 하나. 섬돌 위에 서서 관장(官長)의 명령을 간접으로 받아서 큰 소리로 전달하는 일을 맡아서 하였다.

13) 통인(通引) : 지방관서에 소속된 이속. 수령(守令)의 신변에서 호소(呼召)·사환(使喚)에 응하였다.

향소(鄕所)는 이서(吏胥)보다 더 중요하므로, 향소나 이서들, 또는 그 지역 내의 양반 가운데 많은 사람이 똑같이 칭찬하는 사람으로서 충직하고 일에 밝은 자가 있으면 삼향소의 직임을 준다. 풍헌(風憲) 역시 이와 같이 가려 임명한다.

관(官)의 일에 대해서 이서의 말을 일일이 믿고 들어준다면 민(民)에게 매우 해가 미치고, 하나도 들어주지 않는다면 일이 생길 것이 뻔하다. 모름지기 그 중간을 잡아서 사리에 합당한 것을 택하여 시행한다면 후환이 없을 것이다.

모든 관속들은 본래 (그들의 역할에) 상응하는 급료가 없어서 밤낮으로 관문(官門)에서 역(役)을 서는 것은 진실로 지탱하여 감당하기 어려운 일이므로 반드시 별도로 구휼하여 굶어 죽는 근심이 없게 해야 한다. 만약 (그들이) 기만하거나 거역하거나 훔치는 것 등과 같은 큰 죄를 범하면 반드시 무겁게 장(杖)을 쳐서 엄하게 다스리고 용서하지 말아야 하지만, 자질구레한 과실에 대해서는 알고도 모른 척하고 듣고도 못 들은 척한다.

형장(刑杖)을 칠 때 수를 헤아리지 않고 치면 반드시 무거워진다. 장(杖)이란 관(官)의 권위를 두려워하게 만드는 것이다. 그 사용하는 장(杖)은 큰 것을 써서 다치게 해서는 안 되고, 단지 조금 크고 긴 태(笞)를[14] 사용하는 것이 좋다.

향청(鄕廳)[15]의 임원에게도 역시 늠료(廩料)를 넉넉하게 지급한다. 각 면의 풍헌(風憲)·약정(約正)들 역시 가엾게 여겨서 구휼하여 의식(衣食)에 대한 근심이 없게 해야 한다.

---

14) 본문은 '笞杖'이나 『치군요법』의 '笞之'를 따른다.

15) 향청(鄕廳) : 조선시대 지방의 수령을 자문, 보좌하던 자치기구. 조선초기에 설치된 유향소(留鄕所)를 임진왜란 이후 대개 향청이라 불렀다.

관노비는 자기 집안의 노비와는 다르다. 고역(苦役)을 강요하여 원망과 비방이 생기지 않게 해야 한다.

각 면의 풍헌에게는 호적(戶籍)에 준하여 인구성책(人口成冊)을 작성하게 한다. (여기에는) 남녀의 출생·사망·유리(流離)·이사 오고 간 것을 모두 기록한다. 남자 아래에는 양인(良人)·공사천(公私賤)의 역명(役名) 및 농(農)·공(工)·상(商)·예(藝)의 업(業)과 빈부(貧富) 등을 상세하게 써서 관에 납부하게 한다. 출생·사망·유리·이사 오고 간 것은 매월 초에 뽑아서 풍헌이 관에 보고하게 한다.

경내의 유생도 잘 대우한다. 또한 4계절의 첫 번째 달초에는 백일장을 열고, 강경(講經)과 제술(製述)을 시험하여, 강경에서 순통(純通)16)하거나 제술에서 우등(優等)한 자는 지필(紙筆)을 헤아려 지급하는 것으로 포상한다. 혹은 독서하거나 혹은 향교·서원에 나가서 유생들을 접한다. 많은 선비가 모이면 본관도 역시 때때로 가서 고강(考講)하거나 독서하고17) 혹은 술과 음식을 보내서 권장한다. 혹 산당(山堂)에서 독서하다가 양식이 떨어진 자가 있으면 독서하는 데 필요한 양식을 헤아려 지급한다.

본 읍의 장교(將校)들은 정월, 2월, 7월, 겨울 3달에 각각 매월 2~3차 시사(試射)한다. 또한 매월 초하루에 초관(哨官)18) 이하 기총(旗摠)에게는

16) 순통(純通): 조선시대 강경(講經) 시험을 볼 때, 대체로 순(純)·통(通)·조(粗)·략(略)·불(不)의 다섯 등급 혹은 순통(純通)·순조(純粗)·순략(純略)·불통(不通)의 네 등급으로 성적을 내었는데, 순통(純通)은 이 가운데 성적이 우수한 자를 말함. 전강(殿講) 등에서 순통에 해당하는 자에게는 지필묵이나 직부전시(直赴殿試) 등의 특전을 주었다.

17) 본문은 '考講初文'이나 『치군요법』은 '考讀考文'으로 되어 있어 이를 따랐다.

18) 초관(哨官): 속오군의 말단 지휘관. 속오군은 대(隊)·기(旗)·초(哨)·사(司)·영(營) 등으로 상향 조직되었다. 대개 1대가 11인으로 해서 3대가 1기, 3기가 1초, 5초가 1사, 5사가 1영(약 2,500여 명)으로 편제되었는데, 기에는 기총(旗摠), 초에는

『병학지남(兵學指南)』19) 습조(習操)편 1장(張)을 베껴서 나눠준다. 만약 한
문을 해독하지 못하면 한글로 써서 주고, 그 다음 달초의 조강(朝講) 때
반납하게 하고 또 그 아래 문장 1장을 준다. 매월 이와 같이 강송(講誦)하여20)
강이 끝나면 순환하면서 익숙해지도록 반복한다. 시사(試射)하여 우등(優
等)인 자와 고강(考講)하여 순통(純通)인 자는 궁시(弓矢)나 전(錢)·포(布)
같은 것으로 시상(施賞)한다. 시사와 고강에 꼴등한 자는 옷을 벗기고
얼굴에 먹칠을 한 뒤 읍내를 돌게 하여, 상과 함께 죄도 시행하고 있음을
보인다.

또 각 면 풍헌에게 명하여 면내 각 이(里)의 위아래 사람들이 사계(射契)를
결성하여 농한기마다 한 달에 2~3차 모여서 활쏘기를 연습하게 한다.
(이때) 단지 점심만 싸가지고 가게 하여, 술과 음식을 낭비하지 못하게
한다. 10월이 되면 한 면이 모두 모여서 활쏘기를 하고 간략하게 술과
음식을 차려서 주연(酒宴)을 베풀게 한다. (이러한 행사) 날짜를 정해서
관에 고하면 본관은 일이 없으면 직접 참가하여 활쏘기를 즐기면서 격려하
는 계기로 삼는다.

속오(束伍)21)·아병(牙兵)22) 등이 갖고 있는 군기(軍器)는 수시로 점고(點

초관이 두어졌다.

19) 병학지남(兵學指南) : 16세기 중기의 명나라 장수 척계광(戚繼光)이 지은 『기효신
   서(紀效新書)』에서 군대의 조련방법에 관한 부분을 요약하여 만든 우리나라의
   병서. 5권 1책. 목판본. 내용은 권1에 기고정법(旗鼓定法)·기고총결(旗鼓總訣),
   권2에 영진정구(營陣正雇), 권3에 영진총도(營陣總圖) 상편, 권4에 영진총도 하편,
   권5에 장조정식(場操程式)·성조정식(城操程式)·수조정식(水操程式)으로 되어
   있다. 습조(習操) 편은 권5를 말하는 것 같다.
20) 본문은 '無月如此講明'인데, 『치군요법』의 '每月如此講誦'을 따른다.
21) 속오(束伍) : 조선후기 양인·공사천인(公私賤人)으로 조직된 혼성군인 속오군을
   가리킨다.

考)하여, 만약 둔탁하고 낡아서 쓸 수 없는 것은 개조하여 지급한다. 창고에
저장된 궁시(弓矢)·화약(火藥)·조총(鳥銃) 같은 것은 군인들에게 시험
발사하게 하여, 화살은 날개가 떨어져 나가고, 활은 아교가 녹아서 쪼개지
고, 화약은 물에 젖어 있고, 조총은 껍질이 벗겨져서 떨어져 나가고, 칼과
창은 녹슬고 무뎌진 것들이 있는지 조사한다. (그러한) 활과 화살 및 화약은
그것을 만든 장인에게 맡겨서 고치게 하고, 고친 후에는 반드시 오동나무
상자 안에 두어야 습기가 차는 근심을 면할 수 있다. 조총은 개조하고,
칼과 창은 갈아서 수리한다.

 (이외에) 요긴한 군기 가운데 갖추어지지 않은 것이 있으면 헤아려서
별도로 마련하고23) 순영(巡營)에 보고하여 상을 요구하는 짓은 하지 말아야
한다. 만약 성이나 해자에 무너진 곳이 있으면 순영에 보고하여 증축하거나
수리한다. 그리고 반드시 치성(雉城)24)과 옹성(甕城)25)을 수축하고 깊은
해자를 파며, 샘과 연못을 많이 뚫어서 지킬 수 있게 한다.

 군역(軍役)은 각 면의 약정(約正)이 양인 장정을 찾아서 다른 면의 약정과
서로 교환한 것은 신고한 뒤,26) 그 중에서 합당한 자를 가려서 해당 이임(里

---

22) 아병(牙兵) : 조선후기에 설치된 군병. 아(牙)는 대장기(大將旗)를 뜻하는 것으로
   대장을 수행하는 임무를 맡았다. 이 아병은 중앙의 오영(五營)과 각 도의 감영·병
   영 등에도 있었으나 대다수가 지방군대에 배속되었다. 그 명칭도 임무에 따라
   초아병(哨牙兵)·별아병천총(別牙兵千摠)·친아병(親牙兵) 등으로 불리었다. 여
   기서는 수령의 친아병을 가리킨다. 소속관서의 임무나 중요한 위치에 따라 적게
   는 1명, 많게는 몇 백명이 배속되기도 하여 그 수는 일정하지 않은 듯하다.
   이들을 유지하기 위하여 아보(牙保, 또는 牙兵保)라는 군보(軍保)를 포미(布米)로
   거두어들였다.
23) 본문은 '料理別'인데 『치군요법』의 '料理別備'를 따른다.
24) 치성(雉城) : 성 위에 낮게 쌓은 담. 성가퀴.
25) 옹성(甕城) : 큰 성문 밖의 작은 성. 성문 밖에 부설하여 성문을 보호하고, 성을
   튼튼히 지키기 위하여 원형이나 발형으로 쌓은 성.

任)과 같이 모여서 서로 조사하여 충정(充定)²⁷⁾한다. 그리고 이미 충정한 후에 만약 공사천(公私賤) 및 양인(良人)이 이미 다른 역에 들어가 있거나, 양반으로서 잘못하여 충정되었다고 고하는 자가 있으면 즉시 탈하(頉下)²⁸⁾하고, 그 약정 및 병리(兵吏)에게 스스로 대정(代定)할 사람을 찾아서 충정하게 하고, 대정하기 전에는 약정과 병리가 반씩 나누어 포(布)를 납부하게 하면 멋대로 가난한 민을 침탈하는 폐단을 면할 수 있을 것이다.

전정(田政)은 세상에서 이른바 가장 어렵다고 하는 일이다. 매년 가을에 재해 입은 피해 상황[災傷]을 조사하기[行審] 전에 재상(災傷)의 처리가 잘못되면 각별히 형추(刑推)하겠다는 뜻을 각 면과 이에 반포한다. 전부(田夫)에게 각각 그 재해로 탈이 난 곳을 보고하게 하고 각 면의 풍헌이 각 이(里)의 이정을 데리고 가서 살펴보게 한다. 이때 반드시 점심을 가지고 가게 하여 전부가 주는 술과 음식을 먹지 말도록 한다. 일일이 적간(摘奸)하여 실제 경작지를 재해 입었다고 신고한 자는 먼저 그 전부(田夫)에게 무거운 장을 치고 그 재해 단자를 고쳐 쓰게 한다.²⁹⁾

풍헌이 조사를 마친 후에는 본관이 각 면을 제비뽑기 하여 적간한다. 이때도 또한 그 따르는 인원을 줄이고 식사도 직접 갖고 간다. 만약 재해를 입었다고 한 곳이 사실과 다르면 그 전부(田夫)는 형추하고 풍헌은 무겁게 다스린다. 각 면에 대한 간심(看審)을 마친 후에는 향소(鄕所)와 도서원(都書員) 및 전세를 담당한 이서에게 전결(田結) 단자(單子)를 수합하게 한다.

---

26) 본문은 '相換苦約'인데, 『치군요법』의 '相換告納'을 따른다.

27) 충정(充定) : 군역(軍役) 등에 정해져 있는 규정에 따라 인원을 보충하여 채우는 것.

28) 탈하(頉下) : 일을 정상적으로 처리할 수 없는 탈이 났다고 처리하여 의무를 면제함.

29) 본문은 '改書以災單'이나 『치군요법』의 '改書其災單'을 따른다.

한 사람의 전답이 다른 면에 흩어져 있더라도 옮겨 오거나 가게[移來移去]
하지 말고 그 현재 결부수[結卜數]에 근거하여 전세를 마련하게 한다.

각 면의 풍헌과 도서원에게 그 전결 부수[卜數]를 양안(量案)30)과 같이
상세하게 살핀 뒤에 그 전세를 계산하여 각 전부(田夫)의 깃기[衿記]31)를
다음과 같이 베껴 내게 한다. "○자(字) 전답 ○부 ○속, 전세미 ○말 ○되,
요역가(徭役價)32) 나락[租] ○말 ○되, 모미(耗米) ○되 ○홉." 그 끝에는
또 "전결의 모든 합계 ○결 ○부, 전세미 ○말 ○되, 모미 합 ○되 ○홉,
요역가 나락 합 ○말 ○되"라고 쓴다.

만약 후미진 고을이라서 문자를 아는 자가 적으면 한글로 써서 지급하고,
종이 한 장에 세 사람의 도장을 찍게 한다.33) 본관은 각 전부의 깃기를
제비뽑기를 하여 고준(考準)34)하고, 부수[卜數]나 두수(斗數)에서 면적 1부

---

30) 양안(量案) : 국가에서 전세(田稅)를 효율적이고 합리적으로 징수하기 위하여
   전국의 토지를 측량하여 기록한 장부. 조선시대에는 법제적으로 20년마다 한
   번씩 전국적인 규모로 양전(量田)을 실시하고, 이를 토대로 양안을 작성하여
   호조 및 해당 도와 읍에 각각 1부씩을 보관하도록 하였다.

31) 깃기[衿記] : 토지 소유자인 지주의 이름과 거기에 매긴 조세액을 기록한 장부.
   모리(某里) 모인(某人)의 소유지 중 시기전(時起田)을 재해(災害)의 여부(與否)에
   구애 없이 자호별(字號別)로 그 결부(結負)를 열기(列記)하고 끝에 합계(合計)를
   기록한 문서(文書). 혹은 주판(籌板)·금기(襟記)·모음책(募音冊)이라고도 한다.
   양안(量案)은 부세(賦稅)를 부과함에 미쳐서 사실상 실효성이 적기 때문에 따로
   부세(賦稅) 조정용 장부로서 각면(各面)의 서원(書員)이 깃기[衿記]를 작성하였다.
   깃기[衿記]는 지방에 따라서 모두 그 명칭을 달리하여 수십여 개나 되었다고
   한다.

32) 요역가(徭役價) : 요역(徭役)은 국가권력에 의해 백성들의 노동력이 무상으로
   수취되는 것으로서, 원래는 16세부터 59세까지의 정남(丁男)에게 부과되었으나,
   여기의 요역가(徭役價)는 요역 대신 그 대가를 전결에 부과하여 징수한 것을
   말한다. 이것은 전통적인 조용조(租庸調) 체제가 무너지고 모든 조세가 전세화하
   는 추세를 반영한 것이었다.

33) 본문은 '一低皆看三印'인데 『치군요법』의 '一紙皆著三印'을 따른다.

(負), 쌀 1되 이상 차이가 나면 서원(書員)은 형추하고 풍헌은 무겁게 장(杖)을 친다. 고준을 마친 후 각 전부에게 나눠주고, 이에 의거해서 세를 납부하게 한다. 그 요역가는 나락으로 납부하게 한다. 혹 빈민이 한꺼번에 납부할 수 없어서 직접 역에 응하고자 하면 원근을 왕래하는 역에 차정(差定)한다. 요역으로 받은 나락은 별도의 창고에 두고 관가의 일용 잡물 및 사객(使客)35) 접대비용으로 쓴다.

모든 기름[油], 꿀[淸], 종이[紙地], 과실(果實) 등은 요역가로 거둔 나락을 내어 주어 이서로 하여금 구입해 오게 한다. 구입 비용은 시가(市價)에 비해 조금 넉넉하게 주어 가난한 이서가 돈을 보태서 구입해 오는 일이 없도록 한다.

향교의 석전(釋奠),36) 사직제(社稷祭),37) 여제(厲祭),38) 기우제(祈雨祭)

---

34) 고준(考準) : 베낀 서책(書冊)이나 서류(書類)가 틀림이 없는지를 조사하기 위하여 원본과 맞춰 봄.

35) 사객(使客) : 연로(沿路)의 수령이 해당 지역을 지나치는 봉명 사신(奉命使臣)을 가리켜 부르는 말.

36) 석전(釋奠) : 음력 2월이나 8월의 상정일(上丁日)에 문묘(文廟)에서 선성(先聖)·선사(先師)와 산천(山川) 묘사(廟社)에 올리는 제례.

37) 사직제(社稷祭) : 나라에서 백성의 복을 빌기 위해 국토지주(國土之主)인 사(社)와 오곡지장(五穀之長)인 직(稷)에 지내는 제사. 사직에 행하는 중요한 제향(祭享)으로는 정월 상순 신일(辛日)에 행하는 기곡(祈穀), 2월과 8월의 상순 무일(戊日)에 행하는 중삭(中朔), 납일(臘日)에 행하는 납향(臘享)의 4대향(四大享)이 있었다. 아울러 수(水)·한(旱)·질역(疾疫)·황충(蝗惡)·전벌(戰伐) 때에 행하는 기제(祈祭)와 책봉(冊封)·관례(冠禮)·혼례(婚禮) 때 행하는 고제(告祭)의 소사(小祀)가 있었다.

38) 여제(厲祭) : 제사를 받지 못하는 무주고혼(無主孤魂)이나 역질(疫疾)을 퍼뜨리는 여귀(厲鬼)에게 지내는 제사. 나라에 역질이 돌 때 지내던 제사. 경중(京中)과 외방(外方) 각 고을에서 매년 봄 청명일(淸明日)과 가을 7월 15일, 겨울 10월 초 1일에 제사가 없는 귀신을 제사하되, 그 단(壇)은 성북(城北)의 교간(郊間)에 설치하고, 주제관(主祭官)은 경중에서는 개성유후사(開城留後司) 당상관(堂上官)

등과 같은 것은 반드시 모든 정성을 다하여 감히 소홀히 하는 일이 없도록
한다.

진상(進上)하는 모든 물건에 대해서는 반드시 마음을 다해야 하고 감히
소홀해서는 안 된다.

흉년이 들면 순영(巡營)에 여러 차례 보고해서라도 반드시 급재(給災)[39]
를 받아 낸 연후에 그친다. 진휼(賑恤)할 때가 되면 밤낮으로 마음을 써서
한시라도 게을리 하지 말고 여러 가지로 방법을 찾아서 구제한다. 진휼에
쓰는 곡물은 모두 스스로 간심(看審)[40]하고, 이서들에게만 맡겨 두지 않아
야 실제로 기근을 구제하는 혜택이 있고, 또 빠뜨리는 폐단이 없다.

살인 사건이나 산송(山訟)[41] 같은 것도 반드시 주의깊게 간검(看檢)[42]·
적간(摘奸)한다. 만약 살인 사건에서 진범을 붙잡으면 당사자끼리 화해하게
[私和][43] 하지 말고 반드시 사형에 처해야[償命][44] 한다. 만약 산송에서
지면 기한을 정해서 무덤을 옮기게 한다. 만약 기한을 넘기고 옮기지
않으면 관에서 파서 옮길 것이라는 뜻을 미리 분부해 둔다. 이(里)에서
기한을 넘겨서 옮기지 않는 자가 있으면 일꾼을 내서 봉분을 없애버리고
무덤을 파서 옮기라고 기한을 정해서 독촉하면 산송이 저절로 줄어들

이나 한성부(漢城府) 당상관이, 외방에서는 각각 그 고을 수령으로 한다.

39) 급재(給災) : 재상(災傷)을 입은 전지(田地)에 대하여 전세(田稅) 등을 감면, 혹은
면제해 주는 것. 『경국대전(經國大典)』 호전(戶典) 수세(收稅)조 참조.

40) 간심(看審) : 일일이 조사하여 살펴 봄.

41) 산송(山訟) : 묘지와 묘지 주변의 산림에 관한 소송사건.

42) 간검(看檢) : 일이 어긋나지 않고 잘 되어 가는지 여부를 조사하거나 감독함.

43) 사화(私和) : 법에 의하지 않고 송사(訟事)의 당사자끼리 화해함.

44) 상명(償命) : 피살자의 목숨에 대하여 살인자의 목숨으로 갚는 형벌. 곧 살인자는
사형에 처한다는 말.

것이다.

소송을 심리할 때는 한쪽 말만 치우치게 듣고 갑자기 노염이 폭발하여 잘못 판결하면 안 된다. 반드시 양쪽의 소장(訴狀)을 참고하여 시비(是非)와 곡직(曲直)을 가린 연후에 판결해야 한다.

큰 송사에는 원고와 피고의 소장(訴狀) 문안(文案)을 한가한 날 조용한 밤에 상세히 연구하여, 만약 큰 근본이 옳고 바르지 않으면 비록 세세한 내용에서 옳은 듯하고 바른 듯한 점이 있더라도 반드시 떨어뜨리고, 큰 근본에서 옳고 바르면 비록 세세한 내용에서 잘못이 있고 바르지 못한 점이 있더라도 반드시 이기게 해야 한다.

소소한 작은 송사에서 향민(鄕民)이 어리석어서 그 소지(所志)45)를 보아도 혼란스러워 조리가 없고, 그 고소(告訴)하는 말을 들어보아도 모호하여 명확하지 않다면, 단지 그 기색을 살펴서 사리를 헤아려서 판결한다. 송사에서 청탁하는 일이 있으면 그 자를 불러서 먼저 청탁한 죄를 다스린 다음에 송사에 나오게 하면 청탁이 저절로 없어질 것이다.

판결하기 어려운 큰 송사는 가깝게 믿는 사람을 원고와 피고가 살고 있는 지역으로 몰래 보내서 왕래하면서 남이 모르게 사정을 물어보게 하면[廉問] 그 시비와 곡직을 쉽게 들어 알 수 있다. 비록 송사가 없더라도 마을에 몰래 보내서 일에 따라서 염문(廉問)하면 관청 밖의 여론을 또한 들을 수 있다.

큰 고을의 번화한 곳에서 서로 싸우거나 논에 물 대는 일로 다투는 것과 같은 작은 일에 대해서 면의 풍헌이 공론에 따라서 판결하여 처리하면 송사가 많아지는 폐단을 크게 줄일 수 있다.

---

45) 소지(所志) : 청원이 있을 때에 관아에 내는 소장(訴狀).

후미진 고을이라서 문자를 아는 자가 드문 곳에서는 소지(所志)·제사(題
辭)46)·패자(牌子)47) 등과 같은 것을 모두 한글로 써서 시행한다. 모든
소지와 제사는 담당 이서로 하여금 보고하게[告課]48) 하여, 먼저 그 맺음말
의 주된 뜻[宗旨]49)과 고과를 본 후에 즉시 제사하면 급하여 제사하기
어려운 근심이 없을 것이다. 큰 고을의 번화한 곳에서도 그 제사를50)
번거롭게 하지 말고 단지 4~5자로 제사한다.

모든 상급 관청에 올리는 보고서[報狀] 및 동등한 아문에 보내는 공문서
[移文]와 같은 것은 모두 노숙한 이서에게 초안을 작성하게 하고 단지
핵심적인 부분을 약간만 고쳐 쓰는 것[點竄]51)이 또한 번거로움을 더는
방법이다.

수령은 반드시 『대전속록(大典續錄)』52)·『수교집록(受敎輯錄)』53)·『대
명률(大明律)』54) 등의 책을 항상 책상 위에 두고 송사를 판결하거나 죄를

---

46) 제사(題辭) : 백성이 올린 소장·청원서·진정서의 좌편 하단 여백에 관에서
    써주는 판결문 또는 처결문.
47) 패자(牌子) : 관공서의 직인 따위가 찍힌 문서류. 패지(牌旨)라고도 함.
48) 고과(告課) : 하급관이 상급관에게 보고하는 것.
49) 종지(宗旨) : 줄거리가 되는 주요한 뜻.
50) 『치군요법』에는 '題辭'인데 본문에는 '辭'자가 누락되었다.
51) 점찬(點竄) : 지우고 고침. 문장의 자구를 고쳐 씀.
52) 『대전속록(大典續錄)』:『경국대전(經國大典)』 시행 후 1491년(성종 22)까지의 현
    행 법령을 수집, 편찬한 공법전. 6권 1책. 목활자본. 1613년(광해군 5)의 훈련도감
    자본(訓鍊都監字本)이 전해온다.『경국대전』 시행 후 많은 새 법령이 제정되었지
    만, 서로 저촉되고 있었다. 이 때문에 법의 시행에 차질을 가져왔으므로 영구히
    시행할 만한 법령을 뽑아 다듬고 증감한 것이다.
53) 『수교집록(受敎輯錄)』: 1698년(숙종 24)에 이익(李翊)·윤지완(尹趾完)·최석정
    (崔錫鼎) 등이 왕명을 받아『대전후속록(大典後續錄)』 이후에 각 도 및 관청에
    내려진 수교·조례(條例) 등을 모아 편찬한 법전. 6권 2책. 활자본.

결단해야 할 일이 있으면 반드시 상세하게 참고하여 법률에 합치한 후에
행하고, 절대로 이를 망각하고 자기 마음대로 법 밖의 율을 적용해서는
안 된다.

『오례의(五禮儀)』55) 역시 보지 않으면 안 되므로 반드시 구하여 얻어서
일에 따라서 의문(儀文)과 체례(體例)를 참고하여 행한다.

상관(上官)은 반드시 성의를 다하여56) 접대하여 상하의 체면을 잃어버리
지 않도록 해야 한다. 감사(監司)57)ㆍ도사(都事)58)ㆍ병사(兵使)59)ㆍ수사(水

54) 『대명률(大明律)』 : 조선시대 현행법ㆍ보통법으로 적용된 중국 명나라의 형률서.
전후 4차의 편찬 과정을 거쳐 완성되었다. 명 태조 주원장 때인 1367년에 착수하여
1397년 원전과 수정, 첨가된 율을 포함, 모두 460조 30권이 최종적으로 확정,
공포되었다. 『대명률』은 고려 말에 1374년의 것이, 조선 건국 초에는 1389년의
것이 들어왔다. 태조의 즉위 교서에 모든 공사 범죄의 판결은 『대명률』을 적용하
는 것을 원칙으로 한다고 발표하였다. 실제적인 활용을 위해 조준(趙浚)의 주관
아래 이두(吏讀)로 자구(字句)를 직해하고, 정도전(鄭道傳)ㆍ당성(唐誠)이 이를
윤색하여 1395년(태조 4) 『대명률직해(大明律直解)』를 간행, 그 뒤 500년 동안
현행 형법전으로 활용하였다.

55) 오례의(五禮儀) : 『국조오례의(國朝五禮儀)』를 말한다. 8권 8책 인본. 세종(世宗)의
명을 받아 허조(許稠) 등이 고금의 예서(禮書)와 명나라의 홍무예제(洪武禮制)를
참작하고 두씨(杜氏)의 『통전(通典)』을 모방하여 5례에 관하여 편찬에 착수하였
고, 이어서 세조(世祖) 때에 강희맹(姜希孟) 등을 시켜 길(吉), 흉(凶), 가(嘉), 빈(賓),
군(軍) 중에서 실행해야 할 것을 뽑아 도식(圖式)을 편찬하여 탈고한 것을 성종(成
宗) 5년(1474)에 신숙주(申叔舟)ㆍ정척(鄭陟) 등이 완성하였다. 오례(五禮)라 함은
길례(吉禮=祭禮)ㆍ흉례(凶禮=喪葬의 禮)ㆍ빈례(賓禮=接賓의 禮)ㆍ군례(軍禮=
軍의 儀式)ㆍ가례(嘉禮=慶事에 관한 禮) 등을 지칭하는 것으로 이 책의 규정은
대체로 국가의례(國家儀禮)의 의범(儀範)이 되었다.

56) 『치군요법』에는 '凡上官必盡誠接待'인데, 본문에는 '誠'이 누락되었다.

57) 감사(監司) : 조선시대 각 도에 파견되어 지방 통치의 책임을 맡았던 최고의
지방 장관. 관찰사(觀察使)ㆍ도백(道伯)ㆍ방백(方伯)ㆍ외헌(外憲)ㆍ도선생(道先
生)ㆍ영문선생(營門先生) 등으로도 불리었다.

58) 도사(都事) : 관찰사의 보좌관. 이들은 전국 각 도에 각각 1인씩 배치되었는데,
주요 임무는 관찰사를 보좌하여 감사와 함께 수령을 규찰하고 문부(文簿)를

使)60) 및 봉명 사신[別星]61)이 지나가면 모두 이와 같이 대접한다. 또한
혹 감사 · 도사 · 병사 · 수사 · 영장(營將)62) · 우후(虞侯)63)가 똑같이 한 고

처결하는 것이었으므로 아사(亞使)라고도 불렀다. 그리고 관찰사의 유고시는
그 직임을 대행하기도 하여 아감사(亞監司)라고도 불렀다.

59) 병사(兵使) : 조선시대 각 도(道)의 군사적인 지휘를 효율적으로 하기 위해 설치한
종2품 서반(西班) 관직인 병마절도사(兵馬節度使)를 병사(兵使)로 약칭하였다.
도의 국방 책임을 맡아 유사시 군사적 전제권을 행사할 수 있었던 까닭에 주장(主
將) · 주수(主帥) 또는 곤수(閫帥) · 수신(帥臣) 등으로 불렀다.

60) 수사(水使) : 조선시대 각 도의 수군을 효율적으로 지휘, 감독하기 위하여 두었던
정3품 서반 관직인 수군절도사(水軍節度使)를 수사(水使)라고도 하였다.

61) 별성(別星) : 조정에서 파견하는 대소 관원을 통틀어 일컬음. 봉명(奉命) 사신(使
臣). 성(星)은 사자(使者)의 뜻으로서, 중앙 정부에서 지방에 파견하는 대소 관원들
을 두루 일컬음.

62) 영장(營將) : 일명 진영장(鎭營將)이라고도 하는데 인조(仁祖) 때 설치된 정3품직이
다. 진영장은 경관(京官)인 총융사(摠戎使) · 수어사(守禦使) · 진무사(鎭撫使) 또
는 각도의 병마절도사(兵馬節度使, 兼兵使인 監司 포함)의 소속하에서 지방군대를
지휘 · 감독하였다. 경관(京官)인 진영장(鎭營將)은 중군(中軍)이나 판관(判官) 또
는 인근 지역 목사(牧使) · 부사(府使) 등이 겸직하였으며, 각도의 진영장은 도내(道
內)의 주부군현(州府郡縣)을 적당히 나누어 그곳의 부윤(府尹) · 목사(牧使) · 부사
(府使) · 현감(縣監) 등이 겸직하였다. 각도의 진영(鎭營)은 원칙적으로 전후중좌
우(前後中左右)의 5영(營)으로 구분하되 필요한 경우에는 별중영(別中營) · 별전
영(別前營) 등으로 더 두었다. 현종 때부터는 진영장이 토포사(討捕使)를 겸하여
도적을 잡도록 하였다.

63) 우후(虞侯) : 조선시대 각 도 절도사(節度使)에 소속된 관직. 각 도의 주장(主將)인
절도사의 막료로서 주장을 보필한 까닭에 아장(亞將 : 副將)이라고도 한다. 남병
사(南兵使 : 함경남도 병마절도사)를 제외한 전임(專任) 절도사 밑에 두었으며,
병마절도사에 소속된 종3품의 병마우후(兵馬虞侯)와 수군절도사에 소속된 정4품
의 수군우후(水軍虞侯)로 구분되고, 임기는 720일(2년)이다. 조선후기 지방 군사력
을 강화하기 위한 노력으로서 1627년(인조 5) 각 도를 3~5영(營)으로 구분해
영장(營將)을 설치한 뒤 제도적으로 개편하는 과정에서 중군(中軍)을 두어 절도사
밑에서 영장을 관할하도록 하였다. 그런데 전임 절도사의 중군은 우후가 겸하고
관찰사 겸임의 절도사 밑에는 중군만을 두도록 되었으며, 대개 병마절도사의
중군인 병마우후가 영장을 호령하게 되었다. 우후는 1895년(고종 32) 도제가

을에 있으면 아침저녁으로 음식을 이바지하는 것이 일시에 지나가는 것과
는 달리 더욱 정성과 예의를 다해야 한다. 봉명 사신이 무인(武人) 봉명
사신인 경우는 더욱 대접하기가 어렵다. 또한 (수령인) 내가 주선하는
성의와 접대하는 예의를 다할 뿐이다. 생경하게 접대하여 인화를 잃지
않도록 해야 한다.

감영(監營)과 병영(兵營)의 비장(裨將)[64]이나 장교(將校)[65]의 무리가 본
고을을 지나가면 역시 술과 음식을 넉넉히 장만하여 좋은 얼굴로 대접해야
한다.

조정(朝廷)의 집권(執權) 중신(重臣) 및 종족(宗族)이나 친지(親知)에 대하
여 해마다 전례에 따라 행하는 문안 인사와 선물[問遺][66] 역시 폐지해서는
안 된다. 그 선물은 사치스럽거나 방만하면 안 되고, 단지 정교하고 좋은

폐지됨에 따라 절도사와 함께 혁파되었다.

64) 비장(裨將) : 조선시대 감사·절도사 등 지방장관이 데리고 다니던 막료(幕僚).
   조선후기에는 의주·동래·강계·제주의 수령 및 방어사를 겸한 모든 수령들이
   비장을 거느리는 것을 관례화하였다. 감사나 절도사 등은 수령에 대하여 연명(延
   命 : 새로 부임한 감사 등을 맞이하는 인사)의 예(禮)를 비장으로 하여금 대신하게
   한다든가, 민정에 대한 염탐을 비장을 시켜서 하기도 하였다.

65) 장교(將校) : 조선시대 각 군영에 속하여 있던 군관. 고려시대에는 주현군(州縣軍)
   의 장교에 호장층(戶長層)이 맡는 별장과 기관층(記官層)이 맡는 교위(校尉)·대정
   (隊正)이 있었다. 조선시대에 오면 더 세분화되어 양반자손으로 구성되는 권무군
   관(權務軍官), 한산(閑散) 출신의 별군관(別軍官) 외에 각종 도제조군관(都提調軍
   官)·지고관(知雇官)·기패관(旗牌官)·별무사(別武士)·교련관(敎鍊官)·별기
   위(別騎衛)·마의(馬醫)·출신군관(出身軍官)·가전별초(駕前別抄) 및 지방관청
   의 군에 종사하는 이속인 기관(記官) 등을 총칭하였다. 이들은 군사를 통솔하여
   각 군영의 입직 및 적간(摘奸)을 행하였고, 국왕 행행시 동원되며, 또는 지방관아나
   수영(水營) 등에 배속되었다. 장교의 급료는 병조의 일군색(一軍色)에서 어린식(魚
   鱗式)의 예로 지급장부를 만들고, 이에 따라 호조는 매삭마다 군자감을 통하여
   지급하였다.

66) 문유(問遺) : 안부를 묻고 선물함.

물건을 선택하여 빠짐없이 고루 베풀어야 한다.

경내의 양반은 반드시 잘 대우해야 한다. 혹 의로운 행동을 했다는 소문이 있거나 친구로서 잘 아는 사람이면 혹 안부를 묻고[存問]67) 초대하거나, 혹 관사(官事)로 출입할 때 반드시 두루 방문하여 한편으로는 마을에 생색(生色)68)을 내고, 한편으로는 고을의 물정(物情)을 듣는다. 그러나 (이들이) 관가(官家)에 출입하거나 서찰(書札)을 왕래하는 것은 절대로 금해야 한다. 만약 혼인(婚姻)과 같은 큰 일이 있어서 통고(通告)하지 않을 수 없는 것은 노비의 이름으로 소지(所志)를 전달하게 한다. 양반이나 서얼로서 몰락한 자나 천역(賤役)에 들어간 자가 스스로 이전처럼 양반으로 행세하면 천역에 충정하지 말라. 안팎의 관문(官門)은 종종 직접 지키면서 잡인(雜人)의 출입과 뇌물의 왕래를[關節]69) 금하여 관부(官府)를 엄하게 하고 비상한 사태에 대비한다.

무당·점쟁이·비구니·노파와 같은 사람은 절대로 관아의 출입을 금지한다. 만약 (관아가) 허술한 것을 틈타서 출입하는 자가 있으면 무당과 점쟁이 같은 사람은 먼저 무겁게 다스리고,70) 그 자제(子弟)도 또한 태벌(笞罰)로 크게 꾸짖는다.

삼남의71) 고을에는 노비를 추쇄하러 오는 사람이 많다. 그 문서를 가져다 살펴보고 만약 내력이 분명하거나 혹은 자신이 상속을 받았거나[衿得]72)

---

67) 존문(存問) : 고을의 원이 사정·형편을 알기 위해 자기 관하(管下)의 백성을 찾아가 봄.
68) 생색(生色) : 어떤 도움으로 인하여 남의 앞에 떳떳하게 나설 수 있는 체면.
69) 관절(關節) : 뇌물을 써서 벼슬아치와 결탁하는 일.
70) 본문은 '先爲重治'이고, 『치군요법』에는 '必重杖嚴治'인데, 본문을 따른다.
71) 본문은 '三面'이나 『치군요법』의 '三南'을 따른다.
72) 깃득[衿得] : 유산의 몫을 받음. 상속받은 몫.

혹은 그 아비가 상속을 받은 자는 그 노비를 쫓아가 붙잡아서 노비공을 징수하여 지급한다. 만약 상속 문서 없이 단지 선세(先世)의 오래된 문기(文記)만 있거나, 혹은 외가(外家)나 처가(妻家)의 오래된 문기만 있으면 결코 본래 주인이 아니고 타인을 멋대로 침범하려는 자이니 쫓아 버린다. 1~2년 전에 (노비를) 새로 사들인 문서 역시 타인이 위조해 와서 추쇄하려는 자이니 역시 쫓아버리면[73] 노비를 추쇄하러 오는 자들이 저절로 줄어들 것이다.

고을의 감옥은 반드시 담장을 높이 쌓고 그 문을 견고하게 만들어야 하며, 또 별도로 여자용 옥을 만든다. 때때로 적간하여 만약 무너진 곳이 있으면 즉시 수리한다.

만약 큰 죄를 지은 무거운 죄수가[74] 있으면 반드시 가쇄(枷鎖)[75]를 엄하게 하고 때때로 적간하여 도피할 근심을 없앤다. 모든 죄수가 거처하는 곳은 항상 깨끗하게 청소하여 악취와 오물 및 습기를 없애고, 항상 지붕을 잘 손보아서 비와 눈을 피하게 한다. 겨울에 추운 날에는 빈 가마니[空石]를 많이 주어서 얼어 죽는 근심을 면하게 한다. 마을 사람이 도적의 초사에 들어 있고 비록 잡혀 왔더라도 명백한 장물(贓物)이 없으면 경솔하게 형장(刑杖)을[76] 가해서는 안 된다. 백방으로 수소문하여 그가 도적인 것이 확실한 후에 다스린다.

감옥의 죄수와 창고는 무시로 군관(軍官)을 보내 적간한다. 혹 관아의

---

73) 본문은 '推之'이나 『치군요법』의 '逐之'를 따른다.

74) 본문은 '重災'이나 『치군요법』의 '重囚'를 따른다.

75) 가쇄(枷鎖) : 항쇄(項鎖)와 족쇄(足鎖). 죄인의 목에 씌우는 나무칼과 발에 채우는 쇠사슬.

76) 본문은 '刑常杖'인데 『치군요법』의 '刑杖'을 따른다.

노(奴) 가운데 믿을 만한 자가 있으면 같이 가게 한다. 창고는 그 문단속 상태만 살피지 말고 네 벽면 아래의 지상에 새로 흙을 쌓은 흔적이 있는지를 살핀다.

관의 돈이나 곡식과 같은 것은 빌려주거나 미리 끌어다 쓰지 말라.

모든 각 고을 관리는 모두 일기가 있다. 이방(吏房)은 관리의 승진이나 출척에 관한 일을[77] 기록한다. 호방(戶房)은 미곡과 전(錢)·포(布)의 출입 숫자를 기록한다. 예방(禮房)은 공사(公私)의 제사(祭祀)와 사객(使客)의 왕래에 관한 일을 기록한다. 병방(兵房)은 군무(軍務)와 군정(軍丁)에 관한 일을 기록한다. 형방(刑房)은 출패(出牌),[78] 사람을 잡아오는 것과 감옥에 가두는 것, 도적(盜賊) 등에 관한 일을 기록한다. 공방(工房)은 일용잡물(日用雜物)에 대해서 기록한다. 관청(官廳)의 고지기[庫直]는 관아 안에서 아침저녁으로 사용하는 기름·꿀·채소·어물·꿩 등 잡물의 숫자를 기록한다. 통인(通引)은 문서와 공문·서찰, 심부름꾼이 왕래한 일, 패자(牌子)[79]를 찍어낸 종이 등에 관한 일을 기록한다. 또한 좌수(座首)는 이방과 병방의 업무를 관장하고, 상별감(上別監)은 호방과 예방의 업무를 관장하며, 차별감(次別監)은 공방과 형방의 업무를 관장하는데, 모두 같이 모여서 검찰한다. 호장(戶長)은 땔감과 얼음, 숯 등의 일을 기록하여, 각각 때때로 (수령) 앞에 올린다.

관청의 일기는 2일 간격으로 수정(修正)하고 상세히 고찰한다. 제반

77) 본문은 '陞出'이나 『치군요법』의 '陞黜'을 따른다.
78) 출패(出牌) : 금란사령(禁亂使令)에게 금란패(禁亂牌)을 내주어 금란하게 함. 금란(禁亂)이란 본래 도성(都城) 안의 범법 행위를 단속하는 것을 말하는데, 여기서는 수령이 관내에서 시행하는 것을 말한다.
79) 패자(牌子) : 관공서의 직인 따위가 찍혀 있는 문서류.

중기(重記)[80]에 기록된 물건은 5일 또는 10일 간격으로 상세하게 고찰하여 수정(修正)한다.[81] (이와 같이 하여) 항상 (언제라도) 다스림을 펼 수 있도록 (준비)해 둔다.[82]

관에서 날마다 사용하는 모든 물건은 오로지 절약하여 사용하면 반드시 부족해질 근심이 없어질 것이다.

관청의 공방(工房)에서 사용하는 갖가지 잡물 및 관속(官屬)과 공장(工匠)을 부리는 것은 본관이 아니면 분부할 수 없게 하면 자제(子弟)가 감히 간섭하지 못하여 정령이 여러 곳에서 나오는 폐단이 없어질 것이다. 철점이나 옹기점, 야장(冶匠)이나 어부(漁夫) 및 약초 캐는 사람이 전례에 따라서 납부하는 물건을 비록 줄여 줄 수는 없더라도 절대로 조금도 더 납부받지 말아야 한다. 모든 그릇이나 기구 등의 잡물은 부득이한 일이 아니면 공장(工匠)을 부려서 만들지 말아야 한다.

만약 혹 전곡(錢穀)에 남는 것이 있으면 반드시 짐 싣는 말[卜馬] 10여 필 또는 여러 필을 사들여서 읍내 또는 가까운 곳에 사는 부민(富民)에게 주고 매월 4~5일을 관의 역에 응하게 하며 그 외는 모두 스스로 이용하는 것을 허락한다. 만약 신구 수령이 왕래할 때는 날짜에 제한을 두지 말고 필 수에 관계없이 모두 입역(立役)시킨다.

만약 전곡(錢穀)을 많이 갖고 있다면 청(廳)을 설치하고 안배하여, 삯을 주고 사람을 고용하여 역을 서게 함으로써 고을 사람들이 지는 연호(煙戶) 역을 면하게 해준다면 민이 고루 그 혜택을 받을 것이다.

---

80) 중기(重記) : 전곡(錢穀)을 출납하던 관아의 장부.

81) 본문은 '修正'이고, 『치군요법』은 '修整'인데, 본문을 따른다.

82) 본문은 '常爲治行將發者'이고, 『치군요법』은 '爲'가 '若'으로 되어 있는데, 본문을 따른다.

관가에서 크게 벌이는 일을 모두 감영(監營)에 보고하고 행한다면 반드시 후환(後患)이 없을 것이다. 이른바 중방(中房)83)은 절대로 데리고 가지 말아야 한다. 만약 중방이 있으면 반드시 끝없는 폐단이 있을 것이다. 글씨 잘 쓰고 계산 잘 하는 아객(衙客)이 없을 수 없지만 충직하고 선량한 자가 아니면 그 폐단을 낳는 것이 중방과 차이가 없다. 반드시 신중하게 가려서 데리고 가야 한다.

경내의 사람으로서 상하를 물론하고 만약 죽은 지 오래 되었는데도 가난하여 장사를 지낼 수 없는 경우에는, 쌀과 포를 헤아려 지급하여 매장하게 한다. 만약 전염병이 돌아서 그 집안의 사람이 모두 죽었다면84) 그 친척이나 이웃 사람을 불러다가 쌀과 포를 주고 매장하게 한다.

경내에 여자가 30세가 가까웠는데도 시집을 못 갔거나 남자가 30세가 넘었는데도 장가를 못 간 자가 있으면 쌀과 포를 헤아려 지급하여 결혼할 수 있도록 한다.

경내에 혹 효성이 지극하여 두드러진 자가 있으면 사방 이웃 사람에게 널리 물어서 중론(衆論)이 이를 인정하는 것을 확인한 뒤 감영에 보고하여 정표(旌表)하거나, 혹은 먹을 것을 제급(題給)하고 그 호역(戶役)을 면제해 주어 드러내어 권장하는 뜻을 보인다.

경내에 상하를 물론하고 80세 이상 나이가 많이 든 사람이 있으면, 8월과 3월 중 날씨가 따뜻한 날을 잡아서 관가에 불러다가 술과 음식을 차려놓고 잔치를 베푼다. 부녀자는 관아 내에서 잔치를 열게 하고, (수령의) 부인이 주인이 되어 접대한다. 만약 노병(老病)으로 올 수 없는 사람은 술과 반찬을 보내준다.

---

83) 중방(中房) : 수령을 따라 다니면서 시중을 드는 사람.
84) 본문의 '俱役者'는 『치군요법』의 '俱歿者'를 따른다.

경내의 크고 작은 도로는 모두 7월에 수리한다. 홍수로 파괴되어 구덩이가 파인 곳은 흙을 퍼다 메우고, 진흙탕 길이 되어 사람과 말의 발이 빠지는 곳은 섶 풀을 깔고 그 위에 흙을 덮는다. 다리는, 작은 것은 사방 이웃의 전부(田夫)들이 만들고, 큰 것은 한 이(里)가 힘을 합하여 만든다. 매우 큰 것은 관에서 돈과 포를 헤아려 지급하여 (교량) 만드는 것을 돕는다. 좌우의 논 사이에 난 작은 길에 작은 물길이 가로로 나 있다면 말이 틀림없이 빠져서 넘어질 것이니 반드시 작은 다리를 놓아야 한다. 가파르거나 위태로운 언덕이 있어서 경사가 심하고 험한 곳은 별도로 평평하게 고른다. 만약 도로가 위험하여 지나다니기 어려운 곳은 농번기라도 반드시 급하게 다스려야 한다.

경내의 마을 사이에서 만약 식사나 잠자리를 구걸하는 행인이 있는데, 그 집 주인이 받아들이지 않고 욕하며 쫓아내면 듣는 대로 무겁게 다스린다.

마을 사람들이 만약 새로 뽕나무나 과일나무를 50그루 심는다면 반년간 연호(煙戶)의 역을 면제해주고, 100그루가 넘으면 1년간의 연호 역을 면제해 준다.

마을 사람 가운데 만약 쇠뇌로 함정을 만들거나 총으로 쏴서 호랑이를 잡은 자는 그 가죽을 빼앗지 말고, 혹 상으로 쌀이나 베를[85] 주거나 혹은 순영에 보고하여 자급(資級)을 상으로 준다.

빈민(貧民) 중 농번기가 지났는데도 소가 없어서 밭을 갈지 못하는 자나 종자가 없어서 파종을 못하는 자가 있다면, 소는 면임이 마을 안의 소를 가진 사람을 설득하여 빌려서 갈도록 하게 하고, 종자는 면임이 뽑아서 관가에 보고하면 (관가에서) 환곡을 지급하여 파종하게 한다. 혹 관개(灌漑)

---

85) 본문은 '米帛'이나 『치군요법』의 '米布'를 따른다.

할 곳이 있는데 한 사람 힘으로는 할 수 없는 곳이 있다면 풍헌이 그
물을 끌어댈 수 있다고 가르치고 설득해서 그 곳의 많은 전부(田夫)가
힘을 합하여 혹은 제언을 쌓고, 혹은 도랑을 뚫어서 민이 그 이익을 누리도록
한다.

　모든 분부할 일이 있으면 반드시 깊이 헤아려서 명령을 내려야 한다.
만약 명령을 내렸다가 혹 다시 거두어들이거나 혹 고치거나 바꾼다면
이서와 민에게 모욕을 당하는 일이 많을[86) 것이다.

　능력을 과시하고 명예를 구하는 등의 일은 사람이 모두 비천하게 여기니
결코 사대부가 할 짓이 못 된다. 만약 실제로 재능이 있다면 비록 과시하지
않더라도 저절로 드러날 것이다. 만약 명예로운 일이 있다면 비록 요구하지
않더라도 명예가 저절로 이를 것이다. 단지 그 도리에 마땅한 일을 행할
뿐이다. 옛말에 "뜻을 얻은 곳은 다시 가지 말고, 우호적인 곳에 연연하지
말라"고 하였다. 모든 수령은 2년이 넘으면 너무 오래 된 것이니 반드시[87)
관을 버리고 호연(浩然)하게 돌아가서 곤욕을 당해 낭패하는 근심이 없게
해야 할 것이다.

---

86) 본문에는 끝에 『치군요법』에 있는 '多'가 누락되었다.
87) 본문은 '非'이나 『치군요법』의 '必'을 따른다.

정치의 요점[政要][1]

관(官)의 정사(政事)가 문란해져서[衣弊爪爛] 두서가 없는 것은 새로 부임해 보면 늘 있는 일이다. 한번 가을 업무를 수행하는 과정에서 고치고 정돈하면 모든 일이 저절로 새롭게 정비될 것이다. (그러나 새롭게 고쳐서) 구조(求助)하려는 뜻은 매우 좋지만 이전대로 따르는 것에 감히 인색해서도 안 되고 소홀해서도 안 된다. 고별할 때는 정신이 없었고, 이전의 편지도 또한 조리가[2] 없었는데 일일이 살필 여유가 없었다. 우리들은 국가의 그릇이므로 아래의 한 고을을 맡아서 잘 다스려서 넉넉하게 만들어야 한다. 의로운 것에는 반드시 (세속적인) 부(富)가 따를 필요는 없으므로

---

1) 이 항목은 내등길지조(內藤吉之助) 편, 『조선민정자료(朝鮮民政資料) 목민편(牧民篇)』, 『정요(政要) 3』(이하 『정요 3』으로 줄임)과 대체로 일치한다. 여기에는 '李雲谷 爲韓監司作'이라고 되어 있는데, 본문에는 누락되었다. '이운곡'은 이광좌(李光佐, 1674~1740)이고 '한감사'는 한지(韓祉, 1675~?)이다. 이광좌는 이항복(李恒福)의 현손이고, 이세구(李世龜)의 아들이며 어머니는 박장원(朴長遠)의 딸이다. 한지는 서인(西人)이 숙종대에 노소론(老少論)으로 분당될 때 조지겸(趙持謙)과 함께 삼사에서 소론의 주요 논객으로 활동했던 한태동(韓泰東)의 아들이다. 1705년(숙종 25)에 문과에 합격하여 1707년부터 삼사를 두루 거친 뒤, 1718년 충청감사, 1720년 전라감사, 1727년 의주부윤 등을 역임하였다. 따라서 이광좌가 한태동에게 이 글을 써 준 것은 1718~1727년 사이의 일로 볼 수 있다.

2) 본문은 '經祀迷絶'이나 『정요 3』의 '經紀迷絶'을 따른다.

단지 충(忠)과 선(善)을 모으고 충(忠)과 익(益)을 넓힐 뿐이라는 것은 좋은 일이지만 감히 끝까지 침묵할 수는 없다. 목마르면 물마시고 배고프면 먹는 것처럼 급급하게 하는 것만 같지 못하다. 그러므로 간간이 한가한 날이 있어도 미리 힘을 들이지 않고 단지 조만간에 심부름꾼이 오기만을 기다렸다.

(그런데) 재종제(再從弟) 이진좌(李震佐)[3]가 갑자기 그 아내 상을 당하였는데, 비참하고 처량한 것이 친(親) 제수(弟嫂)가 상을 당한 것과 다를 것이 없어서, 왕래하면서 염하고 입관하는 일을 비롯한 장래 절차를 지켜보다 보니 틈이 없었다. 또한 자잘한 일들이 있어서 사람을 도성 안으로 보내는 일로 이틀 동안은 편지를 열어볼 경황이 없었다. 지지난 밤에야 비로소 조금 여유가 생겨서 원폭(原幅)을 베껴 썼는데, 그날 밤에 질병이 갑자기 발작하여 밤새도록 잠을 못 이루어 정신없고 고통스러운 것이 꼭 죽고만 싶었다. 날씨는 더운데 슬픔에 잠겨 애쓰다 보니 그렇게 된 것이었다. 어제도 저녁 때까지 시름에서 깨어나지 못하다가 늦게야 비로소 일어나서 이 글의 초안을 잡았다. 내가 고달픈 것이 이와 같으니 진실로 내 맘 속에 있는 것을 모두 발휘하지는 못하였다. 보내 온 심부름꾼이 용촌(龍村)에 왕래하는 데 3일이 걸렸는데, 또 여기서 이미 4일을 머물러서

---

3) 이진좌(李震佐, ?~1728) : 이광좌(李光佐)가 '재종제(再從弟)'라고 하였으니 친척임이 분명하나 묘도 문자는 찾지 못하였다. 『승정원일기』에 의하면 그는 1722년(경종 2)~1724년(경종 4) 사이에 영녕전(永寧殿) 참봉(參奉), 선공감(繕工監) 감역(監役), 군자감(軍資監) 주부(主簿), 의금부(義禁府) 도사(都事), 장예원(掌隷院) 사평(司評), 돈녕부(敦寧府) 판관(判官), 용안(龍安) 현감 등을 역임하였다. 그는 경종대에 김창집(金昌集) 등 노론 강경파를 엄하게 처벌할 것을 요구하는 상소에 연명으로 참가하였다가 영조 즉위 직후 의금부에 붙잡혀 가서 수사를 받았지만, 1727년(영조 3) 정미환국(丁未換局)으로 소론이 집권하자 다시 사직령(社稷令)이 되었다. 그런데 1728년(영조 4)에 일어난 변란에 연루되어 사형에 처해졌다.

번민하고 있다고 고하는 것이 절박하니 탄식하지 않을 수 없다.

스스로를 다스림[自治]

다스림의 으뜸은 스스로를 다스리는 것[自治]이고, 그 다음이 인재를 얻는 것[得人]이며, 그 다음이 타일러서 힘쓰게 하는 것[飭勵]인데, 이 세 가지를 이미 얻은 후에야 좋은 법과 아름다운 뜻이 비로소 헛되지 않을 것이다. 자치(自治)란 마음 두는 것이 공정하고[宅心之公] 이치를 살피는 것이 밝은 것[察理之明]으로부터, 자신을 지키는 것이 확실하고[持守之確] 거처하고 기르는 것이 간명한 것[居養之簡]에 이르기까지 모두 그 중(中)에 들어가지 않음이 없는 것을 말한다.

우리들은 거처하고 기르는 것[居養]과 자신을 지키는 것[持守]을 숭상하므로 더 보탤 것이 없다. 마음 두는 것[宅心]은 진실로 또한 10년 공부가 있어서 비록 완전히 공정하다고는 말할 수 없다고 하더라도 다른 사람의 말을 기다리지 않고 스스로 힘쓰고도 남는 것이 있다. 단지 이치를 살피는 것이 밝은 것[察理之明]에는 위의 세 가지에 비해 좀 부족한 점이 있다. 즉 기틀에 침잠하여 묵묵히 운용하고 일마다 스스로를 성찰하는 것은 다른 사람이 따를 수 없지만 다시 덧붙이는 뜻은 의리에 근본하여 행하는 것이 치밀하게 하고자 하는 것이다. 따라서 자세히 분석하고 핵심을 파헤쳐서 강(綱)을 들어서 목(目)을 배열하는 것이 일마다 정연하다면 지극히 좋을 것이다.

인재를 얻음[得人]

인재를 얻는 방법은 정성스럽게 구하고[誠求], 세심하게 살피며[審察] 널리 묻는 것[博問]에 있다. 정성스럽게 구하는 것은 일관된 마음[一心]에 있을 뿐이다. 세심하게 살피는 것도 또한 성현(聖賢)이 논어(論語)와 맹자(孟子)에서 논하였다. 남긴 법이 있다. 그러나 늘 안목이 미치지 못하는 것이 걱정이므로[4] 오로지 널리 묻는 것에 가장 힘을 써야 한다. 현(縣)을 예로 들어서 말하자면 이졸(吏卒)과 군교(軍校)들의 이름을 나열한 기록을 펼쳐 들고 날마다 그 사람들이 성실한가 아닌가, 현명한가 아닌가를 알 만한 사람에게 몰래 물어서 기록한다. 또한 반드시 (업무를) 교차시켜서 시험해 보고 비밀리에 참고할 자료를 작성한 뒤 재능에 따라서 부린다면 경력이 마땅한 자를 쓸 수 있다. 한 지역[州]에서 문무(文武)와 상하(上下)의 쓸 수 있는 사람을 별도로 방문하여 좌수(座首)·별감(別監)·별장(別將)[5]·천총(千總)[6]·파총(把摠)[7]으로부터 초관(哨官)[8]·교련관(敎鍊官)[9]·풍헌(風憲)·

4) 『정요 3』에는 '眼目每患難及'인데, 본문에는 '患'이 누락되었다.

5) 별장(別將) : 조선시대 군사제도상의 관직. 훈련도감별장 2인, 어영청별장 1인, 호위청별장 3인은 정3품이고, 용호영 금군별장 1인은 종2품, 수어청별장은 2인으로 여주목사와 이천부사가 겸임하고 관리영별장(管理營別將) 2인을 두었다. 그리고 각 지방 산성과 나루터 등의 수비책임자로 종9품 1인씩을 두었다.

6) 천총(千摠) : 속오군의 지휘관. 본래 조선후기 훈련도감(訓練都監)·금위영(禁衛營)·어영청(御營廳)·수어청(守禦廳)·총융청(摠戎廳)등의 군영에 딸렸던 정3품의 무관직, 또는 그 벼슬아치를 말하나, 여기서는 파총(把摠), 초관(哨官)과 함께 속오군(束伍軍)의 지휘관을 의미한다.

7) 파총(把摠) : 천총(千摠)·초관(哨官)과 함께 속오군(束伍軍)의 지휘관. 본래 오군영(五軍營)·개성의 관리영(管理營)·수원의 총리영(摠理營)·강화도의 진무영(鎭撫營) 등에 두었던 서반 관직. 임진왜란 이후 속오법(束伍法)에 따른 새로운 군사편제의 하나인 사(司)의 지휘관으로 약 600명 단위부대의 장이었다.

8) 초관(哨官) : 속오군의 초(哨)를 통솔하던 종9품 관직. 속오군은 대(隊)·기(旗)·초

약정(約正)에 이르기까지 살펴서 가려 뽑는다면 모든 일을 쉽고 정확하게
처리할 수 있을 것이다. 그러나 한 번에 모두 바꾸어서 소란이 일어나게 해서는
안 된다. 점차로 바꾸어서 흔적이 없게 하는 것이 좋다.

　탐문하는 법은 혹 향소(鄕所) 중에 소박하고 정직한 자에게 묻거나,
혹 바깥 마을에 사는 손에게 묻는다. 그들이 비록 모두 알지는 못하더라도
한 고을에는 공론(公論)이 있기 마련이고, 같은 고을에서 익숙하게 보아서
본말(本末)이 모두 드러나므로 꼭 현명한 자가 아니더라도 모두 알 수
있기 때문이다. 다음과 같이 묻는다. "○○ 동네 양반 중에서 평소에 사람들
로부터 정밀하고 엄숙하게 지키는 것이 있고 사리에 밝다고 일컬어지는
자가 누구인가? 그 다음 근신하면서도 소박하고 정직한 자는 누구인가?
그 다음 재능이 있어서 일을 잘 처리하는 사람은 누구인가? 무인(武人)
중에서는 이러한 사람이 누구인가?" 벼슬에서 물러나 있는 사람과 백성들
에게까지 이와 같이 탐문하여 동네마다 고을마다 몇 사람이라도 얻는다면
동시에 그 우열과 장단, 평판의 순서 등을 여러 방면으로 물어서 거듭
시험해 보고 구별하여 기록한 뒤 이름을 살펴서 골라 쓴다. 특이한 행적이나
뛰어난 재주가 있어서 향임(鄕任)으로 낮추어 쓸 수 없는 자는 자주 방문하
여 조용히 모든 일을 의논한다. 혹 이들의 도움으로 관숙(管叔)과 채숙(蔡
叔)10)의 일과 같은 일은 면하고 다른 날 조정에 추천하여 그 시대에 쓰이게

　　(哨)·사(司)·영(營) 등으로 상향 조직되었다. 대개 1대가 11인으로 해서 3대가
　　1기, 3기가 1초, 5초가 1사, 5사가 1영(약 2,500여 명)으로 편제되었는데, 기에는
　　기총(旗摠), 초에는 초관이 두어졌다.

　9) 교련관(敎鍊官) : 조선후기 각 군영에 소속된 군관직. 주로 군대의 교련을 맡은
　　품외직으로 출신(出身)·전함(前銜)·한량(閑良)·항오(行伍, 兵卒)를 막론하고
　　비록 강등 또는 파면된 자라도 사법(射法)·병서강(兵書講)·진법(陣法) 등 3기(三
　　技)로써 시험하여 선발하였다.

　10) 관숙(管叔)과 채숙(蔡叔) : 주(周) 무왕(武王)의 동생이자 주공(周公)의 형들. 주공은

한다면 매우 좋다.

타일러서 힘쓰게 함[飭勵]

 타일러서 힘쓰게 하는 방도란, 비록 인재를 얻었더라도 모든 일은 항상 거듭 타이르고 힘쓰도록 권장해야 한다는 것이다.[11] 대개 재주가[12] 높은 사람은 절대로 만나기 어렵고, 얻은 인재들이란 평범한 사람 가운데 조금 나은 사람일 뿐이다. 이런 무리들은 방치하면 나태해져서 속류가 되기 쉬운데, 타이르면 힘써서 더욱 갈고 닦는다. 그러므로 타이르고 권장하여 반드시 나날이 새롭게 되도록 해야만 일을 잘 처리할 수 있다. 이것도 역시 정치를 잘 하는 지극한 요점이다. 왕왕 사람 하나를 쓰고 법 하나를 시행하더라도 다스림과 소홀함이 현격하게 다른 것은 바로 방치하느냐, 타이르느냐의 차이에서 온 것이다. 따라서 인재를 얻는 것과 타일러서 힘쓰게 하는 것은 서로 처음과 끝이 되는 것이므로 하나라도 빠트려서는 안 된다.

 주(周)나라 문왕(文王)의 아들이요 무왕(武王)의 동생으로서, 무왕을 도와 은(殷)나라를 멸망시키고 천하를 통일한 뒤에 예악(禮樂)과 문물(文物)을 정비하였다. 그런데 성왕(成王) 때에 그 형인 관숙(管叔)과 채숙(蔡叔)이 무경(武庚)과 함께 반란을 일으키자, 왕명을 받들고 동정(東征)하여 평정하였다.

11) 본문은 "飭勵之道 雖在得人 凡事常互加申飭勵"이나 『정요 3』의 "飭勵之道 雖既得人 凡事(宜)常加申飭(勸)勵"를 따른다.
12) 본문은 '高材'이나 『정요 3』의 '高才'를 따른다.

민을 다스림[治民][13)

　민을 다스리는 요체[治民大法]는 기르는[養] 것과 가르치는[敎] 것이
있을 뿐인데, 양민이 먼저고 교화는 그 다음이다. 양민의 방법은 질병과
고통을 제거하고 산업(産業)을 넉넉하게 하며, 환과고독(鰥寡孤獨)[14)과 노
인들에게 별도로 은혜를 베풀어 기르고, 결혼하고 초상 치르는 일에서
때를 놓치지 않도록 하는 것이다.

　질병과 고통을 제거하는 제일 첫 번째 할 일은 이졸(吏卒)과 임장(任掌)[15)
(위로는 향소[16)로부터 아래로 호수·통수까지 모두 포함된다)으로 하여금 터럭[毫
毛][17) 만큼의 폐단도 민생에 미치지 않게 하는 것이다. 민(民)과 관(官)
사이에는 항상 환하게 통하여 그 사이에 사소한 것이라도 막힘이 없어야
한다. 다음은 신역(身役)[18)의 결원을 모두 채워서 이웃과 친척을 해치는[殘
敗] 근심을 없게 해야 한다. 다음은 전정(田政)을 상세히[檢田][19) 살펴서
경작하지 않는 땅에서 세금을 걷는 폐단[虛結[20)白徵[21)之弊]이 없게 해야

---

　13) 이 항목은 『신편 목민고』, 「치민(治民)」, 412~414쪽과 거의 일치한다.

　14) 환과고독(鰥寡孤獨) : 늙고 아내가 없는 사람, 늙고 남편이 없는 사람, 어리고
　　　어버이가 없는 사람, 늙고 자식이 없는 사람.

　15) 임장(任掌) : 『속대전(續大典)』 규정에 의하면 임장은 호적(戶籍) 작성시(作成時)의
　　　임시직원으로서, 서울에서는 각방(各坊)에 별문서(別文書), 별유사(別有司) 등을
　　　두었고 지방에서는 면임(面任)·이임(里任)·감고(監考) 등을 두었는데 이들을
　　　임장(任掌)이라고 하였다(『대전회통(大典會通)』 권2, 호전 호적). 그런데 여기에
　　　의하면 호수(戶首)와 통수(統首)까지도 포함된 것을 알 수 있다.

　16) 향소(鄕所) : 향청(鄕廳) 또는 향청의 요직인 좌수(座首), 별감(別監)을 가리킨다.

　17) 호모(毫毛) : 가는 털.

　18) 신역(身役) : 개별적으로 파악된 인정(人丁)을 대상으로 특정한 공역(公役)을 부과
　　　하는 것. 크게 직역(職役)과 군역(軍役)으로 나눌 수 있다. 본문은 '力役'이나
　　　『정요 3』과 『신편 목민고』의 '身役'을 따른다.

　19) 검전(檢田) : 토지를 조사하는 것을 말함.

한다.

　다음은 환곡을 삼가고 문서를 정리하는 것, 곡식을 되는 도량형을 균평하게 하는 것, 출입을 엄하게 하는 것, 헛된 비용을 절감하는 것 등이 모두 여기에 속한다. 봉납(捧納)22)을 공평하게 하며 관에 물건을 납부하는 모든 일이 여기에 속한다. 횡렴(橫斂)23)을 근절하고 전결에 부과된 역[田役]과 신역(身役) 가운데 정해진 규정 이외의 것을 거두는 것은 모두 여기에 속한다. 큰 것은 조정의 지휘를 기다리고 작은 것은 스스로 결단한다. 연역(煙役)24)을 줄여야 한다. 각종 고가(雇價),25) 식년(式年)에 나무를 추가로 징발하는 데 동원된 부역꾼(赴役軍),26) 각종 관사 수리, 혹은 시탄(柴炭)27) 담지꾼(擔持軍).28) 다음은 옥송(獄訟)이 지체되는 일이 없어야 한다. 다음은 절수29)의 폐단을 살펴야 한다. 이것은 항상 있는 일은 아니므로 순서를 여기에 두었다. 그러나 만약 있다면 그 폐해의 혹심함으로 인해 마땅히 '평인족(平隣族)'30)의 아래에 두어야 한다.31) 다음은 세력있는 자[豪右]의 침탈을 금해야

---

20) 허결(虛結) : 전결이 없는데도 불구하고 결부(結負)를 허위문서로 작성하여 세금을 징수하여 착복한 것.

21) 백징(白徵) : 조세를 면제한 땅이나 납세 의무가 없는 사람에게 세금을 물리거나, 아무 관계없는 사람에게 빚을 물리는 일.

22) 봉납(捧納) : 물건을 바침.

23) 횡렴(橫斂) : 함부로 조세를 징수함.

24) 연역(煙役) : 민가의 호(戶)에 부과하는 잡역을 말함. 연호잡역.

25) 고가(雇價) : 각종 급료로 주는 쌀이나 품삯.

26) 부역꾼(赴役軍) : 부역(賦役)에 동원된 장정.

27) 시탄(柴炭) : 땔나무와 숯. 연료의 총칭.

28) 담지군(擔持軍) : 상여 등 무거운 물건을 틀가락으로 어깨에 메는 사람.

29) 절수(折受) : 국가로부터 일종의 토지 소유권 증서인 입안(立案)을 발급받거나 전조(田租)의 수조권(收租權)을 지급받는 것.

30) 『정요 3』과 『신편 목민고』의 어디에도 '평인족(平隣族)' 항목은 없다.

31) 본문에는 이 부분('연역' 이하 여기까지)이 누락되어 있으나 『정요 3』과 『신편

한다. 이것들 이외의 소소한 폐해는 드러나는 대로 제거해야 한다.

산업을 넉넉하게 하는 것이 가장 어렵다. 정전(井田)³²⁾ 제도가 폐지된 이후 민의 산업을 보장하는 제도[制産之道]가 없어져서 가난한 사람을 넉넉하게 만드는 일은 비록 요(堯) 임금과 순(舜) 임금의 너그러움[仁]과 계연(計然)³³⁾의 지혜로도 불가능하게 되었다.

그러나 대대적인 변통은 비록 불가능하더라도 항상 이러한 뜻을 마음에 담아 새겨두고[刻意] 권농(勸農)에 힘써서 농사철을 빼앗지 않는다. 종자가 없는 사람에게는 종자를 빌려주고, 식량이 떨어진 사람은 구휼한다. 경작할 전토(田土)가 없는 사람에게는 부민(富民)이 나누어 주게 하고, 밭갈이 할 소가 없는 사람에게는 이웃이 빌려주게 한다. 질병이 있는 사람은 이웃이 돕게 하고, 게으른 자는 벌을 주어 농사에 힘쓰게 한다[南畝].³⁴⁾

물난리·가뭄·바람·서리가 몰아칠 때의 기근과 흉년에 대비해서 풍년에 미리 준비하여 비록 크게 흉작이 들더라도[大無]³⁵⁾ 여유 있게 진휼할 수 있도록 함으로써 굶어죽는 사람이나 농사를 그만두는 일이 없이 농상(農桑)에 힘쓰게 한다[勸課]. 반드시 호민(豪民)이 그 친척과 이웃을 구조하게 하고, 곡식을 빌릴 때의 이자[子錢]³⁶⁾는 일정한 규정[常式]을 정하여 엄격

목민고』에 의거 삽입하였다.

32) 정전(井田) : 중국의 하(夏)·은(殷)·주(周) 삼대(三代) 때 실시되었다고 전하는 토지제도였던 정전제(井田制)에 따라 구획된 농경지를 이름.

33) 계연(計然) : 수학에 밝았던 춘추시대의 유명한 사상가이다. 원래 성(姓)은 신(辛)이고, 이름은 문자(文子)이다. 계책에 능하고 부민강국(富民強國)의 방법을 제시하였다. 저서에 『만물록(萬物錄)』 13권이 있다.

34) 남무(南畝) : 전답은 남향인 경우가 가장 이상적인 까닭에 전답 일반을 통칭하여 남무라고 이르기도 하였음.

35) 대무(大無) : 큰 흉작.

36) 자전(子錢) : 이자(利子).

하게 시행한다.

이와 같이 한다면 비록 남기지는 못하더라도 부족한 것을 보충할 수는 있을 것이다. 이리하여 질병과 고통이 제거되고 농사일을 점차적으로 정비하여 기근과 흉년을 구제한다면 생산이 크게 넉넉해질 것이다.

사민(四民)[37]을 보살피는 일이 끊어진 지가 이미 오래 되었다. 반드시 별도로 면임(面任)을 신칙해서 미리 정밀하게 선별해야 한다. 허실이 서로 섞이기 쉬우니 마땅히 3~4차례 반복해서 살펴야 한다. 또한 소문만 요란하면 계속하기 어렵다. 혹은 환곡을 나누어 줄 때나 혹은 다른 일로 뽑을 때나 명목과 실제가 어긋나는 근심이 없게 해야 한다. 또 홀아비나 과부 중 잘 사는 사람도 있으니 그와 같은 여러 사정과 폐단도 동시에 살펴야 한다. 재용(財用)[38]을 절약하고 좀과 같은 간사한 무리[奸蠹]를 잘 단속하여[收拾][39] 잉여(剩餘)를 얻어서 봄에 기근이 발생했을 때 반드시 구제[存恤][40]한다. 또한 이웃[隣里] 사람들이 별도로 찾아 보살피게[顧護][41] 함으로써 편안하게 살[安保] 수 있게 해야 할 것이다.[42]

노인을 봉양하는 일[養老]은 수령[邑宰]이 간혹 행하기도 하지만 시늉만 내고 내실이 없는[有名無實] 경우가 많다. 나이가 이미 넘었는데도 신역(身役)을 면제받지 못하는 사람은 먼저 면제해 준다. 그 자제(子弟)들이 봉양을 잘못하는 경우에는 부지런히 가르치고, 새해가 되면 봉양을 가장 잘한 자에게 술과 고기를 주어 장려하는 것이 좋다.[43]

---

37) 사민(四民) : 사(士)·농(農)·공(工)·상(商)의 통칭. 그런데 여기서는 환과고독(鰥寡孤獨)을 말하는 것 같다.

38) 재용(財用) : 자본이나 재산, 재물.

39) 수습(收拾) : 어지러운 현상을 가라앉혀 안정(安定)되게 함.

40) 존휼(存恤) : 위문하고 구제함.

41) 고호(顧護) : 돌보고 보호함.

42) 본문과 『신편 목민고』, 「치민(治民)」이 일치하는 부분은 여기까지이다.

결혼과 초상에서 시일을 넘긴 사람에 대해서는 별도로 방문하여 그 실상을 조사하고 극력 원조한다. 그 시일을 매우 심하게 넘긴 자에 대해서는 (수령이) 스스로 주장하여 반드시 시기에 맞추어 거행하게 한다. 이것이 정치의 가장 긴급한 임무이다.

민을 교육함[敎民]

교육하는 방도란, 모름지기 부유한 서민이라야 교육할 수 있고, 또한 몸소 모범을 보이는 교육[身敎]이라야 행할 수 있으므로, 진실로 쉽게 말할 수 있는 것이 아니다. 그러나 부유한 서민이 아니더라도 사람의 도리[人道]의 큰 줄기[大經]는 알게 하지 않을 수 없고, 몸소 시행하는 실상은 또한 날마다 장려하여 저절로 도달하게 할 수 있다. 충신과 효자 및 절개를 지킨 사람에 대해서는 부지런히 방문하여 그 실상을 파악한 뒤에 별도로 후하게 장려한다. 그 실상이 없으면 오히려 잘못된 습속을 열어 놓을 수 있다. 패륜이나 반역의 행동에 대해서는 엄하게 징계한다.

항상 부모를 사랑하고[愛親] 형제간에 우애하며[友弟] 윗사람을 받들고 [親上] 어른을 공경하는[敬長] 도리로써 민간의 풍속을 권장하고 깨우치기를 부지런히 하고 방치해 두지 않아서 그 선(善)으로 향하는 마음을 감발(感發)시키는 것이 가장 좋다. 선비는 책을 읽고 무사(武士)는 재주와 기예를 연마하도록 권장하는데, 모두 과정(課程)이 있어서 상벌(賞罰)로 격려하는 것도 역시 차례대로 반드시 시행해야 하는 정치이다. 이 한 절목은 마땅히 조금 질서가 잡힌 뒤에 시행할 일이지만, 이미 착수하였다면 과정은 정밀해야 하고 상벌은 부지런히 시행하여 실효가 있게 해야 한다.

---

43) 이 문단은 『신편 목민고』, 「풍속(風俗)」, 417쪽에 보인다.

무예를 익힘[鍊武][44]

　편안할 때 위험을 잊지 말라는 것은 고금을 관통하는 격언이다. 하물며 오늘날 근심과 걱정으로 전전긍긍하여 언제 갑자기 변방에 문제가 생길지 모르는 상황이다. 그런데 이른바 속오군이란 거짓 장부[虛簿]만 남아서 병들고 쇠약한 자들만 있고 모두 빠져나가 100명 가운데 한 사람도 쓸 수가 없고, 기타 군병(軍兵)도 모두 태만하게 방치되어 있어서, 하루아침에 위급을 알리는 경보가 울리면 장차 어디서부터 손을 써야 할지 모르니 진실로 한심하다.

　속오군을 통에서 충정[充定]하게 한 것은 좋은 법이다.[45] 가을에 점열(點閱)[46]할 때 전투복[戎服]을 갖추어 입고 진법(陣法)을 연습하게 하고, 진(辰)시에서 사(巳)~오(午)시까지면 마칠 수 있다. 초보적인 훈련은 그만둘 수 없다. 그것을 마친 뒤에는 별도로 명령을 내려 각 초(哨)[47]의 방진(方陣)을 일렬로 쭉 늘어서게 하고, 진마다 서로 분리하여 이어지지 않도록 한 뒤 (수령은) 스스로 높은 곳에 앉아서 진을 하나씩 불러내어 상세하게 점열하여 대신 점열에 참가한 자[代點]와 노약자[老殘]를 적발해 내고, 통내에서 충정하는 법[統內法]에 따라서 충정하여 군대 전체를 건강하고 착실한 자로 채우게 한다.[48] 이미 점열을 받은 자들은 수령이 앉아 있는 곳의 뒤에 진을 치고

44) 『신편 목민고』, 「속오(束伍)」, 445~446쪽에 보인다.
45) 『숙종실록』 권4, 숙종 1년 9월 신해, '5가통사목' 참조.
46) 점열(點閱) : 일종의 정기점검.
47) 척계광(戚繼光)의 『기효신서(紀效新書)』에 입각하여 유성룡(柳成龍)이 제정한 속오군 분군법에 의하면 대장(隊長)을 제외한 11인=1대(隊), 3대=1기(旗), 3기=1초(哨), 5초=1사(司), 5사=1영(營)으로 되어 있다.
48) 영조 34년(1758)에 제도화된 '관문취점(官門聚點)'을 말하는 것 같다.

있는 곳으로 가서 앉아 있게 하고, 점열을 받지 못한 자들은 별도로 군교(軍
校)를49) 내서 사방을 엄금하여 각 진에서 감히 사람을 출입시키지 못하게
함으로써 그 왔다 갔다 하면서 거듭 점열을 받는 폐단을 없애버린다.
이와 같이 여러 차례 행하면 군대가 모두 정예화 될 것이다. 여기에 점차로
군장(軍裝)과 군복을 갖추고, 무예[技藝]를 닦고 제식훈련을 익숙하도록
하면 드디어 쓸 만한 군사가 될 것이다.

금위영(禁衛營)50)과 어영청(御營廳)51) 군대의 호수(戶首)52)를 점열(點
閱)·시재(試才)할 때는 기총(旗摠)53) 대장에게 맡기지 말고 반드시 몸소
점열해야 한다. 군관(軍官)의 무리도 때때로 무예를 시험하여 쓸모없는
자는 쫓아내고 유능한 장정으로 대신하게 하여 급할 때 사용에 대비하는
것이 가장 좋다.

---

49) 본문은 '軍椷'이나 『신편 목민고』와 『정요 3』의 '軍校'를 따른다.

50) 금위영(禁衛營) : 조선후기 대궐의 수비와 수도 방어의 임무를 맡았던 군영(軍營).
   훈련도감(訓鍊都監)·어영청(御營廳)과 함께 도성 수비를 담당한 삼군문(三軍門)
   가운데 하나이며, 총융청(摠戎廳)·수어청(守禦廳)과 함께 5군영이라고도 하였
   다.

51) 어영청(御營廳) : 조선시대 중앙에 두었던 5군영 가운데 하나. 인조 2년(1624)에
   개성유수(開城留守) 이귀(李貴)를 어영사(御營使)로 임명하고, 260여 명의 화포군
   (火砲軍)을 뽑아 훈련시키게 한 것이 시초였다. 이괄(李适)의 난 이후 잠시 총융사
   (摠戎使)에 속하였다가 정묘호란(丁卯胡亂) 직후인 인조 6년(1628)에는 그 수가
   5천 명으로 늘어나 청(廳)을 설치하고 어영대장을 두었다.

52) 호수(戶首) : 민호(民戶)의 대표자로서 군역(軍役)이나 공부(貢賦)의 납부 책임을
   졌다. 호적을 토대로 작성한 군(軍)에 따라 군역을 부담하는 양인(良人)인 경우
   초기에는 자연호(自然戶)를 단위로 하나의 호수는 정(正)이 되고, 그 밖의 여정(餘
   丁)은 보인(保人 : 奉足)이 되어 호수의 복무기간 중 경비 부담을 하는 것으로
   역을 대신하였다.

53) 기총(旗摠) : 기(旗)를 지휘하는 군관으로서 잡직 정8품에 해당함.

양역(良役)[54]

양역을 둘러싼 이징(里徵)과 족징(族徵)의 폐단은 지금 나라가 망하는 근본이다. 만약 이러한 근심을 조금이라도 덜 수 있다면 한 고을은 한 고을의 효과가 있고, 일로(一路)는 일로의 효과가 있어서 나라에 보탬이 됨이 이보다 나은 것이 없을 것이다. 그 폐단은 다섯 가지가 있다. 첫째 사망자와 도망자에 대해서 그 친척과 이웃으로 하여금 몰래 후보자를 올려서 대정하게 하는 것, 둘째 사망증명서[物故案]를 즉각 작성하여 제출하지 않는 것, 셋째 법에[55] 도망자를 10년 안에 대신 채워 넣지 못하게 하는 것, 넷째 간특한 민이 거짓으로 죽었다고 하고 거짓으로 도망갔다고 하는 것, 다섯째 관리가 조종하고 속이고, 토색질 하고 벗겨 먹는 것이다.

이웃이나 친족에게 대신할 후보자를 올리게 하는[望納] 폐단은 다음과 같다. 촌민이 매우 가난하여 애초부터 대신할 사람을 정해 올리지 못해 추궁과 착취[推剝]를 감내하다가 죽음에 이르러서도 채워 넣지 못하는 자들이 매우 많다. (그들이) 망납한 자로부터 원망을 얻을까 우려하여[56] 먼 곳에 사는 사람과 명단을 바꾸어 내는 것도 빈번하여 이미 허소(虛疏)해진 것이 많다. 또한 묵은 감정 때문에 고의로 서로 해치기도 한다. 이와 같은 일로 인해 허명(虛名)과 첩역(疊役),[57] 아약(兒弱)[58]과 사족 등이 섞여 있어서 아무리 열심히 찾고, 매를 때려도 한갓 망극한 폐해만 끼치고

---

54) 이 부분은 『신편 목민고』, 「이정보초(里定報草)」, 459~467쪽에 보인다.
55) 본문은 '汏'이나 『정요 3』과 『신편 목민고』의 '法'을 따른다.
56) 본문은 '當'이나 『정요 3』과 『신편 목민고』의 '慮'를 따른다.
57) 첩역(疊役) : 신역(身役) 부담자 한 사람이 동시에 두 가지 이상의 신역을 수행하는 것.
58) 아약(兒弱) : 14세 이하의 어린 아이를 가리킴.

실제로 장정을 얻어 충정하는 일은 너무나 적다. 혹은 조사를 잘 하지 못하여 허실이 서로 섞이거나, 혹 억울한 사정을 알면서도 강제로 채워 넣는 사람 또한 이루 말할 수 없을 정도로 많다. 오래 전에 빠진 인원을 채워 넣지 못한 자도 이미 많은 데다가 새로 채워 넣은 장정이 부실하여 이어서 빠지는 일도 많이 발생하였다.

(이 같은 상황이) 점점 누적되어 이웃과 족속을 침징하여 마침내 한 사람이 열 사람의 포를 내고, 한 집이 열 집의 역을 부담하기에 이르렀다. 그래서 부유하고 넉넉한 민호[富戶實民]가 피폐해져 종종 백 호나 되는 큰 촌락이 5~6년 사이에 텅 비게 되었다. 민의 곤궁함이 이 지경에 이르렀으니 나라가 지탱될 수 있겠는가. 말하자니 마음 아프다.

근래 들어 조금 나은 관리는 그 규정을 약간 변화시켜 혹은 호적을 참고하여 빠져나간 양정을 찾아내거나 혹 한정을 강제로 바치게 하면, 관속 혹은 이서들이 기왕의 세초를 맡은 자에게 이들이 숨긴 실정(實丁)을 써서 내게 하거나 혹은 다른 임시변통의 수단을 써서 얻어낸다. 그러나 이는 모두 작은 술수이니 큰 이익을 얻을 수 없다. 또한 당해 년도에만 사용할 수 있을 뿐이고 다시 시행할 수는 없기 때문에 선정(善政)이라 할 수 없다. 오직 본 이(里)에서 대신 채워 넣는 것이 최선의 방법이다.

대개 양정(良丁)은 속오(束伍)에 비하면 얻기가 어렵고, 이미 그것을 통내에 책임지울 수도 없다.59) 그렇다고 해서 면(面)으로 하여금 후보자를 보고하여 내도록 하면 면이 넓어서 취사(取捨)를 조정하는 과정에서 간사한 폐단이 발생할 것이다. 이(里)에서 발생한 도망·사망자를 이(里) 안에서 책임지고 대신할 장정[代丁]을 내어 직접 데리고 나타나게 해서 채워

59) 본문은 '統里'이나 『정요 3』과 『신편 목민고』의 '統內'를 따른다.

넣는 것이 편리하다.

직임을 맡은 사람[任掌]들이 많으면 폐단이 생긴다. 면임은 각 이(里)의 누락된 장정을 모두 알 수 없고, 한 사람의 능력으로 두루 파악하기도 어려우니 그만두게 하고, 각 이(里)의 하유사(下有司)에게 맡겨 각 이(里)마다 도망하거나 사망자가 생기면 곧 하유사가 이(里) 가운데 나이가 11세 이상의 한정을 거느리고 나타나 용모파기(容貌疤記)[60]를 올려 채워 넣게 한다. 이(里) 가운데 한정이 많을 경우 나이 순서에 따라 거느리고 나타나 채워 넣는 것을 일정한 규식으로 삼아 서로 미루는 폐단을 근절한다. 이(里) 가운데 한정이 전혀 없으면 엄중히 힐책하여 드러나면 각별히 무겁게 추궁하겠다는 뜻으로 따로 초사를 받은 뒤에 가장 가까운 이웃 이(里)에서 색출하되, 본 이(里)의 법과 같이 한다.

만약 이처럼 할 수 없다면 또 그 이웃 이(里)에 차례로 미쳐 마치 속오에서 옆 통으로 옮기는[束伍傍統] 법과 같이 한다. 다만 통에는 원래 정하여진 차례가 있지만 이(里)에는 없으므로 사방 근처 촌(村)들이 반드시 서로 미룰 것이다. 장차 면내(面內) 각 이(里)를 가까운 곳에서부터 '1·2·3·4'로 순서를 정하여 통(統)의 규칙과 같이 시행한다. 또 이 면(面)의 처음이 저 면의 끝에 접하게 하여 돌아가며 고리처럼 이어지게 하는데 이와 같은 방식으로 서로 미치게 하는 것이 마땅하다.

향촌에 거주하고 있어서 익숙하게 알고 있는 한정(閑丁)이 매우 많은데, 향리(鄕里)에는 한정(閑丁)이 헐역(歇役)에 투속한 자가 많고, 이외에도 장성했는데도 이유 없이 한정인 자들도 매우 많기 때문이다. 이들을 찾아내는 대책이 없음을 근심하였다. 그러나 지금 이 법을 시행하면 찾아내기를 기다릴 것 없이

---

60) 용모파기(容貌疤記) : 어떤 사람을 잡거나 신원을 확인하기 위해 그 사람의 용모의 특징을 기록한 것.

궐원(闕員)이 생기면 바로 대정할 수 있으니, 어찌 묘책이 아니겠는가. 이(里) 가운데 한정[遊丁]은 이임이 항상 잘 알 것이니 때에 닥쳐서 찾아내기를 기다리지 않고 관의 명령을 들은 즉시 거느리고 나타날 수 있을 것이다. 한결같이 나이 순서에 따른다면 선후가 정해져서 시샘하여 싸우는 일이 근절될 것이며, 세력 있는 자들[豪右]의 기대감이 사라져서 다시는 면역을 도모하지 못할 것이다.

가령 본리(本里)의 속이고 숨기는 것을 근처 이(里)에 미치게 한다면 시샘이 일어나는 것도 또한 속오와 차이가 없을 것이므로 처음 발각된 자를 통렬하게 징계하면 뒤에는 감히 다시 그렇게 하지 못할 것이다. 본리로부터 채워서 보충하며, 이임에게 거느리고 나타나게 하면 사리가 이미 정치의 체통에 맞고 또한 망납의 어려움과 쫓아가서 잡아오는 수고로움, 조사하고 매를 때리는 참상, 거짓과 실상이 서로 뒤섞이는 근심, 남거나 모자라는 것이 쌓이는 폐단이 한꺼번에 제거되어서 다시는 남는 폐단이 없을 것이다. 거짓으로 죽거나 허위로 도망가는 간계도 다시는 용납되지 않을 것이다. 한 이(里)에 동거하는 자가 누가 그 거짓으로 죽거나 도망가는 것을 용인하고, 그 역을 즐겨 대신하려 하는 자가 있겠는가. 구구절절이 편리하고 좋기 때문에 영구히 시행하는 데에 의심을 품지 말아야 할 것이다. 2백 년간의 고질병이자 나라를 해치는 근본이 되는 것을 하루아침에 풀어주는데 어찌 이만한 대사업이 있겠는가.

이미 호포(戶布)[61]와 구전(口錢)[62]을 시행하지 못하는 상황에서 이 제도

---

61) 호포(戶布) : 호(戶)를 단위로 징수하는 군포(軍布). 군포는 원래 누구에게나 평등하게 부과되지 않고 양인(良人) 신분의 16세에서 60세 사이의 남정(男丁)에게만 부과되는 신역(身役)이었기 때문에 양인들은 한사코 군포를 납부하지 않고 군역을 면하려고 노력하였다. 이를 시정하기 위하여 숙종 때에 호포법(戶布法)이 주장되었는데, 곧 양반·상민의 구별없이 호(戶)를 기준으로 군포를 평등하게

는 소변통(小變通)을 위한 최선책인데 세상 사람들이 소홀히 여겨 살피지
않고 '어쩔 수 없다[無奈何]'는[63] 세 글자로 (시간을) 허비하고 있다. 다만
민의 정서가 오래토록 양역을 꺼려 지명하여 고발한 자를 오랜 원수처럼
여기니, 이임(里任)이 처음부터 이것을 핑계로 거행하려 하지 않는다. 처음
부터 엄격하게 조절하여 반드시 거행한다는 의지를 보이고, 법을 어기는
자에게는 약간의 장(杖)을 가하여 그로 하여금 형벌의 위협을 느껴 어쩔
수 없이 데리고 나오게 하면 첨정(簽丁)으로 뽑힌 자도 다시는 원망하지[64]
못할 것이다. 법을 시행하는 초기에 한 두 이(里)가 순종하면 나머지는
파죽지세와 같을 것이다.

속오법(束伍法)은 시행하기 쉽다. 혹 거느리고 나올 자가 없는 경우에는
한두 대의 곤장만 치면 바람결을 따르듯이 따라서 민들이 조용해진다.
그러나 양정(良丁)은 이와 다르다. 법을 만드는 처음에 매우 힘을 쓰더라도
반드시 한 바탕의 소요와 원망·비방이 생길 것이니 이것을 미리 알고
임해야 할 것이며, 또한 마땅히 영문(營門)에 보고하고 시행해야 할 것이다.
그러면 열흘이나 한 달 정도의 노력으로[65] 백성들이 조용히 명령에 따를

징수하자는 것이었다. 그러나 양반들의 거부로 전면적으로 실시되지 못하다가
영조 때 균역법에서 선무군관포로 일부 실현되었고, 고종 때 모든 호로 확대
시행되었다.

62) 구전(口錢) : 조선후기 성인 남녀 모두에게 인두세로서 돈을 징수하자고 제기된
양역(良役) 변통(變通)에 관한 논의. 구전이란 인두세는 원래 한나라에서부터
시행된 것으로 '모든 백성은 세금을 부담해야 할 의무가 있다(有身者有賦)'라는
관념에서 비롯되었다. 이 논의는 군역을 대신해 1년에 포(布) 2필씩을 납부해야
하는 양정(良丁)의 과중한 부담을 덜어주고, 양란(兩亂) 이후 급증한 군액(軍額)을
지탱할 국가 재정을 풍부하게 하기 위한 양역변통책의 하나로서 호포(戶布)·결
포(結布)·유포(游布) 등과 함께 제기되었다.

63) 본문의 '無可奈何'에서 '可'는 오자이므로 삭제하였다.

64) 본문은 '望'이나 『신편 목민고』와 『정요 3』의 '怨'을 따른다.

것이다. 한 군(郡)의 한두 군데만 치우쳐 시행하면 원망할 것이니 한 읍에
두루 시행해야 할 것이다. 직임을 맡은 사람들[任掌]이 형벌로 압박하여
그들이 어쩔 수 없이 (이정법을) 받아들인다면 사람들도 어찌할 수 없다는
것을 알아서 다시는 원망하지 않을 것이다.

또 한 가지의 간특한 폐단이 있는데 (그것은) 이임(里任)이 이미 어쩔
수 없어서 이(里)의 민들과 상의하여 돈을 거두어 가짜 이름을 하나 짓고
어떤 사람을 사서 데리고 나와 보충하고서는 매년 포(布)를 내는 것을
동내에서 한다. 이것은 동내(洞內)에서 족징·인징 하는 것과 차이가 없다.
반드시 방책을 세우고 철저히 감시하여 이러한 폐단을 없앤 후에 이정법을
시행할 수 있을 것이다.

사망증명서[物故案]를 즉시 발급해주지 않는 폐단은 대개 민들이 어리석
어 처음에 즉시 관아에 알리지 않기 때문이다. 이미 알렸다 하더라도
해당 이서가 뇌물을 요구하고, 관에서도 작지가(作紙價)를 한 건당 4~5냥을
거두기 때문에 이 같은 비용을 마련하기 어려워서 지연되는 것이다. 엄중히
민을 단속하여 관에 즉시 고하지 않은 자는 무겁게 추궁하고, 담당 이서의
폐습을 고쳐 다시는 뇌물을 요구하지 못하게 해야 할 것이며, 관에서도
작지가를 받지 말아야 할 것이다. 매번 고할 때마다 즉시 자세히 검시하고,
이미 검시했으면, 그 자리에서 즉시 사망증명서를 만들며, 죽은 자의 가족을
불러 주어 보내고, 이어서 군적(軍籍)에 기록하고 바로 보충하는 것이
마땅하다. 관에 위엄[威稜]이 없으면 민들이 사망증명서를 받고 문을 나서
자마자 이서가 다시 빼앗고 돈을 요구할 것이다.

도망자를 10년 동안 대정하지 않고 잡거나 자수하기를 기다리는 폐단은

---

65) 『정요 3』에는 이 부분이 "此則預知(而)任(之) 亦(宜報于營門而行之 必)不過費(了)旬
月工夫"인데 본문에서는 괄호 안의 글자가 누락되었다.

법령이므로 어쩔 수 없다. 그렇다고 이와 같이 그대로 둔다면 족징과 인징의 폐해를 혁파하기 어려울 것이다. 지금 이미 이정법(里定法)이 시행되니 다시는 허위로 도망치는 것을 염려할 필요가 없지만 매번 도망자가 있다고 보고되면 진짜로 도망친 것인지 가짜로 도망친 것인지의 여부를 엄격히 조사해서 파악해야 할 것이다. 그 후 이임에게[66] 하나같이 관례에 따라 대신 정하게 하여 새로 온 군사에게 군포를 받고 상사(上司)에 보고하는 것은 기한이 차는 것을 기다려서 행하는 것이 마땅하다. 혹은 이정법(里定法)을 시행한 후에는 거짓 도망이 없는 상황을 갖추어 별도로 조정에 보고하고 즉시 마감을 요청하는 것도 좋다.

　거짓으로 사망과 도망을 위조하는 폐단은 이미 이정법이 시행된 뒤에는 다시 걱정할 필요가 없기 때문에 반복해서 의론하지 않는다. (이정법 시행) 이전에는 죽었다고 거짓 일컫는 자가 염병(染病)이라 (거짓) 칭하였다. 그래서 관리가 가까이서 자세히 검사하지 못하고, 혹 멀리서 다른 사람의 초빈(草殯)[67]을 가리키면서 검사했다고 보고하였다. 도망갔다고 거짓 일컫은 자는 혹 자기 마을에 편히 앉아 있거나 또는 고개 너머, 물 건너에 숨어 있었다. 혹은 수십 리 안의 고을에 있으면서 포(布)도 자신이 마련하여 친족이나 이웃에게는 대신 납부하게 하고, 도안(逃案)을 제출하여 10년 기한이 차서 대정되기를 기다리니 폐단이 무궁하였다. 큰 고을에서는 대개 도망·사망자로 칭하는 사례의 절반이 거짓이었다. 대개 폐질자(廢疾者)라 일컫는 경우 담당 이서와 함께 짜고 다른 병자(病者)를 데리고 나타나 면제를 받는다. 노제(老除)라고 칭하는 경우도 담당 이서에게 뇌물을 주어 군안(軍案)에 기록된

---

66) 본문은 '使吏任里'인데 『정요 3』의 '使里任'을 따른다.

67) 초빈(草殯) : 장사를 지내기 전에 시체를 방안에 둘 수 없어서, 관을 한데나 의짓간에 놓고 이엉같은 것으로 덮어 두는 일. 또는 덮어둔 그것.

실역(實役)의 연수를 졸지에 고쳐 여러 식년(式年)이 지나면 대정한다. 노제가 입속한 이후의 군안(軍案)을 두루 살펴서 45년의 실역을 모두 채운 경우에는 쾌히 대정(代定)을 허락하여 면해주는 것이 좋다.

관리들이 속이고 빼앗는 폐단은 이루다 말할 수 없다. 이미 이정법이[68] 시행되었으니 한정(閑丁)을 올리고 내리는 일이 이들 손에 있지 않으므로 폐해가 조금은 감해져야 한다.[69] 그러나 데리고 나와 용모파기를 받는 사이에 오히려 농간을 부리는 일이 있으며, 도망자와 사망자를 채워 넣기 전과 후에는 반드시 조종하는 일이 일어난다. 또한 이들이 힘을 쓸 수 있는지 여부와 관계없이 이를 빙자하여 친족과 이웃에게는 '네가 나에게 돈을 주면, 네 결원을 먼저 채워 넣겠다'라고 말하고, 한정(閑丁)에게는 '네가 나에게 뇌물을 바치면 너를 좋은 역에 채워 넣겠다'라고 말한다. 또 마감할 때, 길 가운데에서 궤짝을 열고, 대정(代定)할 군역의 자리를 이리저리 바꾸는 것이 끝도 없다. 오래 전부터 명령[이정법]이 내려졌지만 쉽게 발각되지 않았으니 통탄스럽다.

이 때문에 파기를 받을 때 그들 손에 맡기지 말고, 문서 쓰는 사람에게 주어서 (쓰기를) 기다려서 모두 받아 올리게 하고, 장차 채워 넣을 때는 해당 이서로 하여금 예를 들어 '○○군 제○ ○○○를 ○○역(役)의 탈에 대신 정한다'고 쓰게 한다. 그 아래를 비워두었으니 일반인들이 이를 '유음(流音)'[70]이라고 불렀다. 이서로 하여금 그것을 들고 매번 한 사람의 이름을 부를 때마다 (수령이) 파기(疤記)를 직접 들고 ○○○의 이름을 지적하여

---

68) 본문은 '旣行里充'이나 『정요 3』의 '旣行里定'을 따른다.

69) 『정요 3』은 '不在渠(手) 弊宜稍(減)'인데 본문에는 괄호 안의 글자가 누락되었다.

70) 유음(流音) : ①덕음(德音)을 전함. ②공중에 떠도는 소리. ③흐름 소리. ④흘림[이두]. 여기서는 민간에서 전하는 용모파기 작성의 한 방식으로 보인다.

대신 채워 넣게 하고, 그 파기(疤記) 위에 큰 원을 그리고 '○○○가 ○○역을 대신 채워 넣는다'고 주를 써 넣는다. 이미 정서(正書)하였으면 또 정밀히 대조하고 별도로 표식을 붙여서 봉하여 보내서 마감하고, (한정을 대신 정한 것을) 반포하여 시달한 후에 정서하기 전의 본초(本草)와 비교한다. 또한 이런 상황을 민간에게 명백히 알려서 해당 이서는 추호도 힘을 발휘할 수 없음을 알게 하여 (관리에게) 알랑거리는 일에[71] 힘을 낭비하지 않게 하는 것이 좋을 것이다.

또한 해당 이서가 사사롭게 채워 준다고 약속하고, 도망·사망 증명서를 받아두고서 혹 뇌물이 욕심에 차지 않거나, 혹 다시 다른 뇌물을 받고는 속이고서 채워주지 않는다. (또 문서도) 다시 돌려주지 않고 문서를 궤짝에 그대로 넣어두고 몇 해가 지나도록 내주지 않는 일이 매우 많다. 먼저 해당 이서를 불러다가 갑자기 궤짝 속의 문서를 모두 내놓게 하여 즉시 그에게서 대신 정할 사람을 받아 내어 채워주는 것이 매우 좋다.

이 편지의 앞 부분은 바로 초 9일에 베껴 쓴 것이다. 보내준 편지에 의하면 반드시 상세한 내용을 모두 강목(綱目)을 갖추어 주해(註解)하여 전체적으로 일목요연하게 만들어 주기를 원하고 있는데, 이것은 진실로 어려운 일이지만 세목에 따라서 차례를 정하여 설명하려고 시도하였다.[72] 단지 생각건대 정치의 근본은 비록 존엄한 것이지만 스스로에게는 늘 너그럽기 마련이다. 그래서 정직하기는 하지만 재주와 지혜가 미치지 못하여[貢愚][73] 그 근본을 결여한 채 단지 그 말단만 추구한다면 옛 사람의 뜻이 아니다. 그래서 대략 먼저 정법(政法)의 큰 경지를 조목을 들어 나열한 후에 군정(軍政)과 전정(田政)을 언급하다보니 사설(辭說)이 저절로 많아졌다.

원근의 사람들이 그 사이에 담제(禫祭)를 행하는 것으로 잘못 알고 초 10일부터 손님이 집안에 가득 찼다. 병든 몸이 이를 감당할 수 없어서 저녁 무렵에는 정신이 혼미해지는 고통 속에서 깨어나지 못하였으니 어느 겨를에 붓을 잡겠는가? 아침이 되어서야 겨우 군정(軍政)의 초안을 마치고 나서는 다시 저녁때까지 손님을 맞고 다른 서신을 대하였다. 생각건대 심부름 온 자가 여기에 머문 지 이미 10여 일이 지나서 지급된 식량으로는 겨우 허기를 메우는 것에 그친 지가 이미 며칠 째이니 그 폐단이 적지 않다. 그래서 오늘밤에는 병을 참고[力疾] 등불을 마주하여 초안을 마무리하여 새벽에 보냈다.

전정(田政)은 가장 긴요한 것인데 이와 같이 한달음에 대략 기초하였으니 생각하면 가슴 아프다. 그러나 추석에 다시 그 상세하지 못한 곳을 물어서 마땅히 부연 설명을 해야 할 것이다. 이 초고는 다시 가져다가 스스로 보고 싶은데, 그대의 자제[令胤]가 만약 베껴 쓸 수 있다면 하나를 베껴 써서 보내 주면 좋을 듯하다. 만약 불가능하다면 이 초본을 천천히 보내주어도 좋다. 다시 신경 쓰게 해서는 안 되는데, 스스로 노력하여 나를 수고롭게 하는 모습을 보이지 못하니 (나 자신은) 어찌 그리 불인(不仁)하단 말인가?

전정(田政)[74]

전정에는 세 가지 방법[75]이 있는데, 그 한 가지 방법은 서원(書員)을 쓰지 말고, 면임(面任)을 잘 골라서 그를 엄히 신칙하여 그로 하여금 단자를 거둬들이게 한다. 실결(實結)과 진결·재결[陳灾], 잡탈(雜頉)이라고 명목이 붙여진 것을 빠짐없이 기록하고, 다른 마을이나 면에서 소재한 토지를 문서상으로 옮겨오거나 옮겨간[移來移去] 것 역시 구별하여 기록한다.

단자 규식(單子規式)[76]

○○면, ○○리, △통(統), △호(戶), 아무개[某人] 단자(單子)

실한 부류[實類][77]

○자(字)[78] 제(第)△답(畓),[79] △부(負)[80] △속(束).
　　제△답(畓), △부 △속.[81]

[자(字) 안에서는 면적의 다소(多小)에 따라 분류하여 쓴다.]

---

74) 이 항목은 『신편 목민고』, 493~505쪽의 내용과 거의 일치한다.
75) 세 가지 방법이란 면임을 쓰는 것, 민이 실결을 파악하여 단자에 써서 직접 올리는 것, 서원을 보내 답험하는 것이 그것인데, 뒤의 두 가지 방법은 이 뒤에 이어서 나온다.
76) 본문은 '單規'이나 『정요 3』과 『신편 목민고』의 '單子規式'을 따른다.
77) 실한 부류[實類] : 실제로 경작하여 과세 대상이 되는 토지.
78) ○자(字) : 양안 상의 토지 자호. 양안의 토지 번호는 천자문의 순서대로 '천(字)', '지(地)' 등으로 자호를 쓰고 다음에 지번을 '제(第)△답(畓)'이라고 쓴다.
79) 제(第)△답(畓) : 양안 상의 토지 지번.
80) '幾卜'은 본문에는 없으나 『정요 3』과 『신편 목민고』를 따라서 삽입하였다.
81) 본문은 '云云'으로 되어 있으나 『정요 3』과 『신편 목민고』의 '幾卜幾束'을 따랐다. 이하 모두 마찬가지다.

○자(字) 제△전(田), △부 △속.

제△전(田), △부 △속.

탈난 부류[頉類][82]

○자(字) 제△답(畓), △부 △속 묵은 성천[舊成川][83] 내에서 환기(還起)[84] △부 △속, 잉존(仍存)[85] △부 △속 연분사목(年分事目)[86]에 혹 '올해에 인정하는 재해[今災][87]'가 있는 경우에도 이와 같이 나열하여 기록한다.

○자(字) 제△답(畓), △부 △속 묵은 포락[舊浦落][88] 내에서
위의 예를 따른다.

○자(字) 제△답(畓), △부 △속 묵은 복사[舊伏沙][89] 내에서
위의 예를 따른다.

○자(字) 제△전(田), △부 △속 묵은 진전[舊陳] 내에서 환기(還起) △부 △속, 잉존(仍存) △부 △속

---

82) 탈난 부류[頉類] : 여러 가지 이유로 탈이 나서 규정대로 과세하기 어려운 토지.

83) 묵은 성천[舊成川] : 경작지가 개천으로 바뀐 것이 오래된 토지.

84) 환기(還起) : 개천으로 바뀌었다가 다시 경작지가 된 토지. 이 아래 역시 본문은 '幾何'이나 『정요 3』과 『신편 목민고』의 '幾卜幾束'을 따랐다.

85) 잉존(仍存) : 계속 개천으로 두는 토지.

86) 연분사목(年分事目) : 연분(年分)에 대한 규정. 연분은 그 해의 농사의 풍흉에 따라 해마다 토지를 상상(上上)·상중·상하·중상·중중(中中)·중하·하상·하중·하하(下下)의 아홉 등급으로 나누던 제도. 본문은 '事目'이나 『정요 3』과 『신편 목민고』의 '年分事目'을 따랐다.

87) 금재(今災) : 올해 재해로 처리된 곳.

88) 묵은 포락[舊浦落] : 불어난 냇물이나 강물에 논밭이 개먹어서 무너져 떨어져 나간 지 오래 된 곳.

89) 묵은 복사[舊伏沙] : 홍수 등으로 전답에 모래가 덮여서 오래 된 곳.

만약 목화밭에 재해(木花灾)가 있으면 역시 이와 같이 쓴다.

소계(已上)⁹⁰⁾　실답(實畓)　△부　△속,　실전(實田)　△부　△속,
　　　　　　탈답(頉畓)　△부　△속,　탈전(頉田)　△부　△속

다른 면⁹¹⁾에서 옮겨온 부류[他面 移來類]

○○면(面) ○○리(里)에 있는 ○자(字) 제△답(畓)　△부　△속
　　　　　　　　　　　　　　　　　　제△전(田)　△부　△속
○○면 ○○리 ○○○으로부터 옮겨 왔다.

중간합계[已上]　실답(實畓)　△부　△속
　　　　　　　　실전(實田)　△부　△속

총계[都已上]　　실답(實畓)　△부　△속
　　　　　　　　실전(實田)　△부　△속

다른 면으로 옮겨간 부류[他面 移去類]

본 면의○○리에 있는 ○자(字)의　제△답(畓)　△부　△속
　　　　　　　　　　　　　　　　제△전(田)　△부　△속
　　○○면 ○○리 ○○○에게로 옮겨 간다
　　　　　　　　　　면임 서명
　　　　　　　　　　이(里)의 상존위(上尊位) 서명⁹²⁾
　　　　　　　　　　하유사(下有司) 서명

---

90) 소계[已上] : 실한 부류, 탈난 부류를 각각 답과 전별로 총계를 낸 것임.
91) 원문에는 '田畓'으로 되어 있으나 '面'이어야 아래 '타면이거류'가 서로 대응된다.
92) 『신편 목민고』에는 상존위와 하유사 서명을 '이임 서명'으로 줄여서 수록하였다.

이 단자 규식을 두꺼운 종이에 깨끗하게 써서 이(里)마다 한 장을 준다. 이 규식에 의거하여 매 1인 당 각기 2건을 만들어 들여온다. 받아들이는 기한은 '큰 면은 며칠까지, 중간 면과 작은 면은 각각 며칠까지'라고 적절히 정하여 주고, 엄히 독촉하여 받아들인다.

면임은 단자를 들고 재탈(災頉)[93]로 기록된 곳곳을 직접 찾아보아 지나친 것과 거짓이 없는지를 알아본 연후에 단자를 들여온다. 단자가 들어온 후에 지나친 것[濫], 거짓된 것[僞]이 들통 나면 면임과 전부(田夫)가 같이 죄를 받으며, 만일 간심(看審)이나 조종(操縱)으로 인해 한 사람의 민이라도 원망을 하기에 이르면 중형(重刑)에 처해서 엄하게 다스리겠다는 뜻으로 전령하여, 각별히 신칙한다.

또 각기 투서(套署)[94]를 주어서, 단자의 장수를 잘 세어 보고서[報狀] 안에 넣고 잘 봉한 다음 봉투에 투서를 찍어 관장 앞에 직접 내게 한다. 이렇게 하면 이서가 중간에서 열어보는 폐단을 막을 수 있다. (단자가) 들어오는 대로 시험 답안지[試紙]에 번호를 매기는 것처럼, 매 장에 1천(天), 2천(天)이라고 번호를 매겨서[95] 중간에 빼내는 폐단을 막는다. 미리 보기 드문 전문(篆文)으로 새긴 투서(套書)를 만들어 두었다가 인장처럼 붉은 인주를 사용하여 단자 위에 찍어, 지우고 고치는 간사함을 막는다. (투서를 찍는 이유는) 대개 인장은 글자가 불분명하기 때문이다.

계산을 담당하는 이서[叩算吏]를 나이가 적고 글과 계산에 밝은 근실한 자가

---

93) 재탈(災頉) : 재해(災害)를 입어서 탈(頉)이 난 곳. 본문에는 '災頉處'가 누락되었다.

94) 투서(套書, 套署) : 도장.

95) 1천(天), 2천(天) : 천자문의 글자 순서대로 글자를 적어 번호를 매기는데, 1,000장이 넘는 경우를 대비하여 1천(天), 1지(地)와 같이 번호를 매겨 나가고, 다음 차례에는 2천(天), 2지(地)와 같이 번호를 매긴다.

좋다. 면마다 한 명씩 정한다. 이들에게 1면의 총계[都已上]를 산출하게
하여 실과 탈을 모두 넣는다. 양안(量案)⁹⁶⁾ 상의 면 총계[面已上]와 비교한다.
만일 줄어든 것이 있으면 면임에게 숨기고 빠트린 결[隱漏結]을 색출하도록
엄칙하여 모두 받아 낸다. 또 양안이나 행심책(行審冊)⁹⁷⁾에 띠종이[帶紙]를
붙여서 서너 명의 이(吏)로 하여금 단자에 쓰인 곳곳을 (양안에서) 찾아서
(양안 위에 붙인 띠종이에) 기록하여 올리게[懸錄] 한다. 만약 (띠종이에)
현록할 수 없다면 곧 빼먹은 것이다. 빼먹을 경우 엄히 다스리겠다는
뜻을 미리 자세히 엄칙하면 애초에 빼먹지 않을 것이다. 비록 모두 살펴서
현록할 수 없다 하더라도 우선 현록하기 시작하면 아마도 스스로 두려워 삼갈 것이다.

잡탈(雜頉)에 대해서 말하자면, 새롭게 발생한 탈[新頉]은 매우 적어서
실상을 조사하기가 매우 쉬우며, 묵은 탈[舊頉]은 도로 기경하였는지[還起]
를 밝히는 데에 집중한다. 이 역시 처음에 단자를 바치도록 명령할 때 상세히
지시한다. 묵은 탈 가운데 부수[卜數]가 많아 의심스러운 것은 새롭게 발생한
탈과 같이 금년에 풍년이 들었더라도 혹시 새로운 포락(浦落)과 복사(伏沙)
가 있을 수 있다. 이는 모두 금년의 연분사목에 따른다. 처음 먼저 바친 단자
중에서 집어내어 그날로 농간을 적발한다. 반드시 자호(字號)의 첫 번째 지번⁹⁸⁾부

---

96) 양안(量案) : 국가에서 전세(田稅)를 효율적이고 합리적으로 징수하기 위하여
전국의 토지를 측량하여 기록한 장부. 조선시대에는 법제적으로 20년마다 한
번씩 전국적인 규모로 양전(量田)을 실시하고, 이를 토대로 양안을 작성하여
호조 및 해당 도와 읍에 각각 1부씩을 보관하도록 하였다.

97) 행심책(行審冊) : 각 고을의 농사 작황과 재해 정도를 기록한 책.

98) 양안의 토지 번호이다. '○○자(字)'는 자호이고, '제△답(전)'은 지번이다. 양안에
는 자호(字號) · 지번(地番) · 양전 방향 · 토지의 등급 · 지형 · 척수(尺數) · 결부
수(結負數) · 사표(四標) · 진기(陳起) · 주(主) 등을 기재하였다. 자호는 5결을 1자
로 한다는 원칙에 따라 양전의 단위를 『천자문』 순서로 나타낸 것이며, 지번은
각 자호 안에서의 필지(筆地)의 순서를 나타낸 것이다.

터 시작하여 1자(字) 5결 곳곳을 답험하여 적발한 곳을 기록해두어야만 속지 않을 것이다. 서너 곳이라도 우선 적발해서 속인 자를 엄히 형벌을 가하여 옥에 가두고, 각 면에 무겁게 추궁하겠다는 뜻으로 다시 신칙하면, 뒤이어 들어오는 단자에는 감히 거짓 탈[僞頉]을 현록하지 못할 것이다.

이와 같이 하면 양안 내에서 누락된 곳이 없으며 또 거짓 탈도 방지하여 이미 실결을 많이 얻게 될 것이므로, 양안에 기재된 곳 이외로 더 기경한 곳은 혹 잃어버리더라도 무방하다. 서원(書員)을 쓰지 않았으니 잃는 것이 있더라도 모두 민에게 잃기 때문이다. 하지만 반드시 자세히 실상을 조사하고자 한다면 마땅히 면임에게 엄칙하여 따로 단자를 바치게 하는 것도 좋다.

'옮겨 오고 옮겨 가는 일[移來移去]'은 단자 가운데 쓰여 있는 것을 추출하여 따로 책을 만들어서 간 것[去]으로 온 것[來]을 대조하고 온 것[來]으로 간 것[去]을 대조하여 서로 어긋남이 없게 한다. 그런 다음 당초의 '계산을 담당한 이서[叩算吏]'를 물리고, 한 차례 다시 선발하여 면마다 한 명의 이서를[99] 배정하여 단자 내의 실한 곳[實庫]과 옮겨온 조목[移來條]을 따로 뽑아 적게 하여 깃기책(衿記冊)[100]을 만든다. 깃기책에는 각 사람 이름 아래 '실결 총계[實巳上]'를 계산해 적어둔다. 단자에서 실한 곳과 옮겨온 곳[移來]의 총계[都巳上]를 계산하였지만 다시 타산하도록 명령하여, 계산이 틀린 곳이 있으면 단자 위에는 붉은 글씨로 써넣고 깃기책에는 사실에 의거해 수정한다. 또 그 이서를 물리고 다시 한 차례 선발하여 각 사람의 실결 총계[實巳上]를 베껴 적게 하여 작부책(作夫冊)[101]

---

99) 본문은 '㕔—'이나 『정요 3』과 『신편 목민고』의 '㕔—吏'를 따른다.

100) 깃기책(衿記冊): 지주(地主)의 성명 및 조세액을 기록한 서류.

101) 작부책(作夫冊): 작부를 기록한 문서 책. 작부는 결세(結稅)를 거둘 때 8결을

을 만든다. 이때 쓰는 순서는 통호(統戶)의 차례를 따라서 양호(養戶)가
수취하는 폐단을[102] 막는다.

또 그 이서를 물리고 다시 한 차례 선발하여 타산(打算)하여 작부(作夫)한
다. 이서의 숫자가 적어서 다시 선발하기에 부족하면 모두 다 새로운
이서를 쓸 필요는 없고 단지 담당하는 면만 바꾸는 것도 괜찮다. 이서가
많으면 새로운 이서를 쓰는 것이 물론 좋다. 타산(打算)과 베껴 적기[謄書] 및
작부(作夫) 모두를 가장 빨리 마친 면(面)이나 이(里) 가운데 하나를 택해서
관장이 직접 정밀하게 맞추어 본다. 이 일은 잠깐 동안의 일에 불과하므로
아객(衙客)에게 맡겨도 좋다. 1부(負) 1속(束)의 잘못이라도 발각되면 곧바로
무겁게 다스려서 엄히 가두면 나머지는 두려워서 온 힘을 다할 것이다.

상사(上司)[103]에의 마감(磨勘)[104]은 으레 문서가 반쯤 작성되었을 때
행하는데, 실결의 수[實數]가 너무 많으면 마침내는 읍폐가 된다. 대개
나는 특별한 방법(別法)을 써서 실결을 많이 얻을 수 있으나 뒷사람은
매번 반드시 이처럼 하기가 어려울 것이다. 그런데 내후년의 연사(年事)[105]
가 대략 금년과 같으면 상사(上司)는 반드시 금년의 수로 부과할 것이니,
그 때 수령이 수를 채우지 못하면 필시 민에게 부수[卜數]를 늘려 부담시킬
것이기 때문이다. 작량(酌量)하여 정해진 숫자를 (사실대로) 다 보고하지
못함은 실로 부득이한 일이다.

묶어 1부(夫)로 만들어 부(夫)별로 결세를 거두는 방법이며, 작부책은 8결 1부
책정 상황을 기록한 책이다.
102) 본문에는 '以坊養戶者收聚之法'이나 『정요 3』의 '以防養戶者收聚之弊'를 따른다.
    『신편 목민고』에는 이 부분이 세주로 처리되어 있다.
103) 상사(上司) : 윗 등급의 관아나 기관.
104) 마감(磨勘) : 일을 잘 살펴서 심사하여 끝을 맺음.
105) 연사(年事) : 그해 농사의 풍흉의 정도를 말함.

매년 감영에서 정하는 방법은 전년도와 비교하는 것이다. 내가 얻은 (실결의) 수가 너무 많으면, 마감은 비교하는 (전년도의) 수에 조금 더하는 정도로 하는 것이 좋다. (마감하고 나서) 나머지가 아직 많으면 매 결에 몇 부[卜]씩 감해준다. 이 역시 부득이한 일이며, 신축하는 방법은 그 남는 수에 따른다.

가령 매 1결에 20부씩을 감해주려면, 1결에 감해주는 수를 22부 2속 2파로 계산해야 가능하다. 이는 1결 내에 20부를 감해주면 다른 20부로 메워야 하는데 그 20부 역시 2부를 감해주어야 하고, 그 2부 역시 다른 2부로 메워야 하는데 그 2부 역시 2속을 감해주기를 차례차례 이와 같이 하기 때문이다. 애초에 이와 같이 계산하지 않고 단지 1결에 20부로 하면 크게 흠축이 나고 만다.

미리 장차 남는 수를 자세히 마련하고, 20결 정도를 남겨두어 작부(作夫) 후에 부수가 추가되었다거나[加卜],[106] 없는 부수라고[虛卜][107] 원망하는 자가 있거든 곧바로 덜어주는[除給] 용도로 삼는 것이 좋다. 각별히 분부하더라도 허다한 문서작업을 하다 보면 글자를 잘못 쓰는 일이 없지 않아 잘못 부과하는 일이 생기기 쉽다. 처음부터 나머지를 예비하여 두지 않으면 낭패를 볼 것이다. 때로는 20부를 계산할 때 1속(束) 이하는 제해도 되지만 9속 이하는 제해서는 안 된다. 이 수가 쌓이면 역시 남는 것이 생기기 때문이다.

감하여 주는 방법은 1결에 30부를 감하면 너무 많고, 20부면 역시 큰 혜택이고 15부면 역시 혜택이라 할 만하고 10부면 괜찮다고 할 만 하지만 이 이하는 안 하는 것만 못하다. 각각의 사람 이름 밑에 적은 총계[已上]

---

106) 가복(加卜) : 전지의 면적을 실정보다 많게 산출하는 것.

107) 허복(虛卜) : 전지가 없는 사람에게 있는 것처럼 문서를 작성하여 조세를 부과하는 일.

아래에 다시 계산해서 (총계 얼마 내에서) 몇 부 몇 속은 재(灾)로 감해준 것이며, 몇 부 몇 속은 실(實)이라고 구분해서 세주로 기록한다. 이렇게 한 후에 다시 실수 총계[實已上]를 뽑아 적어 작부한다. 이 방법이 (수령이) 직접 맞추어보는 법[親準之法]을 시행하기도 쉽다. (작부는) 가장 어려운 작업이니 더욱 마음을 써서 신칙하여야 한다. 호수(戶首)¹⁰⁸)는, 각 마을의 부실(富實)한 백성을 자세히 물어서 본디 말(末)을 좇아 간교하게 이익을 일삼는 자가 차정(差定)되지 않도록 하며, 감히 사사로이 양호(養戶)하는 자에게 주지 말도록 엄칙하는 것이 좋을 것이다. 단자를 받을 때 '신칙(申飭)할 조건'은 절목으로 만들어서 엄히 신칙한다. 절목은 한문과 언문으로 각기 한 부씩을 베껴서 면리의 구석구석까지 상세히 통지한다. 옮겨 오고 옮겨 가는[移來移去] 일 역시 단자 안에다 모두 기록한다. 혹 추후에 원망하면 무겁게 다스리겠다는 뜻으로 신칙한다.

또 다른 한 가지 방법[又一法]은 연분사목이 도착하는 것을 기다려서, 면마다 양반 또는 중인으로 본디 근실하다고 일컬어지는 사람을 각기 한 사람씩 잘 가려서, 그들을 오도록 청하여 맡기는데 (유의사항을) 충분히 당부한다. 그들에게 먼저 금년의 재탈(灾頉) 단자[今頉單子]를 받아들이게 하는데, 반드시 곳곳마다 친히 그 진위(眞僞)를 살핀 다음에 들여보내게 한다. 거짓된 것도 자신이 고치지 말고 반드시 전주(田主) 스스로 고쳐 납부케 하며, 날짜를 정해 독촉하여 (단자를) 받아들인 다음 장수를 세어서 잘 봉하여 바치도록 한다. 받아들인 단자에는 1, 2천(天)이라고¹⁰⁹) 번호를

108) 호수(戶首) :『속대전(續大典)』권2, 호전(戶典),「수세(收稅)」, "경작농부(耕作農夫)[佃夫] 중 살림이 유족(裕足)하고 근면(勤勉)한 자(者)를 가려 뽑아서 호수(戶首)를 삼는다. 무릇 그 8결(結)의 세미(稅米)를 납부하는 일은 호수(戶首)로 하여금 그 전결(田結) 내의 경작자로부터 이를 징수하여 바치게 한다." 이로써 8결 작부하여 세역을 담당한 자가 호수라는 것을 알 수 있다.

매기고 대투서(大套書)를 찍는다. 먼저 들어 온 것을 우선 적간하여 잘못이 드러나면 일벌백계로 다스려서 뒤에 들어오는 자들이 두려워 떨면서 이 일에 마음을 다하여 한결같이 규정대로 시행하도록 한다.

단자 규식(單子規式)은 '○○면 △통 △호 아무개의 금탈 단자(今頉單子)'라 쓰고, 행을 바꾸어서 '○○면 ○자(字) 제△전답 △부 △속' 내에서 '△부가 금년에 내가 되었다[成川]거나, 강으로 떨어져 나갔다[浦落]거나, 모래가 덮였다[伏沙]'고 적고, '△부는 그대로 실하다[仍實]'고 적는다. 단자가 들어오면 그때마다 곧 바로 계산하여서 (단자를) 다 받아들였을 때 곧 계산이 끝나도록 하면 당해 연도에 새로이 탈난[新頉] 수는 이미 환하게 드러난다. 장차 지난해의 실결(實結)에 지난해의 신재(新災)를 답진(畓陳), 답재(畓災), 목화재(木花災), 신복사(新伏沙) 등의 재(災)를 말한다. 대개 내가 되거나 강으로 떨어져 나간 것[成川浦落]은 영영 탈해주지만 모래가 덮인 것[覆沙]은 파내면 되기 때문에 단지 1년만 탈해준다. 첨가하면 원수(元數)가 된다. 여기서 금년에 새로 탈난 곳[新頉]을 계산하여 제하고 남는 것이 바로 금년의 실수(實數)이다. 실수가 이미 수중에 들어오면 다시 더 어려운 일은 없으므로 이 법은 매우 간략하고 빠르다.

금년에 탈난 곳[今頉]이 많으면 재해 등급을 지급하였거나 목화재를 인정해 준 곳을 말한다. 이에 의거하여 금탈(今頉) 단자를 먼저 받아들이고 구탈(舊頉)이 경작지로 환원된 곳은 추후에 별도로 조사한다.

금년에 재해로 탈난 곳[災頉]이 전혀 없으면 소소한 성천포락(成川浦落)은 천만에 한두 개일 것이므로 조정에서는 탈로 인정해 주지[給頉] 않으며, 조정에서 인정해 주지 않으면 처음부터 금탈(今頉)을 받아들일 수 없다. 단, 민간을 세밀하게 살펴서 혹 진실로 성천포락(成川浦落)이 있으면 대략 선별하여 사적으로

---

109) 본문은 '書一天'이나 『정요 3』과 『신편 목민고』의 '書一二天'을 따른다.

급재(給災)하는 것도 좋다. 비록 인정해 주더라도 그 숫자는 매우 사소할 것이다. 그 단자는 한 면에 몇 장(丈), 한 장에 몇 부[卜]에 지나지 않아서 거의 없는 것이나 다름없다.

구탈(舊頉)을 경작지로 환원한 단자는 동시에 받아들이는 것도 좋다. 그러나 금탈(今頉)과 구탈(舊頉) 단자는 각각 따로 받아들인다. 금탈을 통해서 위에서 말한 바와 같이 금년의 실수(實數)를 알고자 하기 때문이다. 구탈 단자의 규식은 위의 예와 같이 △부 아래에 "구진(舊陳) 안에서 △부 △속은 새로 경작지로 환원한 곳이고, △부 △속은 전부터의 묵은 진전[舊陳]이다"와 같이 기록하고, 그 나머지 '묵은 포락', '묵은 성천', '묵은 복사' 등도 마찬가지다. 그 가운데서 '경작지로 환원한 곳[還起]'의 허실(虛實)을 해당 임장(任掌)으로 하여금 따로 살피게 해서 첫머리에 농간을 적발하고 징계하여 더욱 엄히 밝힌다. 다소간 의심스러운 것을 뽑아내서 간계를 적발하며 실상을 파악하기를 앞의 방법대로 한다. 다 받아들인 다음에 새로이 환기한 수를 금년 실수(實數)에 첨입하며, 지난해의 구탈(舊頉)의 수에서는 이 수(새로이 환기한 수를 말함)를 제외하는 것이 의당하다. 신구탈(新舊頉)을 다 받아들인 다음에 행심책에 띠지를 붙여서 면마다 1명의 이서를 정하여 장차 탈단자[頉單]에 실린 곳곳을 찾아서 띠지에 기록하게 한다. 띠지에 기록되지 않은 곳은 곧 실한 곳이니, '실(實)'이라고 크게 쓴다. 묵은 진전[舊陳] 아래에도 환기된 곳은 '환기(還起)'라고 주를 단다. 환기라고 쓴 아래에는 단자에 의거하여 경작자의 이름을 기록한다. 금탈(今頉)과 묵은 진전[舊陳] 위에는 모두 붉은 인주로 작은 도장[小套]을 찍어서 애초에 늘리거나 줄이지[增損] 못하도록 한다.

또 별도로 면마다 한 명의 이서를 선발하여 이전에 서원(書員)을 지낸 자는 절대로 써서는 안 된다. 위의 책자를 주어서 기한을 정해 면에 내 보낸다.

이들에게 '실(實)'자 아래에 각각 작자의 이름을 물어서 쓰게 하고, 환기
아래에는 이미 단자에 의거하여 이름을 썼으니 다시 물을 일이 없다. 또 옮겨 오고
옮겨 간 것[移來移去]을 자세히 물어서 면마다 각기 책자를 만들어 들여오
게 한다. 이 일은 내보낸 이서가 작폐하기 쉬우니[110) 반드시 더욱 엄히
감독하여 막아야 한다. 그러나 이들은 서원과는 달리 돌아온 후 또 교체할
것이므로 폐단은 많지 않을 것이다.

이 이후 옮겨 오고 옮겨 간 것[移來移去]을 서로 대조하고 (각각 사람마다
의 실결을) 베껴내어[抄出] 깃기책을 만들고 소계[小已上]를 계산한다.
(사람마다의) 소계를 베껴내어 작부책을 만든다. 그런 후에 계산하여 작결
(作結)하고, 남은 수[111)로 비율에 따라 감해준다[折給]. 한 가지 일이 끝나면
담당한 이서를 다시 선출하거나 혹은 면을 바꾼다. 친히 대조하여 징계하고
독려하는 것은 위에 말한 방법대로 한다.

또 다른 한 가지 방법은 서원(書員)을 쓰는 것이다. 만일 금년의 새로운
탈[新頉]을 조사하는 일에 서원(書員)을 전혀 쓰지 않아 그들이 손을 댈
여지가 별로 없었다면, 다음 과정부터는 으레 하는 대로 서원을 시키는
것도 나쁘지 않다. 서원에게는 단지, 양안의 원수(元數) 중에서 잡다한
묵은 탈[舊頉]의 수를 제외한 나머지를 모두 실수(實數)로 잡아 이를 확실히
채워 넣게 한다. (그런 다음에는) 새로이 '환기(還起)'된 것을 따로 독봉(督捧)
하게 할 뿐이니 심하게 어려운 일은 없을 것이다. 하지만 한번 서원의
손에 들어가면 정밀하게 될 리가 만무하다. 새로이 환기(還起)된 것을
먼저 속여서 감출 것이다. 그러나 이는 속임을 당하는 것일 뿐이고, 민을
직접 해치는 것은 아니니 오히려 괜찮다.

---

110) 본문은 '去吏已作弊'이나 『정요 3』과 『신편 목민고』의 '所在吏易作弊'를 따른다.
111) 남은 수 : 위에 보고한 실결 수와 실제 실결 수의 차이를 말한다.

그러나 부유한 사람의 결부[結卜]를 훔쳐내어 사사로이 값을 받아 낸
다음112) 장차 그 액수를 조금씩 나누어서 다른 사람들의 결부에 각각
더하여 채우거나, 혹은 구진(舊陳)을 허위로 기경하였다고 칭하여 채우는
사태가 발생한다면, 이 두 가지는 민에게 막대한 피해를 주므로 엄중하게
막아야 한다. 그러나 이는 매우 어려운 일이다. 그 외에도 총수(摠數) 문서에
서 각 조목을 현란시켜 실수(實數)를 덜어 훔쳐내거나 또 작부할 때 양호(養
戶)와 결탁하여 양호가 원하는 대로 부유한 사람의 결부를 모으기도 한다.
작부할 때 가좌 순서대로 적으라고 명령을 내리지만 소소히 옮기고 바꾸는
일을 어찌 다 살피겠는가? 이러한 간폐가 반드시 있을 것이다. 이와 같은
간폐를 면하고 싶다면 서원을 모두 물리치고 두 번째 방법113)을 쓰는
것이 좋을 것이다.

서원에게 맡긴다 하더라도 환기(還起), 한 가지 조목은 따로 헤아려서
처리해야 한다. 혹자는 이르기를 "양전한 지 오래되어 구진(舊陳)이 모두
개간되었으나 모두 서원의 호주머니에 들어가 환기로 파악된 것이 매우
적으니 통탄스럽다. 의당 엄히 문책하여 받아들인다."고 한다. 혹자는
이르기를 "이는 본래 잉여의 물건이니 길에 떨어뜨린 볏단은 (세금으로)
거두지 않는다는 뜻을 얼마간 보존하여,114) 서원으로 하여금 백성과 함께
이익을 나누도록 함이 대개 환기는 서원 역시 백성 편에서 헐하게 결부 수를
잡아주기 때문이다. 또한 무슨 큰 해가 되겠는가. 물건을 전부 다 취하여

112) 본문의 '私自以統之或以捧價'에서 밑줄친 부분이 『정요 3』과 『신편 목민고』에는
　　없는데, 이를 따른다.
113) 두 번째 방법 : 바로 위의 '又一法' 항목을 가리킨다. 즉 민 가운데서 단자를
　　거둘 사람을 구하여 맡기는 방법을 말한다.
114) 『정요 3』에 의하면 '稍存遺(秉)不斂稽(之意.)'인데 본문에는 괄호 안의 글자가
　　누락되었다.

궁지에 빠진 도적으로115) 만들 필요는 없다"고 말한다. 이 두 가지 말 가운데서 어느 것이 옳은지는 모르겠다.

대개 토지와 관련된 일[田事] 만큼 어려운 일은 없다. 허다한 실정과 변화를 모두 거론할 수 없을 정도이다. 일이 갑자기 발생하면 그 핵심을 꿰뚫어 보기가 매우 어렵다. 손님 중에 채정순(蔡廷順)이라는 자가 있는데 이 일을 교묘하게 이해하고, 동료들을 제법 잘 다룬다. 그 사람이 겉으로는 말 수가 적은 것 같으나 마음은 선량하다. 단지 헤아리고 간섭하는 것을 가볍게 해서 홀연히 일을 마친다. 간섭을 줄이기 때문에 통제하기 쉬운 것이다. 그 장점을 채택하면 우리의 일을 족히 구제할 수 있다. 검전(檢田)116) 에 한해서 관아에 두고 절목마다 상의해 보니 매우 교묘하여 존경하는 뜻이 우러나지 않음이 없는데, 그 사람이 죽을 병을 얻어서 원주(原州)에 있지만 불러올 방법이 없다. 그러나 귀하[高明]의 견해로도 저절로 점차 단서를 얻을 수 있으니, 이로 미루어 이해한다면 어찌 염려할 일이 있겠는가?

전정(田政)을 검찰하는 일은 두 번째 방법에서 말한 것이 내가 수령으로 있을 때 항상 시행한 것이 아닌가? 그런데 이제 세월이 많이 지나서 명료하지가 못하다. 이 규정은 매우 간단해서 시행하기 쉬우나 일을 해줄 양반을 얻기가 어려우니 이서를 쓰는 것도 한 방법이다. 다만 서원에게 맡기면 새로운 탈[新頉]은 속임을 당할 것이 뻔하며, 새로 기경한 곳[新起]도 오히려 잔민(殘民)의 묵은 진전[舊陳]으로 수를 채우고 실제 기경은 훔쳐 먹는 일도 많이 벌어질 것이 분명하다. 화전(火田) 역시 반드시 폐단이 있을 것이다. 비록 이서를 쓴다고 하더라도 전에 서원을 했던 자이면 모두

115) 본문은 '鬼'이나 『정요 3』의 '寇'를 따른다.
116) 검전(檢田) : 답험(踏驗), 즉 논밭에 가서 농작의 상황을 실지로 살펴봄.

제외시켜 발걸음을 못하게 하고, 따로 이전에 공형(公兄)[117]을 지냈던 자 가운데 염치가 있어 자기 몸을 아낄 줄 아는 자와 여러 이서 가운데 성품이 본래 청렴하고 몸가짐이 바르며 집안도 부유하여 겉만 번지르르 하지 않은 자를 택하여, 각 면(面)의 넓이의 많고 적음과 일의 쉽고 어려움을 따져서 일을 나누어 주고 엄중히 단속하고 신칙하여 내보내면 감히 속이지는 못할 듯한 데 어떨까? 비록 이들이 관장하고 있는 일이 있더라도 하루라도 떠나기 어려운 일이 아니면 잠시 둘 다 살피도록 하여 내보내는 것이 마땅하다. 간심(看審)은 (이들이) 돌아온 후에 시작해도 늦지 않을 것이다.

절급(折給)[118]하는 법은 다음과 같다. 가령 금년 실결이 120결인데 100결로 마감하려고 하면 남는 것이 20결이다. 이 20결을 100결에서 일정한 비율로 덜어내려고[折減] 한다면 1결마다 얼마나 줄여야 할까? 이렇게 생각해보면 1결마다 20부를 줄이면 100결에서 줄어드는 것이 20결을 거의 [恰] 꽉 채울 수 있다. 단, 그 남는 20결은 절감하는 혜택을 받지 못하고 타인에게 절급하는 20결을 대신 충당한다면 어찌 원통하지 않겠는가? 그 20결도 역시 하나같이 (동일한 비율로) 절감의 혜택을 받아야 할 것이다. 그렇다면 거기서 다시 4결쯤을 감해서 충당할 수 있을 것이다. 그 4결도 또한 절감하는 혜택을 받지 못하고 20결을 절감하는 대가를 홀로 충당한다면 또한 반드시 원통하다고 할 것이다. 그 4결도 또한 하나같이 절감되어야 한다. 그렇다면 거기서 다시 80부[卜]쯤을 감해서 충당할 수 있다. 그 80부도 역시 하나같이 절감되어야 하니 다시 16부를 감해서 충당할 수

---

117) 공형(公兄) : 삼공형(三公兄)의 준말로, 관찰사나 수령 아래 각 고을의 호장(戶長)·이방(吏房)·수형리(首刑吏)의 세 상급 관속. 조선후기에는 이들을 중심으로 향리 제도가 운영되었으며, 호장과 이방의 직임을 중심으로 하여 지역에 따라 수형방(首刑房)·부이방(副吏房)·승발(承發) 등이 포함되기도 하였다.

118) 절급(折給) : 환산하여 지급함.

있다. 그 16부도 또한 하나같이 절감되어야 하니 다시 3부 2속을 감해서 충당할 수 있다. 그 3부 2속 역시 하나같이 절감되어야 하니, 다시 6속을 감해서 충당할 수 있다. 차차로 이와 같이 계산해 가면 100결로 마감한 이외에 남는 숫자가 24결 99부 8속이 있어야만 기준을 정해서 지급[準給]할 수 있다. 1결당 20부의 숫자에서는 남는 것이 단지 20결에 불과하므로 1결마다 절감하는 숫자는 겨우 16~17부[119] 정도에 그쳐야 한다. 이것은 계산[折算]해 보면 알 수 있다. 이와 같이 유추해보면 비록 천만 결이라도 알 수 있다. 만약 분명하게 이해가 되지 않으면 다시 살펴보는 것이 어떤가? 만약 절급하려 한다면 이와 같은 계산법을 먼저 통찰하지 않으면 안 된다.[120]

환곡을 다룸[糶政]

환곡을 걷어 들이는 것도 역시 중요한 일로서, 민의 이해에 크게 관계가 있다. 민에게 기준에 맞는 말을 주고 스스로 말질을 하게 하되, 낙정미(落庭米)[121]로 2되를 고지기에게 주게 한다. 그것이 없으면 독촉할 수단이 전혀 없어서 많은 사람을 쓸 수 없으므로 단지 약정(約正) 및 각 이(里)의 유사(有司)만을 닦달하게 되니 이는 졸렬한 방법이다. 생각하건대 반드시 잘 할 것이므로 다시 세세하게 말하지 않겠다. 세속적인 관리가 잘 걷는 방법으로서 이(里) 단위로 약속하고 면(面) 단위로 납부하는 방법이 있다는 것은

---

119) 본문은 '二十六七卜'이나 『정요 3』의 '十六七卜'을 따른다.
120) 『정요 3』은 '不可(不)先爲洞徹也'인데, 본문은 괄호 안의 글자가 누락되었다.
121) 낙정미(落庭米) : 조선(漕船)에 세곡(稅穀)을 실을 때나 세곡을 거두어들일 때에 땅에 흘러 떨어지는 곡식을 보충할 목적으로 징수하던 부가세(附加稅).

그대들도 또한 들어서 알 것이다. 나는 마침 흉년[儉歲]을 만나서 (위의 방법을) 하나도 써보지 못하고 단지 서서히 독촉하였을 뿐이다.

　　전정(田政)에 관한 일은 아침에 다시 보니 번잡하기만 해서 채택하기에는 부족한 것 같다. 군정(軍政)에 관한 내용은 잘 시행하여 포정(庖丁)이 소를 잡듯이[122] 그 핵심을 찌른다면 큰 소요가 일어나지는 않을 것이다. 대체로 하나를 징계하여 백을 다스리는 것은[123] 고금(古今)을 통해서 행하는 마땅한 법이다. 법을 제정한 처음에 1리(里)에 한 사람이라도 잘 조절(操切)해서 복종하게 하면 나머지는 모두 파죽지세로 따라 온다. 양역(良役)을 이정(釐正)하는 일도 처음에는 반드시 소요가 있어서 이를 고하는 자가 있을 것이다. 단 너무 소요가 커져서 원망하기에 이르면 근심할 만하다. 겉으로는 위엄 있게 시행하되 속으로는 깨우쳐서, 권장하고 감독하는 것을 겸하여 시행한다면 이해가 밝게 드러나서 반드시 명령을 따르게 될 것이다. '매우 친다[猛打]'고 말한 것은 이임(里任)인가 한정(閑丁)의 부형(父兄)인가? 오로지 이임에게 책임을 묻는 것이 마땅하다. 단 돈을 거둬서 거짓으로 채워 넣는 폐단은 매우 염려가 되니 더욱 상세하게 가려서 뽑아야 한다. 그 세부적인 내용은 이전 편지에서 이미 모두 말하였다.

　　정치와 법규가 엄격함을 숭상하는 것은 말하지 않아도 알 수 있다.[124] 또한 오늘날의 습속이 엄격함을 숭상하지 않으면 다스리기 어려워서, 비록 대현(大賢)이 다시 나오더라도 반드시 이것을 바꾸지는 못할 것이다. 단지 엄격함이 지나쳐서 실정과 어긋나면 또한 다스림을 이루기 어렵다.

---

122) 포정(庖丁)의 해우(解牛) : 포정은 주대(周代)의 요리사이다. 포정이 소의 뼈와 살을 발라내는 것을 말하는데[『장자(莊子)』 양생주(養生主) 편], 후대에는 기술이 정교함을 칭찬하는 말로 쓰였다.

123) 본문에는 '大抵懲一勵百'이 누락되어 『정요 3』에 따랐다.

124) 본문은 '不可言想'이나 『정요 3』의 '不言可想'을 따른다.

형은 평소에 침착하고 진득하며 어질고 너그러워서 이것에 근본을 두고 엄격함을 쓴다면 다스리지 못할 근심이 어디에 있겠는가?

이서와 민은 본래 마땅히 하나로 보아야 하지만 사세(事勢)가 차이를 두는 것을 면치 못하게 한다. 대개 이졸(吏卒)은 민을 침해하는 자이고 민은 다른 사람에게 침해를 받는 자이다. 민은 평소에 장(杖)을 두려워해서 조금만 매를 쳐도 쉽게 징계할 수 있지만, 이서는 큰 장(杖)에 익숙해서 통렬하게 질책하지 않고는 징계할 수 없다. 그래서 이서에게 장을 칠 때는 큰 장을 찾고 민에게 장을 칠 때는 작은 장을 찾는다. 장의 수에도 차이가 있는 것은 역시 부득이한 데서 나온 것이다. 왕왕 민에게 장을 칠 때 큰 장을 쓰는 자가 있는데 이는 지나친 것이다. 그러나 양역에 관한 법을 세울 때 위엄을 보이려고 하면 이러한 법만을 고수하기는 어렵다. 오직 형세를 잘 헤아려서 적용해야 할 것이다.

정치의 요점[政要]¹⁾

박사한(朴師漢)²⁾이 예안(禮安)에 재직하고³⁾ 있을 때 이광좌(李光佐)가 이것을 지어서
주었다.

관아에 나아가 업무를 봄[坐衙]

초하루와 보름에는 형식을 갖추어 개좌(開坐)⁴⁾하고 관안(官案)⁵⁾에 이름

---

1) 이 부분은 『민정자료』『정요(政要) 4』, 93~101쪽(이하 『정요 4』로 줄임)과 완전히
   일치한다.
2) 박사한(朴師漢, 1677~?) : 박장원(朴長遠)의 손자, 박문수(朴文秀)의 삼촌, 이광좌
   (李光佐)와 외사촌 형제간. 숙종 40년 증광시 합격, 생원, 숙종 43년(1717)에 동몽교
   관(童蒙教官), 경종 2년(1722)부터 4년(1724)까지 봉화(奉化) 현감. 영조 4년(1728)
   함양(咸陽) 군수 때 무신란을 적극적으로 토벌하지 않았다고 노론 당인들의
   지속적인 탄핵을 받았다.
3) 여기는 예안 현감, 『정요 4』에는 봉화 현감 때라고 하여 서로 다른데 어느 것이
   맞는지는 불명이다. 박사한은 경종 2년 5월 11일~경종 4년 5월 17일 봉화 현감,
   영조 16년(1740) 3~7월까지 예안 현감을 역임하였다. 이광좌가 영조 16년 5월
   26일에 죽었으므로 봉화 현감 때라고 하는 것이 보다 타당하다고 생각된다.
4) 개좌(開坐) : 법정이나 관청에서 공사(公事)를 처리하기 위해서 관원들이 자리를
   정하고 벌여 앉는 것.
5) 관안(官案) : 벼슬아치의 성명·관직 등을 기록한 명부.

이 올라있는 구실아치를 점열하되, 보통 때는 이렇게 개좌할 필요가 없다. 식전이거나 식후이거나 아침에 잠이 깨어 일어난 이후부터 어두운 저녁 취침하기 이전까지는 소장을 가지고 온 민은 곧바로 마치 자기 집에 들어오 듯이 들어와서 소를 내게 한다. 친근함을 다하여서 마치 부모 앞으로 나오는 듯하게 한다. 매번 이러한 격식을 고을 전체에 널리 알려서 관과 민 사이가 환하게 통하고 거리낌이 없게 한다. (소를 내러 온) 민에게 "너는 언제 관문에 도착하였느냐"고 묻고, 혹 지체되어 들어 온 사람이 있으면 그 까닭을 묻는다. 만일 문지기가 관에서 지금 식사중이라는 말을 듣고 지체시킨 것이면 그렇게 말한 자와 문지기를 큰 장으로 서너 차례 친 다음에 "다시는 이와 같이 하지 말라"고 이른다.6)

소첩(訴牒)7)

첩소 내용이 추궁해서 판단해야 할 사안이라면 모두 '심문할 것이니 붙잡아 오라'고 하며, 꿔준 돈을 받아달라고 하면 모두 '심문하여 받아줄 것이니 붙잡아 오라'고 제사한다. 그 중에 인정과 도리에 억울한 것이 있으면 대부분 '그 죄를 다스려 징급할 것이다'라고 제사한다. 이런 일들은 모두 정신을 허비하지 말고 신속히 제사를 내려주어야 한다. 결국 다시 잡아들여 관장 앞에서 변론을 들어야 하기 때문이다.

오직 입지를 해달라는 소지는 모두 뽑아 모아두었다가 끝까지 자세히 살펴본다. 잃어버린 물건의 입지면 의례껏 제사해주되[例題] 중요하거나

---

6) 『신편 목민고』, 「좌아(坐衙)」, 321쪽에 보인다.
7) 소첩(訴牒) : 청원이 있을 때 관아에 내는 서면 문서. 소장(訴狀). 이 부분은 『신편 목민고』, 「청송(聽訟)」, 332~333쪽에 보인다.

의심스러운 사안은 이임을 데려와 사실을 조사한 후 진술한 곳에서 제사를 내려준다. 진처(陳處)[8]를 개간하거나 산소를 쓰는[占山] 일과 관련된 입지 이면 반드시 그 마을에 사는 세 부류의 색장(色掌)[9]으로 하여금, 호구단자(戶口單子)를 가지고 들어오게 하여, 그 공한처(空閑處)를 물어서 알아낸 후 확인을 받아서[捧招] 문서를 작성하여 준다. 그 가운데 혹 어떤 사람이 땅과 민을 침탈하였다가 자기가 패할 줄 미리 알고 물러가는 자가 있다면 '어떻게 그 실상을 알겠는가'라고 제사하여 물러가게 해야 할 것이다. 양역(良役)[10]을 피해 도망간 경우 절대 제사해 주지 말고 소장 그대로[白狀] 돌려준다[退給].

혹 관속을 고소한 경우 처음부터 제사해 주지 말고, 즉시 피소된 관속을 불러들여 혹 빚을 지거나, 뇌물을 받은 자라면 사실을 명백하게 조사하며 처결하고 (고소인에게) 즉시 법에 따라서 제사를 내려주며, 뇌물을 받은 자는 가볍고 무거움, 오래되고 가까움을 구분하여 죄를 다스려야 한다.

이졸(吏卒)을 대하는 법[待吏卒]

이 무리들은 관(官)과 민(民) 사이를 조종하여 마치 단단한 가래가 위아래 를 막아서 타는 듯한 통증을 유발하는 것과 같다. 반드시[11] 이 폐단을

---

8) 진처(陳處) : 진전(陳田). 토지대장에는 올라 있지만 실제로는 경작하지 않고 묵히 는 논밭.

9) 색장(色掌) : 조선시대 관청 내 제반 부서의 실무 담당자. 지방의 면리(面里)나 방(坊), 부(部) 등에서 수령을 보좌하여 풍속을 규찰하고 규율을 바로잡는 업무를 담당했음.

10) 양역(良役) : 국가에서 필요로 하는 역역(力役) 징발과 재정확보를 위해 원칙적으로 16세 이상 60세까지의 양인(良人) 또는 양민(良民)의 남자 즉, 양정(良丁)에게 부과하던 각종 신역(身役)의 통칭.

제거해야만 관과 민 사이가 시원하게 통하여 폐단이 없다. 소위 '이졸(吏卒)'
이란 대부분 가난한데도 치우치게 고통을 받는 경우가 많아서,12) 굶주림과
추위로 절박한 처지에 있는 것이 매우 가련하다고 할 만하다. 반드시
그 질병과 고통을 살피고 그 굶주림과 추위를 생각해서 항상 그들도 사람의
아들이라는 뜻을 품고 있어야만 한다.

전정(田政)

고을 사람[鄕人] 가운데 한 사람을 엄밀하게 가려서 각 면의 감관(監官)으
로 정하고 급재(給災)13) 단자(單子)14) 규식(規式)을 작성하게 하는데, 직접
불러서 만나보고 지시 사항을 분명하게 내려 주고 엄하게 거듭 신칙하고
독려해야 한다. 또한 절목(節目)을 작성하여 주고 그로 하여금 단지 급재단
자만을 올리게 하는데, 매 1리(里)마다 단단히 봉하고 도장[套署]15)을 찍어
서 수령에게 직접 납부하게 해야 한다.
　단자를 납부하는 규정은 피해가 없는 곳[實處]에 대해서는 원래 거론할
필요가 없고, 단지 재해를 입은 곳[灾處]에 대해서만 하나같이 조정에서
(작성한) 그 해[當年] 사목(事目)에 따라서 재해 명목[灾名]을 사실대로
기록하고 감관이 직접 곳곳을 친히 살펴서[親審] 지나치거나 거짓됨[濫僞]

---

11) 『정요 4』에는 '須祛此弊'인데 본문에는 '須'가 누락되었다.
12) 『정요 4』는 '所謂吏卒 (亦)多貧弊偏苦者'인데, 본문에서는 '亦'은 누락되었고, '苦'
　　는 '告'로 되어 있다. 『정요 4』를 따른다.
13) 급재(給災) : 재상(災傷)을 입은 전지(田地)에 대하여 전세(田稅) 등을 감면, 혹은
　　면제해 주는 것. 『경국대전(經國大典)』 호전(戶典) 수세(收稅)조 참조.
14) 단자(單子) : 후보자의 명단이나 물목을 적은 종이.
15) 투서(套署) : 인장(印章)이나 도장(圖章)을 이르는 말.

이 없게 한다.

 단자가 들어오기를 기다려서 면마다 각각 한 명의 이서를 정하여 즉시 계산하고[叩算]16) '1리(里) 이상(已上)'17)이라고 쓴다. 한 면에서 모두 들어오면 '1면(面) 이상'이라고 쓰고 각 '면이상(面以上)'을 합산하여 이번 양안(量案)18)의 실총(實摠)19) 가운데 여기의 '재이상(灾以上)'을 제외하고 그 남은 숫자가 바로 올해의 '실이상(實已上)'이다.20)

연분(年分)21) 단자(單子) 규식(規式)22)

 ○○면(面) ○○이(里) ○○통(統) 제△가(家) 성명(姓名) 단자(單子)23)

---

16) 고산(叩算) : 하나하나 짚어 가며 셈을 함.

17) 이상(已上) : 위에 기록된 부분의 총 합계를 말한다.

18) 양안(量案) : 조선조의 토지장부인데 전안(田案) 또는 도행장(導行帳)이라고도 하였다. 전답의 소유주와 위치, 전품의 등급, 토지의 형상, 결부의 수 및 자호 등을 기록하고 있다. 20년 마다 토지를 개량함으로써 과세의 기본자료가 되게 되어 있었으나 실제로 양전사업에는 막대한 비용이 소요되기 때문에 80~100년 사이에 한번 개량되는 실정이었으므로 양안이 때로는 실상을 반영하기가 어려웠다.

19) 실총(實摠) : 실제 수세 총 결수.

20) 「전정(田政)」의 여기까지는 『신편 목민고』, 「전정우일법(田政又一法)」, 505~506쪽에 보인다.

21) 연분(年分) : 그 해의 농사 풍흉에 따라 해마다 토지를 상상(上上)·상중·상하·중상·중중(中中)·중하·하상·하중·하하(下下)의 아홉 등급으로 나누는 제도. 조선조 4대 세종 28년(1446)부터 실시함. 연분구등(年分九等)이라고도 함.

22) 본문의 이 항목은 『정요 4』나 『신편 목민고』에 비해 앞뒤가 뒤섞여 있어서 내용 파악이 어려울 정도이다. 『신편 목민고』에도 오탈자가 보이며 『정요 4』가 내용상으로는 가장 완전하므로, 여기서는 『정요 4』를 따랐다. 『신편 목민고』, 「연분단자규식」, 506~508쪽 참조.

23) 『신편 목민고』에는 이 문장이 누락되었고, 형식도 약간 다르다. 『정요 4』를 따른다.

○○면 ○○에 소재한

○자(字) 제△ 전답(田畓) △부(卜) △속(束) 전재(全灾)[24]

○자(字) 제△ 전답(田畓) △부(卜) △속(束) 내(內) △부 △속 실(實)

　　　　　　　　　　　　　　　　　　△부 △속 구분재(九分灾)[25]

○자(字) 제△ 전답(田畓) △부 △속 내△부 △속 실(實)

　　　　　　　　　　　　　　　△부 △속 팔분재(八分灾)

○자(字) 제△ 전(田) △부 △속 목화재(木花灾)

　　　이상 전재(田灾) △부 △속

　　　답재(畓灾) △부 △속

　　실고(實庫)[26] 및 구탈(舊頉)[27]은 처음부터 부수(卜數)를 거론하지
　　말고 모두 쓴다.

○○면 ○○에 소재한

○자(字) 제△ 전답 △부 △속 ○○재(灾)

　　　합이상(合已上) 답재 △부 △속

　　　전재 △부 △속

　　다른 면, 다른 원(員)에 전답이 없는 자는 ‘합이상 무(合已上無)’라고
　　쓴다.[28]

사정소(査正所)[29] 성명(姓名)을 적는다.

---

24) 전재(全灾) : 천재지변 등으로 인해 전지(田地)가 전부 재상(災傷)을 입은 상태.

25) 구분재(九分灾) : 전지의 90%가 재상(災傷)을 입은 상태.

26) 실고(實庫) : 실결.

27) 구탈(舊頉) : 이전에 탈(頉)로 처리되었던 곳.

28) 원문과 법제처본 모두 “欲他面他員田畓者 合已上無”인데 『신편 목민고』에는 “無他
面他員田畓者 合已上無”로 되어 있어 이를 따른다.

29) 사정소(査正所) : 품계가 없는 양반으로서 면 단위에서 연분 단자 작성을 위해
선발된 사람.

전부(田夫)30)의 성명을 적는다.

본 이(里) 존위(尊位)31)의 성명을 적는다.

이와 같은 서식으로 장지(壯紙)32)에 정자(正字)로 정서(精書)하여 편람(便覽)하기 좋게 한다[井井].33) 또한 이것을 언문(諺文)으로도 정서하여 끝 부분에 붙여서 관계되는 어리석은 민[愚民]34)이 모두 알게 한다.

모든 양전사목(量田事目)에 들어있는 재해 이름을 이상과 같은 서식으로 작성하여 사정소에 지급하여 보낸다.35)

절목(節目) 초안

1. 사정소(査正所)가 담당 면에 나아가서 이와 같은 서식으로 재해단자[災單字]를 작성하되, 전답(田畓)의 실결[實庫] 및 구진(舊陳)36)과 이전 성천(成川)37)·포락(浦落)38) 등의 모든 옛날의 잡탈(雜頉)39)은 애초에 거론하지

---

30) 전부(田夫) : 양안에 기록된 토지 소유자.

31) 존위(尊位) : 향약의 간부. 이리동약(二里洞約) 같은 데에서는 "집강 1인이 동내의 풍속과 기강 및 상부상조 등 일체의 일을 맡는데, 속칭 존위(尊位)라고도 한다"라고 되어 있다. 존위는 이(里)에도 있으며, 면의 존위는 도존위(都尊位) 또는 상존위(上尊位)라고 불리는 지방자치의 일꾼들이었다. 주로 환정(還政)·산림보호 등 수령이 향약을 실시할 때 보조적인 역할을 하였는데 향약 실시의 실무적인 면에서는 중추적인 위치에 선다.

32) 장지(壯紙) : 우리나라에서 만든 조선 종이의 한 가지. 두껍고 질기며 품질이 썩 좋은 종이.

33) 정정(井井) : 일이나 행동에 절도가 있는 모양.

34) 『신편 목민고』에는 '현민(懸民)'으로 되어 있는데 본문['愚民']을 따른다.

35) 본문은 '給送査正所者'가 누락되었고, 『정요 4』에는 아래 항목인 「節目草」의 밑에 있으나, 법제처본에 의해 바로 잡는다.

36) 구진(舊陳) : 오래 묵은 논밭.

말고 단지 금년의 재해 등급[災分]40)만을 이와 같은 서식에 따라서 별도로
작성한다.

사정소가 일일이 몸소 적간(摘奸)41)하여 그 재해 입은 곳[災庫]을 분명하
게 확인한 이후 허용한다. 또한 반드시 전부(田夫) 스스로 단자를 고치게
하고 중간에 누군가가 억지로 고치지[勒改] 못하게 하며, 단자의 고친
곳[刀改處] 뒷면에 사정소와 전부(田夫)가 모두 서명하게 할 것.

1. 단자가 들어온 이후 수령이 몸소 적간하여 재해를 입은 곳이 아닌데
속여서 재해로 기록하거나 마땅히 분수재(分數災)42)로 판정해야 하는데
전재(全災)에 함부로 집어넣거나[濫入] 또는 사정소가 탈이 없어서 재해로
처리할 수 없는 자기 땅을 마땅히 재해로 처리해야[懸災] 하는 곳과 바꿔치
기 하려고 재해를 인정해 주지 않는 경우에는 사정소를 단단히 가두어
두고 감영에 보고하여 별도의 무거운 형벌을 받고 법률에 따라 정배(定配)하
게 한다. (이런 일들은) 결코 용서해 줄 이유가 없으니 절대로 후회하는
일이 없게 해야 한다.

1. 각 이(里)마다 단자 바치기를 마치면 장(丈)마다 '일천(一天)'ㆍ'이천(二

---

37) 성천(成川) : 홍수가 나서 논밭이 개천으로 변함.

38) 포락(浦落) : 강물이나 냇물에 논밭이 개먹어서 무너져 떨어짐.

39) 잡탈(雜頃) : 각묘(各廟), 능(陵), 원(園), 묘위전(墓位田), 궁방전(宮房田), 아문둔전
(衙門屯田), 영문둔전(營門屯田), 각양(各樣) 잡위전(雜位田), 구진전(舊陳田) 등 부
세가 면제되는 전지. 잡탈에 시기전(時起田)을 합한 것이 원장부(元帳付) 전답(田
畓)이다.

40) 재분(災分) : 재해를 입은 등급.

41) 적간(摘奸) : 난잡한 행동이나 부정한 사실의 유무를 조사ㆍ적발함.

42) 분수재(分數災) : 급재(給災)에서 분수(分數 : 재해 정도를 따질 때, 전체 재해를
입은 것을 10분으로 하여 1분까지 10단계로 나눔)에 따라 감세(減稅)하는 정도를
따지는 것.

天'이라고 쓰고 장마다 사정소의 도장을 받는다. 보장(報狀)[43])에는 단자의 장수(丈數)를 명백하게 갖추어 쓰고 별도로 단단히 봉한 뒤 (봉투의) 양쪽 머리와 끝 부분[네 귀퉁이]의 풀로 붙인 곳에 날인한다. 해당 이(里)의 이임에게 (이 봉투를) 주어 시각을 맞추어 들여보내게[入送] 하는데, 수령 앞에 직접 바치게 한다. 혹 중간에서 뜯어보거나 혹은 시각을 지체하거나 혹은 직접 수령 앞에 바로 들여보내지 않고[44]) 먼저 이서배들에게 보이면, 갖고 온 자를 우선 중형에 처하여 모두 알게 한다.

1. 단자 작성을 마치고 들여보낸 뒤[45]) '○○리(里)의 단자 각 △장' 하는 식으로 별도로 발기[件記][46])를 작성하여 사정소가 몸소 와서 제출하게 한다.

이외에 신칙(申飭)해야 할 일은 조목을 덧붙여 작성하여 별도로 써서 지급하되, 반드시 간단명료해야 하고 번잡하게 해서는 안 된다. 또한 이 절목은 한 부를 베껴서 면마다 전령하여 면임에게 반포하게 한다. 사정소와 반포자에게 지급하는 것은 한글로 기록한 것 한 부를 뒤에 붙인다.

먼저 각 면에서 면마다 한 사람을 엄밀하게 뽑아서[極擇] 사정관(査正官)으로 정하고 불러 오게 하여 이 절목을 준 뒤 위엄 있는 얼굴로 간절하게 신칙한 뒤 내보낸다. 그 중에 선비[士夫]가 있으면 마찬가지로 사정소라고

---

43) 보장(報狀) : 어떤 사실을 알리기 위하여 보고하는 공문.
44) 본문에는 "面納爲乎矣 或中間開坼見是去乃 或時刻遲滯是去乃 或不直入官前"이 누락되어, 『정요 4』와 『신편 목민고』에 의거 삽입하였다.
45) 본문은 '單子入來後'이나 『정요 4』와 『신편 목민고』의 '單子畢入送後'를 따른다.
46) 발기[件記] : 사람이나 물품의 이름 혹은 금액을 열기(列記)해 놓은 문서.

칭하고, 모두 향품(鄕品)⁴⁷⁾이면 사정관이라고 칭한다.

단자가 들어오기를 기다려서 즉시 각 면마다 한 이서를 정하여 눈앞에서 대투서(大套署)에 인주를 묻혀서 부수(卜數), '이상(已上)' 및 '일천(一天)'·'이천(二天)'·'삼천(三天)'⁴⁸⁾에 꼼꼼하게 찍게 한다. 혹 잘못된[差錯]⁴⁹⁾ 곳이 있으면 그 이유를 조사하여⁵⁰⁾ 바로잡는다[釐正].⁵¹⁾ 그 해당 이서에게 계산하게 하여 합계[已上]에 늘거나 준 것이 있으면 빨간 붓으로 고치게 하여 한 이의 총계[都已上]를 낸다. 이것이 도착하는 대로 즉시 한 면의 (총계를) 계산하고 (이것을) 마치면 바로 한 면의 재결 합계[灾已上]를 알 수 있고, 각 면을 마치면 도착한 날 즉시 한 읍의 재결 합계[灾已上]를 알 수 있다. 보관하고 있는 양안(量案)의 시·기결수에서 이 재해 입은 결수를 빼면 그 나머지가 바로 그해 실제 수세 총 결수[實摠]이다.

그러나 고의든 아니든[省怵間]⁵²⁾ 이서들은 잘못 계산하기 쉽다. 먼저 한 이(里)를 계산하고 아객(衙客)으로 하여금 정밀하게 다시 계산하게 하여, 비록 1파, 1속이라도 잘못이 있으면 엄하게 매로 다스리면 그 후에는 그들도 마음을 다하여 계산하게 될 것이다.

재결 합계[灾已上]가 올라오면 계산을 마치고 난 후 건기는 신경 써서

---

47) 향품(鄕品) : 유향품관의 준말.

48) 본문은 '一天二天'이 반복되어 있으나 『정요 4』와 『신편 목민고』에 의해 '三天'으로 바로 잡는다.

49) 차착(差錯) : 순서가 틀리고 앞뒤가 서로 뒤섞이거나 잘못됨.

50) 사문(査問) : 어떤 일의 진실과 거짓을 밝히기 위해 조사하고 물어보는 것.

51) 이정(釐正) : 정리하여 바로잡아 고침.

52) 본문에는 '間'자가 없으나 『정요 4』와 『신편 목민고』에 따라 넣었다.

보관한다. 두 개를 만들어 유실을 방지한다. 행심책(行審冊)[53]에는 정밀하게 띠지를 붙이고, 한 면에 이서를 한 명 배정하여 이서가 부족하면 혹 이전 이서로 면을 바꾸어 정한다. 단자에 그 재해(災害)로 기록된 곳을 찾아서 그곳마다[逐庫] (띠지에) 재해 이름을 기록한다. 분수재는 단자에 의거하여 분수(分數)와 부수(卜數)를 기록하고 정밀하게 대조하여[精准] 아객(商客)이 뽑아서[抽栍][54] 비교하여 살피기를 앞에서와 같이 한다. 붉은 색 도장을 찍거나 혹은 그곳마다 먹[墨] 도장을 찍는다. 그 뒤에 또 재해로 기록되지 않은 곳에는 큰 글씨로 '실(實)'이라고 쓰고 또한 대조하여 확인한다[撿攝]. 8, 9분재 중에서 '재(災)'를 '실(實)'로 바꿀 때 역시 좀 큰 글씨로 쓸 것.

그렇게 하고 난 이후 면마다 한 이서를 정하여 혹은 별도로 정하거나 혹은 면을 바꾸어 정한다. 그 행심책을 들고 (띠지에 있는) 촌간(村間)의 '실(實)'자 아래 작성자 이름을 쓰게 한다. 앞에 고친 8, 9분재의 '실'자 아래에도 역시 하나같이 (작성자의 이름을) 기록하여 올리게 한다. 이래책(移來冊)과 이거책(移去冊)이 모두 완성되어 들어오면 기일을 한정하여 그 기한 안에 관아에 나오게 한다. 옮겨 온 토지에 관한 장부[移來成冊]에는 "○○리[某里] ○○○ [某員]의 ○자(字) 제 △전답 △부 △속이 ○○○쪽으로부터 본 면(面) ○○리 ○○○ 쪽으로 옮겨 왔다"고 적는다. 옮겨 간 토지에 관한 장부[移去成冊]에는 "본 면 ○○리 ○○○의 ○자 제 △전답 △부 △속이 본 면 ○○리 ○○○쪽으로부터 ○○면 ○○리 ○○○쪽으로 옮겨 갔다"라고 적고 그 서식대로 문서를 작성해 준다. 그것이 들어오기를 기다려서 저 이거책을 이 이래책과 비교하여 차이가 있으면 조사하여 문책한다.

그런 후에 면마다 이서를 서로 바꾸어서 한 사람의 실재 전답을 그의 이름 아래 모두 모아서 합계[出已上]를 계산해 낸다. 이것이 이른바 '출전(出

---

53) 행심책(行審冊) : 각 고을의 농사 작황과 재해 정도를 매년 기록한 책.
54) 추생(抽栍) : 제비 뽑기. 추첨(抽籤).

前)'이다. 역시 아객으로 하여금 첫 머리에 있는 3, 4인의 전답을 정밀하게 조사하여
빠뜨린 것이 있으면 엄하게 다스린다. 이것은 가장 간사한 짓을 하기가 쉬운
부분이므로 부민(富民)의 합계[已上]는 (이것을) 줄여서 1부 1부마다 타인에게 덮어씌
우기 때문이다. 정밀하게 살필 것.

그런 후에 또 이서를 바꾸어 계산하여 8결[55] 작부하면 확실히 여유가
있을 것이다. 실총(實摠)을 파악한 날 감영에서 내려준 비교 연도의 총수와
비교하여 만약 여유가 있으면 그 남는 숫자를 가지고 짐작(斟酌)하여 마련
(磨鍊)한다. 많으면 1결에서 20부(卜)를 제하고, 다음으로 적으면 15부,
혹 10부를 제하고 마련하여 유치(留置)한 후 그 실수(實數)를 감영에 보고하
여 마감한다.

단, 1결에 20부를 제한다는 것은 1결 내에서 20부를 제한 후 채워서
만든 1결을 말하는 듯하다. 그러나 세밀하게 추구해보면 그렇지 않은
것은 왜인가? 20부를 만들 때 또 10부마다 2부를 제하여야 하므로 20부에서
4부가 줄어든다. 따라서 추가로 얻을 수 있는 4부를 얻어서 채운 연후에야
가능하다. 그 4부는 또 1부마다 2속을 제한 연후에야 그것을 채울 수
있으므로 다음으로 다시 8속을 얻어야만 채울 수 있다. 차례로 이와 같이
하면 1결 내에서 20부를 제하려면 1결 24부 9속 6파를 마련해 둔 연후에야
부족해질 근심이 없을 것이다.

제감(除減)하는 방법은 또 면마다 이서 한 명을 바꾸어 전부(田夫)의
이름과 합계를 쓴 곳 아래에 제감할 부분을 정밀하게 계산하여 '내(內)
△부 △속은 재해로 제외하고 △부 △속은 실총이다'고 쓴다. 그리고 '실(實)'
로 기록한 것만을 등사해 내서 8결 작부한다. 오늘날 이와 같이 줄여주는[折

---

55) 본문은 '入結'이나 『정요 4』의 '八結'을 따른다.

減] 작업은 가장 착오를 일으키기 쉬우니 엄하게 신칙해서 시행해야 한다. 먼저 한 곳은 한 이(里), 한 면(面)에서 아객으로 하여금 정밀하게 조사하여 탈난 부분을 찾아내서 징치(懲治)한 연후에야 비로소 마음을 다하여 시행할 것이다.

재해를 당한 해에는 반드시 이와 같이 한 연후에야 혜택이 민에게까지 미칠 수 있다. 단 서원(書員)56)이 없으면 경차관(敬差官)57)이 거느릴 아랫사람이 없어서 접대하는 것이 어렵다. 이런 경우 그때 당해서 수령이 약간의 돼지머리와 청주 몇 동이를 관청에서 주고 이러한 의사를 미리 경차관 하인에게 말해서 민가에 탈을 부리지 못하게 해야 한다. 단 음직(蔭職) 수령이 있는 곳58)은 명관(名官)59) 수령이 있는 곳과 달라서 하인배들의 작폐가 염려되기도 한다.

화전을 추가로 경작하여 새로 양안에 들어간 곳은 분명하게 알아서 뽑아내기가 어렵다. 금년 양안에서 새로 경작한 것이 드러난 곳[新現起庫]에 대해서 그 많고 적음을 알면 이른바 '화전을 추가로 경작하여 들어온 곳'이 바로 이것이다. 평상시에 화전에서 조[粟]를 경작하는 곳을 (양안에) 추가하는 규정에 의하면 5부로 파악할 수 있는 면적도 헐하게 2, 3부로 파악한다. 그 중 서원(書員)이 1, 2부를 훔치고, 관에 들어오는 것은 겨우

56) 서원(書員) : 각 관청에서 사환잡역(使喚雜役) 및 문서·회계·공사전달(公事傳達) 등을 맡았던 향리를 가리킴.
57) 경차관(敬差官) : 중앙에서 지방에 파견하던 임시 벼슬. 주로 전곡(田穀)의 손실을 조사하고 민정(民政)을 살피는 일을 맡았음.
58) 음읍(蔭邑) : 문음 출신 수령이 다스리는 읍.
59) 명관(名官) : 명성이 높은 벼슬아치. 조선후기에는 사헌부·사간원·홍문관 등 삼사(三司)를 중요하게 여겨, 이 기관 출신 관리를 특히 명관이라고 하였다.

1부에 불과하다. 양전하여 새로 경작하는 것이 드러난 5부는 가경시(加耕時) 관문서(官文書)에는 1, 2부로 올라간다는 것을 알 수 있다. 가경(加耕)하는 곳이 이와 같다면, 실제 화전은 산 위에 있는데 어찌 새로운 양안에 넣겠는 가?

양안에 중첩하여 기록되었다고 해서 발생한 소송을 어찌 받아들이지 않아서 백년의 고질적인 폐단이 되게 하겠는가? 소송이 발생하는 대로 면의 양전 감색을 잡아다가 소송자와 더불어 송변(訟卞)하면 허실을 밝혀낼 수 있다. 진실로 중첩되어 기록된 것은 조사를 마친 후 나열하여 기록하여 책자를 만들어서 순영(巡營)에 보고하지 않을 수 없고, (순영이) 조정에 계문(啓聞)하여 변통하여 전안(田案)을 고치는 것을 그만둘 수 없다.

(전안을 고치지 않고) 서원(書員)의 이름으로 기록해 두자고 말하는 것은 현실적이지 못하다[迂闊]. 양전 감색이 어찌 반드시 서원뿐이겠는가? 서원 으로서 양전 감색이 되지 못하는 자도 많다. 법조문대로 죄를 주면[正罪][60] 그만이지 그 이름으로 허복에서 징렴하는 것이 5년, 10년, 100년 동안 계속된다면 어찌 이러한 정치와 법제가 있겠는가?[61]

군정(軍政)

재결(災結) 단자를 다 바치고 민들이 조금 한가해질 때를 기다려 전령(傳 令)을 내려 보내서 죽은 자의 사망증명서와 도망간 자에 대한 10년 동안의 입지(立旨)[62]를 남김없이 거두어서 지금 곡성(谷城)에서 처음 시도한 것처

---

60) 정죄(正罪) : 법 조문에서 논한 죄와 같은 죄.
61) 이 문단은 『신편 목민고』, 「허복(虛卜)」, 514쪽과 거의 일치한다.
62) 입지(立旨) : 신청서 끝에 신청한 사실을 입증하는 뜻을 부기(附記)하는 관부의

럼[63] 발기[件記][64]를 작성하게 한다. 양반과 상민[常漢]을 막론하고 바깥 촌에서 온 자는 가까운 곳에서부터 어떤 사람이 어느 곳에 살고 있었는지를 널리 물어본다. 이와 같이 하기를 오래하면 (도망·사망자 이외의) 다른 경우에도 진짜인지 가짜인지를 판별할 수 있을 것이다. 한정(閑丁)에게 초사를 받을 때, 부근에 있는 도망자나 사망자를 찾아내려면 장차 '○○○ 대신으로 너를 채워넣겠다'[65]고 하면 반드시 고발할 것이다.[66]

마을의 도망·사망 공문을 모두 가져오게 한 후 하루 날을 잡아 각종 군색(軍色)을 모두 불러 뜰아래 엎드리게 한 다음, 사령을 시켜서 속히[67] 문서 궤짝을 가져오도록 한다. 그리고 눈앞에서 문서궤에 담긴 사망증명서 [物故立案]와 도망·사망[逃故] 공문을 찾아내어 즉시 대정을 받는데, 각 담당 군색으로 하여금 충정(充定)하게 하는 것이 좋다. 이런 부류는 군색배 가 대정하기로 약정하고 미리 값을 받고서 미루어 내버려둔 것들이다.

증명.

63) 본문의 '今穀城始爲'는 『정요 4』에는 '今谷城始爲'로 되어 있는데, 『신편 목민고』에 서는 삭제되었다. 본문의 '穀城'은 '谷城'의 오기(誤記)로 보이는데, 이 기록이 맞다면 이광좌(李光佐)가 전라도 감사(監司)로 있던 시절(1707~1708)의 일로 볼 수 있다.

64) 발기[件記] : 사람이나 물품의 이름 혹은 금액을 열기(列記)해 놓은 문서.

65) 본문은 '某某人代中充汝'인데 『신편 목민고』의 '某人之代充定汝'를 따른다.

66) 여기까지는 『신편 목민고』, 「이정보초(里定報草)」, 467쪽에 보인다. 그런데 이 항목의 맨 앞에 있는 '姑勿開路'와 맨 끝의 '此等小數 使穀獻策 則自當不乏 而其中瑣 且曲者 勿用'은 본문의 내용과 전혀 뜻이 통하지 않고, 『신편 목민고』에서도 삭제된 것으로 보아 연문으로 보인다.

67) 『정요 4』에는 "(盡取村逃故公文後 一日盡招各軍色 伏庭下後 令使令速持) 各其文書 櫃來"인데 본문에는 괄호 안의 문장이 누락되었다. 이 문단을 포함한 아래 3문단은 모두 숙종 37년(1711)에 공포된 「양역변통절목(良役變通節目)」의 끝 부분이며, 『신편 목민고』, 「양역변통절목(良役變通節目)」, 474~475쪽에 보인다.

한정(閑丁)을 얻는 방법은 이전 7년간[68] 세초를 담당했던 이서[歲抄色]에게서 각기 7인 혹은 열 사람 가까운 3년간은 10인 혹은 11인을 받아 내고, 그이전 3년간은 5인을 받아 내는 것이 좋다.[69] 면주인에게서는 각기 5인, 관리(官吏)에게서는 각기 1인 또는 2인을 받아 낸다. 그러고도 부족하면 사령에게서까지 받아 낸다. 받아 낼 때에는 세초색에게는 일시에 엄칙하여 받아들이기를 앞에서 말한 것처럼 한다. 이졸(吏卒)을 관아 앞에[官前] 불러 모아놓고, 사람들이 앉아있는 곳으로부터 먼 곳으로 한 사람만을 불러서 (한정의 이름을) 받아낸 다음 내보내고, 또 한 사람을 불러서 받아내어 서로 알지 못하게 한다. 이렇게 일시에 모두 받아 내어[70] 충당을 마쳐야 그들이 바깥으로 나가 폐단을 낳는 것을 막을 수 있다. 또 받아 낼 때 별도로 엄칙하여 거짓 이름으로 첩역(疊役)[71]하지 못하게 하며, 혹 걸인이나 혹 문재(文才)가 있는 사람이나 혹 조상에 군역이 없던 사람이 섞여 들어가는 일이 없게 해야 한다.

초사를 받을 때[捧招]는, 성읍에서 5리(五里) 안의 사람이면 사령에게 이름자를 써주어 당장 급히 부른다. 읍 밖의 마을[外村]은 면임을 불러 이름자[名字]를 써주고 기한 내에 데려오게 한다. 이때 한정이라고 말할 필요는 없고 단지 그 아비의 이름[父名]을 써서 내주면 좋을 것이다.

---

68) 본문은 '七十'이나 『정요 4』와 「목민고 2」의 '七年'을 따른다.

69) 본문은 '近三年 捧十人五人 或十一人 前三年 好'이나 『정요 4』의 '近三年 捧十人 或十一人 前三年 捧五人 似好'를 따른다.

70) 본문은 '盡出'이나 『정요 4』의 '盡捧'을 따른다.

71) 첩역(疊役) : 신역(身役) 부담자 한 사람이 동시에 두 가지 이상의 신역을 수행하는 것.

환곡을 다스림[糶政]

여러 창고의 곡식은 으레 모두 합하여 전체 합계[合己上]와 비교해서 줄어든 것이 없으면 창고를 나누어[72] 저장해도 무방하다. 줄어든 것이 있으면 감영 곡물[營穀]과 같이 중요도가 조금 덜한 곡물[事理稍歇之穀]로[73] 돌리는 것도 나쁘지 않다.[74]

관청을 비우고[空官] 함부로 거두어들이는 것[濫捧]에 대해서는 소소한 물건이면 그대로 두지만 큰 횡렴(橫斂)이면 조사해서 처벌하지 않을 수 없다. 즉시 명백하게 처리하여 민(民)의 역(役)을 (덜어주는 것에) 보탬이 된 뒤라야 큰 원망을 면할 수 있다.

관청을 비웠을 때, 읍에 들어가 있는 자는 반드시 처벌해야 한다.

이서(吏胥)의 무리에게 미리 명백하게 분부하기를, "너희들 안에 만약 역을 은폐하기를 바라는 자가 있다면 마땅히 법에 따라 다스릴 것이다. 그러나 부임하기 이전의 일은 비록 적발되더라도 마땅히 참작해서 처리하는 방도가 있을 것이다"라고 하여 너무 크게 겁먹지 않도록 한다.

---

72) 본문은 '今倉'이나 『정요 4』와 『신편 목민고』의 '分倉'을 따른다.

73) 본문은 '事理稍歇之穀', 『정요 4』는 '事體稍歇之穀', 『신편 목민고』는 '事體稍歇之科'로 서로 다르다.

74) 이 부분은 『신편 목민고』, 「조적법(糶糴法)」, 388~389쪽에 보이는데, 문장의 앞뒤 배열이 거꾸로 되어 있다.

이천부사(利川府使) 한함지(韓咸之)의 편지[1]

별지(別紙)의 가르침은 잘 받아보았습니다. 군정(軍政)[2]·전정(田政)·

---

1) 한함지(韓咸之)는 한지(韓祉, 1675~?)의 아들 한덕일(韓德一, 1708~?)이다. 한덕일
은 영조 11년(1735) 증광(增廣)시에 합격하여 생원(生員)이 되었다. 그는 영조
8년(1732) 영릉(英陵) 참봉을 시작으로 제용봉사, 광흥주부 등을 역임하였으며,
영조 19년(1743) 이산(尼山) 현감, 영조 24년(1748) 연천(漣川) 현감, 영조 25년
(1749) 삭녕(朔寧) 군수, 영조 31년(1755) 안성(安城) 군수, 영조 35년(1759) 이천(利
川) 부사, 영조 39년(1763) 성주(星州) 목사, 영조 45년(1769) 선산(善山) 부사,
나주(羅州) 목사 등의 지방관을 역임하였다. 그는 지방관으로서 정치를 잘 하고
있다는 기록이 있는가 하면 자주 처벌을 받기도 하였다. 이천 부사로 있을 때에는
곡(斛)을 고쳤다가 감영에 정소(呈訴)당하여 의금부에 잡혀오기도 하였으며, 성주
목사로 있을 때에는 관속을 네 명이나 곤장을 쳐서 죽였다고 처벌받았다. 이것은
그의 정치가 기존의 기득권 세력과의 마찰도 마다하지 않았다는 것을 말 해
준다. 그 후 영조(英祖)는 물론 당색이 다른 노론의 홍봉한(洪鳳漢)에게도 그
'치적(治蹟)이 유명(有名)하다'는 우호적인 평가를 받기도 하였다. 여기의 편지는
누구에게 보낸 것인지 확인할 수 없다. 한덕일은 안정복(安鼎福, 1712~1791)과
편지를 교환한 것은 분명하다. 한덕일은 소론(少論)이고 안정복은 남인(南人)인데
두 사람이 어떻게 만나게 되었는지는 모르나, 안정복은 한덕일이 이천 부사로
있다가 처벌받고 그만 둔 처신을 옹호하고[『순암집(順菴集)』 권18, 「증한함지덕
일서(贈韓咸之德一序)」, 경진(庚辰)] 그의 지방관으로서의 치적을 높이 평가하고
있다. 이것은 그가 「이리동약(二里洞約)」과 『임관정요(臨官政要)』를 지은(1756년)
직후의 일이다. 그러나 이 편지의 상대는 안정복은 아닌 것 같다.
2) 본문에는 '軍'이 누락되었는데, 『민정자료』에 따랐다.

조정(糶政)의 삼정(三政)은 고을에서의 중요한 책무인데 폐단이 이와 같으니 진실로 걱정이 됩니다. 정전제(井田制)가 폐지된 후 민산(民産)이 공허해져서, 단지 '어쩔 수 없다[無奈何]' 세 글자만 허비하고 있습니다. 그러나 이러한 폐단은 고을마다 모두 그러하니 어찌 귀하의 고을만 그러하겠습니까? 형이 처음 수령이 되었을 때 새로운 견해로 세상을 크게 놀라게 하였지만 그것을 조금 괴이하게 생각하는 사람에 대해서는 한번 웃고 넘어가면 될 일이었습니다.

이 고을로 말하자면 양인(良人) 호(戶)가 군정(軍丁)의 총수보다 적어서 백징(白徵)[3]하는 세금이 10의 2~3에 이릅니다. 민호(民戶)는 3,000여 호를 헤아리지만 환곡(還穀)은 2만여 석에 달해서 그 폐단이[4] 귀 고을에 비해 매우 심한 점이 있습니다. 오랫동안 다스리면서 한번 가을 업무를 처리해보면 추이(推移)에 따라 선처(善處)하는 방도가 자연스럽게 생겨날 것입니다. 너무 겁내지 말고 두루 생각하고 널리 방문하여 미봉(彌縫)하는 계책으로 삼는 것이 어떻습니까?

저번에 안씨 친구를 만났더니 "관속(官屬)에 대하여 말하지 않는 것이 제일의 우선하는 업무이다"라는 형의 말을 전해주었는데, 이런 형의 말은 잘못입니다. 새로 부임하여 물정(物情)을 자세히 파악하지 못한 상태에서 물어보지 않고 어떻게 알겠습니까? 비록 물어보더라도 상황에 맞추어 조절하는 것은 나에게 있는 것입니다. 엄숙하고 간명한 것 일변도의 태도만으로는 또한 일을 이룰 수 없습니다. 스스로를 다스리고 법을 지켜서, 일에 따라서 기쁨과 노여움을 보이는 것은 마땅히 꺼리고 억제해야 할

---

3) 백징(白徵) : 조세를 면제한 땅이나 납세 의무가 없는 사람에게 세금을 물리거나, 아무 관계없는 사람에게 빚을 물리는 일.
4) 『민정자료』는 '其爲弊端'인데 본문에서는 '弊' 자가 누락되었다.

일이지 말을 하고 안 하고에 달린 일이 아닙니다.

특히 공물로 삼(蔘)을 바치는 한 조항은 실로 지탱하기 어려운 폐단입니다.5) 1냥의 가격이 2전(錢)인데,6) 어떻게 3~4백 냥에 이르는 많은 돈을 거두어 들입니까? 관속은 부유해지지만 민호는 알지 못하니 또한 괴이한 일입니다. 이 폐단은 귀 고을뿐만 아니라 영저(嶺底)의 고을이 모두 그런 것 같은데, 어떻게 할 도리가 없습니다. 이른바 '추이(推移)에 따라 선처(善處)한다'고 하는 것이 제가 일찍이 경험한 일이므로 이로써 받들어 고합니다.

군정(軍政)의 궐액(闕額)7)은 가을 추수하기 전에 농사일이 조금 한가한 틈을 타서 각 면에 체문[帖文]8)을 내려 ○○면은 면 내에 △리(里)에서 궐액이 △인(人)이라고 모두 베껴서 한 책으로 만들어 먼저 총수를 파악합니다. 그 후 전령(傳令)하여 탈난 곳을 대정(代定)하게 하되, 절대로 면 단위를 넘지 못하게 합니다. 해당 이(里)에서 궐액을 대신할 후보자를 뽑아서 들이게 하고, 해당 이에 없으면 옆의 이(里)에서, 옆의 이에 없으면 다음 이(里)에서 뽑아 들입니다. 물고(物故)9)를 먼저 탈급(頉給)10)해 주고, 도망은 간사한 속임수가 매우 많으니 가볍게 믿어서는 안 됩니다. 법전에 의거하여

---

5) 『민정자료』는 '實爲難支之弊'인데 본문에서는 '難'자가 누락되었다.

6) 본문은 '戔'이나 『민정자료』의 '錢'을 따른다.

7) 궐액(闕額): 군사 등 국역(國役)의 정해진 액수에 도망이나 사망·사고 등으로 인하여 차지 않은 인원수.

8) 체문[帖文]: 수령이 관하(管下)의 면임(面任)·훈장(訓長)·향교 유생 등에게 유시(諭示)하는 글.

9) 물고(物故): 죄를 짓거나 사고 등으로 인하여 사람이 죽임을 당하는 일.

10) 탈급(頉給): 수령이 군역의 면제를 허락하는 것을 제사(題辭)에 쓰기를 탈급이라 하였다.

10년을 기한으로 삼고, 기한에 맞는 공문을 가져 온 연후에야 비로소 탈급해 줍니다. 그러나 비록 10년이 지나지 않았더라도 진실로 도망인 것이 확실하면 탈급해 줍니다. 노제(老除)[11]는 직접 얼굴과 모습을 살피고 그 실역(實役) 여부를 따져서 탈급해줍니다. 도망과 노제는 물고보다는 조금 가벼운 것입니다.

한정(閑丁)을 얻는 방법으로서, 장교(將校)나 혹은 양반의 이름은 있지만 실직이 없는 자가 관청의 뜰 안에 들어와서 무례하게 발악하는 자, 혹은 향교의 학생으로서 번 차례를 빠트리는 사람을 적간하거나 혹은 소송할 때 소장(訴狀)을 올린 민에게 그 역명(役名)을 물어서 모두 모아놓은 뒤 비밀리에 참고하여 빠진 장정을 채우면 좋습니다. 단 봄에 보리를 갈기 전에 하는 것이 매우 좋습니다. 가을에는 민(民)의 일이 매우 바빠서 일이 없을 때 하는 것이 좋기 때문입니다. 지금 시행하면 소요가 있을 것 같습니다. 단지 체문을 내려서 먼저 이(里)와 면(面)의 궐액을 파악한 뒤 초가을이 되기를 기다려서 시행하면 마땅할 듯합니다.

백징의 폐단은 구분하여 처리하기가 매우 어렵습니다. 새로 경작하는 땅은 많은 것 같은데, 근래의 탐욕스런 이서들이 모두 자기에게 이롭게 처리하므로, 이것을 찾아내서[12] (백징을) 보충하는 것이 좋습니다. 마감(磨勘)할 때 이러한 백징의 상황을 영문(營門)에 품의(稟議)하고 재결(災結)을 넉넉하게 얻어서 보충하는 것도 좋습니다. 그러나 이런 일은 감영과 고을이 서로 믿은 후에야 의논할 수 있을 것입니다. 비록 (요청한) 전체를 재결로 절급(折給)받을 수 없더라도 해당 연도의 재결과는 달리 분수재를 지급받는

---

11) 노제(老除) : 국역을 진 정남의 나이가 60이 되면 '老'라 하여 군역 등의 신역을 면제시키는 것.

12) 본문은 '推'이고 『민정문서』는 '移'인데 본문을 따른다.

것도13) 혜택이 될 수 있을 것입니다.

　환곡(還穀)이 많은 것도 또한 민을 격려하는 것과 관계가 있습니다. 근년에 환자가 많고 적은 고을을 이전하라는 명령이 있었는데, 귀하의 고을은 그 안에 들어 있지 않습니까? 평상시에는 비록 폐단이 있더라도 재난(災難)을 당한 해에는 크게 힘이 되므로14) 크게 근심할 필요는 없습니다. 단15) 세속적인 이서가 환자를 내어주고 받아들이는 일을 충분히 살피지 않아서, 풍년에는 실호(實戶)가 누락되어 받지 못하고 모두 빈궁한 호구에 돌아가 부담이 커져서 가을이 되어 거두어들이기 어렵고, 흉년이면 감관과 색리들이 교묘하게 허호(虛戶)를 만들어서 한 호에서 받은 것이 매우 많아도 허명(虛名)으로 기록하므로 관원(官員)이 그 지나치게 받은 상황을 파악하지 못합니다.

　이러한 폐단을 없애는 방법은 향소(鄕所)나 장교(將校) 중에서 믿을 만한 사람을 골라서 각각 각 면의 몇 사람의 집에 나아가서 가좌성책(家座成冊)을 받아오게 한 후 이 책자에 따라서 한 호도 누락시키지 말고 두루 나누어주면 균등하지 못하거나 거두어들이기 어려운 폐단을 면할 수 있습니다. 분급(分給)할 때 감관과 색리를 신칙(申飭)하여 만약 한 호라도 누락하면 엄중하게 처분하겠다고 말하고, 한가한 날에 분급을 관장한 기록을 거두어서 가좌성책과 비교하여 보면 간사함과 거짓을 잡아낼 수 있습니다. 환곡을 받아먹지 못한 민이 혹 (다른) 일로 드러나면 그때마다 감관과 색리에게 특별히 맹장(猛杖)을 치면 (별다른) 우려할 만한 일은 없을 것입니다.16)

---

13) 본문의 '異於當年災結分數災'에서 '結'은 『민정문서』의 '給'을 따른다.

14) 본문의 '大力'은 『민정문서』의 '大有力'을 따른다.

15) 본문은 '且'이나 『민정문서』의 '但'을 따른다.

16) 이 문장의 본문에는 착간이 있어서, 『민정문서』의 "不食之民 或因事現發 監色時加

삼(蔘)을 공물로 바치는 폐단은 그 폐단의 원천을 세밀하게 살피지 못하면 그 폐단을 구제할 방책을 마련하여 올리지 못할 것입니다.

민(民)의 소장(訴狀)에 대해서는 형방(刑房) 담당 이서에게 맡기지 말고 직접 제사(題辭)를 써서 내리는 것이 진실로 좋습니다. 제가 후미진 고을을 담당했을 때 이와 같이 했는데, 장수[鈐下][17)]는 뛰어난 재주가 없어서는 안 되지만 관원(官員) 모양을 완전히 없앨 수는 없습니다. 귀 고을의 민속은 좋으니 염려할 필요는 없지만 관(官)이 사가(私家)와 다른 곳에 거처하는 것은 경계하여 위엄을 갖추지 않을 수 없기 때문입니다.

사찰의 승려나 점민(店民)의 역을 없애거나 줄여주는 것도 진실로 좋은 일입니다. 그러나 모든 일은 사용처를 세밀하게 헤아린 연후에 정봉(停捧)할 수 있습니다. 새로 부임한 즉시 영원히 감해 주고 나서 뒤에 만약 재정이 부족해져서 다시 거두게 된다면 실제가 명분에 못 미친다는 후회가 어찌 없겠습니까? 일에 따라서 잘 헤아리실 것으로 생각되지만 염려를 이기지 못하여 이와 같이 소견(所見)을 제시하게 되었습니다.

관속(官屬)의 궐역(闕役)을 면제해 주는 것도 진실로 좋습니다. 그러나 사령(使令)과 아전(衙前)은 가능하지만 노비는 안 됩니다. 궐역을 채우려는 의지가 강해서 납지(納紙)에 어려움이 있다고 하더라도 반드시 추심(推尋)하려고 합니다. 고을 민의 눈물은 거의 말라버렸다고 할 만합니다.

형이 도임한 지 한 달도 지나지 않았는데 이미 혁혁한 명성이 있으니 아마도 좋은 소식은 아닌 것 같습니다. 인정(人情)이 은혜가 다하면 원한이 생기는 법이니, 앞으로 어떻게 그들의 원망(願望)을 채우려 하십니까? 수령의 도리로는 일을 도모하는 것이 점진적이어야 하고 처음에는 원망(怨望)하

猛杖 則可無慮矣"를 따른다.

17) 영하(鈐下) : 장수(將帥)에 대한 경칭(敬稱).

다가 마지막에 감동하게 하는 것이 좋습니다. 처음을 삼가라는 경계가 없지 않았을 것인데, 왜 체념(體念)하지 않습니까? 저의 말이 미치광이처럼 망녕된 것이 많으니 용서하고 헤아려서 더욱 살펴 주시면 다행이겠습니다.

(보내 준) 공문서의 초본을 보고 돌립니다. 저는 세속적인 관리가 되어서 이런 일을 잘 알지 못합니다. 다시 의논해서 처리하는 것이 어떻습니까? 영남(嶺南) 지방의 선비는 옛날 풍속과의 거리가 멀지 않아서 교화를 일으켜서 새롭게 만드는 방도가 많은 것 같은데, 기호(畿湖) 지방에서는 이 일을 시행할 수 없습니다. 조정의 명령으로 『소학(小學)』을 권장하였는데도 좌절하기에 이르렀습니다. 저는 진실로 인도하는 실상이 없고, 선비의 습속과 민속이 수령의 얼굴을 대하지 않는 것을 높게 여기니 교화시키라는 명령을 전혀 실천하지 못하고 있습니다. 어찌해야 합니까? 어찌해야 합니까?

3가지 폐단의 조항에 대해서는 그 구폐책을 단지 스스로 노력하는 것만을 들어서 올리다 보니 말이 매우 번거롭고 많습니다. 또 (편지를 가지고 온) 사람이 서서 답서를 재촉하기에, 서서 달리듯이 급히 썼기에 채용하기에 부족하고, 또 다른 사람에게 보여주기도 어려우니, 뒤에 다시 돌려보내 주시기 바랍니다.

전령(傳令) 중에 '스스로 권농관이 되라'는 말이 있는데, 이는 임금의 말씀이니 마땅히 받들어 시행해야 합니다만, 근래 관리들이 논밭을 분주하게 오가면서도 별로 실제 효과가 없는 것을 봅니다. 혹은 연초(煙草)나 감, 떡과 같은 물건을 나누어 주어서 명예를 낚으려는 일도 있는데, 이것은 매우 그럴듯하지 못한 일입니다. 파종할 식량이라면 힘을 다해서 나누어 주어야 합니다만 집 안에 누워서도 충분히 농사를 권장할 수 있습니다. 그래서 저는 한 번도 논밭에 나가 본 적이 없는데, 알 수 없습니다만 형의 생각은 어떠하신지요?

수령의 도리[居官之道]

귀록(歸鹿) 공(公)의 유집(遺集)에서 베껴 냄[1]

고을살이의 갖가지 일은 자기를 바르게 한다[正己]는 두 글자에서 벗어나지 않는다. 자신을 바르게 한 후에 다른 사람을 바르게 한다[正人]는 것은 고칠 수 없는 이치이다. 먼저 반드시 그 위의(威儀)를 엄중히 하여야 하며 말과 웃음과 행동거지에도 모두 일정한 법도가 있다.

자기를 바르게 하는 일은 탐욕하지 않는 것을 제일로 친다. 탐욕하지 않는 방법은 용도를 절약하는 데서 시작한다. 제사의 용도를 비롯하여 음식·의복 등 안으로 들이는 일용물품은 일정한 격식을 정하여 간단하고 소박하도록 힘쓰고, 이 격식 이외에는 털끝만큼도 남용해서는 안 된다.

읍의 비녀[邑婢]를 몰래 범하는 일을 요즘 사람은 예사로 본다. 그러나 체모를 우습게 만들고 이서와 민에게 업신여김을 당하게 만드는 일은 이보다 더한 것이 없고, 갖가지의 병폐가 이로부터 나온다. 더욱이 영문(營門)의 기생과 간통하면 영문에 가볍게 보이니 더욱 경계해야 마땅하다.

---

1) 이것은 귀록(歸鹿) 조현명(趙顯命)의 유집(遺集)인 『귀록집(歸鹿集)』 권13, 서(書), 「여재건서(與載健書)」에 들어있다. 『신편 목민고』에는 그 내용이 각 항목으로 나뉘어 실려 있다.

하물며 너는2) 깊은 병이 있으니 한번 지나치면 그 해가 장차 집안 제사[宗祀]
를 끊어지게 하는 지경에 이를 것이니, 잠시 고을 정사에 누를 끼치는데
그치지 않는다. 하지만 평소에 지키는 것이 견고하지 못한데다 이웃 고을
수령들과 쫓아다니며 즐기는 모임이 자연 많으니, 이러한 때 자기도 모르게
곧바로 그 속에 빠져든다. 관의 일로 부득이하게 상종하는 일 이외에는
한만하고 잡다한 모임에는 절대 참가하지 말라.3)

관고(官庫)의 갖가지 쓰임새는 많건 적건 열두 달로 배분한다. 정해놓은
쓰임에 따르는 외에는 아무리 작은 돈이나 포, 곡식이라도 그 달 몫 외에
함부로 사용해서는 안 된다. 기름·꿀[油淸], 어물(魚物) 등과 같은 제사에
긴요한 물품이 혹 부족할 때가 있더라도, 변통할 만한 다른 방법이 없으면
제사 찬수의 한두 가지는 빠져도 괜찮으니 달마다 정해놓은 숫자를 어겨서
는 안 된다.4)

안팎[內外]의 구분은 마땅히 엄하게 하여 안의 말이 밖으로 나가지
못하게 해야 하고, 밖의 말이 안으로 들어오지 못하게 해야 한다. 혹시라도
관속이나 노복의 무리들이 안팎이 서로 통하여 이러한 규정을 범하는
자가 있으면 무겁게 다스려야 한다. 무당이나 점쟁이 등과 같은 부류는
절대로 관아 출입을 허용해서는 안 된다.5)

상관을 공경히 섬기기를 부형(父兄)을 섬기듯이 하며, 평소 영문과 관련

---

2) 이것은 조현명이 그 조카 조재건에게 보낸 편지이므로 여기의 '너'는 조재건을
   가리킨다.
3) 본문에는 원문의 "(不但一時爲政之累而已 然素守旣不堅固 而與隣邑守宰 自多有追
   逐團欒之會 如此之際 自不覺駸駸)入(於)其中"에서 괄호 안의 글자가 누락되었다.
   이 부분은 『신편 목민고』, 「자치(自治)」, 302쪽과 거의 일치한다.
4) 이 문단은 『신편 목민고』, 「절용(節用)」, 533~534쪽에 보인다.
5) 이 문단은 『신편 목민고』, 「엄내외(嚴內外)」, 306쪽에 보인다.

된 말을 할 때에는 반드시 존칭을 사용한다. 영문에서 분부한 일은 의(義)를 해치는 일이 아니면 각별히 주의해서 거행하되, 절대로6) 지체해서는 안 되며, 자세히 살펴 소홀히 해서도 안 된다. 만약 (영문의 분부 가운데) 법리(法理)를 벗어나서 민폐를 일으킬 수 있는 일이라면 혹 직접 만나서 아뢰거나 혹 첩보(牒報)를 올려서 도리를 차분히 설명하고 곡진하게 뜻을 전달한다. (하지만) 중대한 사안의 경우 거취를 걸고 싸워야 할 것이다. 순영뿐 아니고 병영(兵營)과 수영(水營), 영장(營將)7)과 도사(都事)8) 등에 대해서도 각각의 차등이 있지만 모두 공경하고 삼가며 대우해야 한다.9)

매일 일찍 일어나서 관아를 열며, 민의 소(訴)를 들을 때는 안색을 온화하게 하여 민이 하고 싶은 말을 다 할 수 있게 한다. 송사를 들을 때는 절대로 먼저 자신의 의견을 세우지 말고 마음을 평안히 하여 공정히 듣고 법문을 자세하게 고찰하여 처결한다.10)

아전을 엄하게 단속하지 않을 수 없으나 너그러운 방도가 없어서는 안 된다. 그러나 마땅히 엄함을 위주로 해야 한다. 향소와 이속 중에 비록 신임하는 자가 있다 할지라도 그러한 마음과 기색을 드러내어 아랫사람들

---

6) 본문에는 '切'자가 누락되었다.

7) 영장(營長) : 조선조 때 각 진영(鎭營)의 으뜸 장관(將官). 총융청(摠戎廳)·수어영(守禦營)·진무영(鎭撫營)과 팔도(八道)의 감영(監營)·병영(兵營)에 딸리는 두 가지 계통이 있으나 그 대상은 지방 군대의 관리에 있음. 조선시대에 5군영(軍營)과 지방의 각 진영(鎭營)에 둔 최고 관직.

8) 도사(都事) : 중앙의 각 관서의 제반 서무를 주관하거나 지방의 관찰사를 보좌하던 관원이다. 관찰사의 보좌관으로서의 도사가 주목되는데, 이들은 전국 각 도에 각각 1인씩 배치되었다. 주요 임무는 관찰사를 보좌하여 감사와 함께 수령을 규찰하고 문부(文簿)를 처결하는 것이었으므로 아사(亞使)라고도 불렸다. 그리고 관찰사의 유고시는 그 직임을 대행하기도 하여 아감사(亞監司)라고도 불렸다.

9) 이 문단은 『신편 목민고』, 「상사(上司)」, 528쪽에 보인다.

10) 이 문단은 『신편 목민고』, 「청송(聽訟)」, 340쪽에 보인다.

이 넘볼 마음을 갖게 해서는 절대 안 된다.[11]

형장은 절대 지나치게 사용해서는 안 된다. 비록 이노(吏奴)의 등속이라 할지라도 형추(刑推)할 때는 반드시 보고한 후 사용케 한다.[12]

도임한 이후 장부에 기록(記簿)된 각 항목의 물건은 모두 창고를 조사하여 그 실제 숫자를 안 다음, 만일 모자라면 내막을 상세히 조사하여 감관과 색리[監色][13]가 훔쳐 먹은 것은 죄를 다스려서 받아 낸다. 죄가 무거우면 감영에 보고하여 처리한다. 전임 수령에 관계된 것으로 이리저리 끌어다 메울 수 있는 것은 편의대로 처리한다. 만약 편의대로 처리할 방도가 없으면 보고할 수밖에 없다. 대개 수령 자리를 이어 받는 의리가 진실로 중하지만 임금을 속이는 죄 역시 크다. 그때그때 깊이 헤아리고 널리 자문을 구하여 처리할 뿐이다.[14]

살옥은 사람의 목숨이 관련된 것이니 검험할 때 형리(刑吏)에게 맡기지 말고 수령이 직접 눈으로 보고 손으로 만지며 충분하게 자세히 살핀 뒤, 율문을 세밀히 고찰하여 그 실제 사인(死因)을 정한다. 이웃 읍과 해가 오래도록 추문(推問)을 같이 하게 될 경우, 추관이 애초 전후의 여러 문안(文案)을 보지도 않고 다만 한 달에 세 번 추문해야 한다는 기준에만 따라서 엄형(嚴刑)을 위주로 일을 처리한다면 매우 근거 없이 처리될 것이다. 만약 같이 추문하게 될 경우, 미리 문안을 가져다가 하나하나 자세히 읽어보아야 한다. 의심나는 점이 있으면 주추관과 상의하여 영문에 논보하

---

11) 이 문단은 『신편 목민고』, 「임하(臨下)」, 354~355쪽에 보인다.

12) 이 문단은 『신편 목민고』, 「형장(刑杖)」, 526쪽에 보인다.

13) 감색(監色) : 감관과 색리를 통칭함. 감관이란 각 관아나 궁방에서 금전출납을 맡아보거나 중앙정부를 대신하여 특정업무의 진행을 감독하던 관리를 말하고, 색리는 어떤 일을 담당한 아전(衙前)을 지칭한다.

14) 이 문단은 『신편 목민고』, 「관청(官廳)」, 382쪽에 보인다.

는 것이 좋다.15)

칙사(勅使)가 와서 그들을 대접할 경우, 그릇을 각별히 잘 닦고, 음식도 각별히 정성을 들여 깨끗이 하여, 일이 발생하여 나라를 욕되게 하는 염려가 없게 해야 한다.16)

친척과 오랜 친구 가운데 물건을 구하는 자는 물력을 헤아려서 분수에 따라 응하여 공사(公私)가 모두 보전될 수 있도록 하는 것이 요점이다. 절대로 (먼저) 싫어하고 힘든 기색을 내보여서는 안 된다.17)

요즘의 사대부는 집에 있을 때는 한 필의 느린 말[款段]18)도 없고 한 명의 시동도 없더니, 한번 관리로 나서면 사치가 심해져서 행차에는 번번이 교자를 타고 좌우에는 희첩(姬妾)과 시녀를 거느린다. 나는 이런 습속을 매우 미워한다.19)

부모를 모신 자는 간혹 소를 잡는 일을 범해도[犯屠] 오히려 괜찮다. 그러나 귀신을 모시는 일에는 법외의 예가 아닌 물건으로 받들어서는 안 된다. 제사지낼 때 절대로 송아지를 써서는 안 되고 대신에 꿩이나 닭을 쓰는 것이 좋다. 제물을 마련하여 안으로 들이는 것은 힘써 정성들여 준비하고 관속의 손에 맡기지 말라.20)

각 창고의 돈과 곡식은 절대 유용하거나 대용(貸用)하지 말고 영문(營門)21)에서 물건을 빌리는 것[債物]도 또한 청하지 말아야 한다.22)

---

15) 이 문단은 『신편 목민고』, 「옥정(獄政)」, 523쪽에 보인다.

16) 이 문단은 『신편 목민고』, 「별성질(別星秩)」, 531쪽에 보인다.

17) 이 문단은 『신편 목민고』, 「사수응(私酬應)」, 544쪽에 보인다.

18) 관단(款段) : 관단마(款段馬). 걸음이 느린 말.

19) 이 문단은 『신편 목민고』, 「자치(自治)」, 303쪽에 보인다.

20) 이 문단은 『신편 목민고』, 「절용(節用)」, 534쪽에 보인다.

제관(祭官)[23] · 차원(差員)[24] · 추관(推官)[25] · 사관(査官)[26] 등 영문(營門)의 차역(差役)은 부득이한 사정이 아니면 피해서는 안 되고, 법에서 벗어난 휴가를 청해서도 안 된다.[27]

이 밖에 학교의 진흥, 농상(農桑)의 권장, 군기(軍器)의 수선(修繕), 관사(官舍)의 보수 등에 관한 일은 어느 것이나 분수 한도 내에서 하도록 유의하며, 어느 일이든 성의를 다하는 것이 옳다.

경내(境內)에 만약 각 진(鎭)의 변장(邊將)이 있으면 예로써 대우하며, 서로 계교(計較)하여 불화가 생기게 하지 말아야 한다.[28]

감영과 병영 · 수영(水營)의 비장(裨將) 무리에게도 존대하여 서로 답배(答拜)한다. 읍내를 지나가는 자들이 잠시 쉬는 막사에서 사용할 깔개와 음식, 사환 등을 각별히 처리하도록 신칙한다. 감사와 병사, 수사, 대소 별성(別星)이 지나칠 때면 참(站)에 나아가 안부를 묻는 등의 예절에 성실을 다한다. 다담을 올리는 등의 일도 지나치게 풍족하거나 지나치게 간소해서도 안 되며, 청결하게 해서 먹을 만하게 힘쓴다. 이졸(吏卒) 등의 음식과 숙소 역시 검사해야 한다.

---

21) 영문(營門) : 감영(監營)이나 군영(軍營)을 일컫는 말.

22) 이 문단은 『신편 목민고』, 「거관대요(居官大要)」, 295쪽에 보인다.

23) 제관(祭官) : 제향을 맡아 주장하는 관원. 제사에 참례하는 사람.

24) 차원(差員) : 차사원(差使員). 중요한 임무를 맡겨 임시로 파견하는 관원. 어떤 특정의 임무를 수행하기 위하여 뽑혀진 관원.

25) 추관(推官) : 죄인(罪人)을 신문(訊問)하는 관원. 추국(推鞫)할 때 신문(訊問)하는 관원. 절도사 · 감찰사(監察使)의 속관(屬官)으로서 주로 형명(刑名) 관계의 일을 맡았다.

26) 사관(査官) : 사건에 관한 상세한 내용 등을 조사하는 담당 관리.

27) 이 문단은 『신편 목민고』, 「상사(上司)」, 528쪽에 보인다.

28) 이것과 위의 2문단은 『신편 목민고』, 「거관대요(居官大要)」, 295쪽에 보인다.

대개 형세가 있는 수령의 경우 감관과 색리가 그 세력을 믿고 크고 작은 객행(客行)을 게을리 대접하여 문제가 생겨 욕을 당하는 일이 있다. 내가 용강(龍岡)에 있을 때[29] 아랫사람들과 약속하기를 만약 별성에게 형장을 받는 자가 있으면 다시 그 장수만큼 형장을 가할 것이라고 약속하였다. 이 때문에 아랫사람들이 특별히 유념하였으니, 이 방법을 쓰는 것도 괜찮다.[30]

---

29) 용강(龍岡) : 조현명은 1725년 6월부터 이듬해 5월까지 용강현령을 역임하였다. 『귀록집(歸鹿集)』 권20, 「자저기년(自著紀年)」 참조. 본문에는 '吾在龍岡時'가 누락되었다.

30) 이 부분은 『신편 목민고』, 「별성질(別星秩)」, 530~531쪽에 보인다.

호은당난행결(好隱堂難行訣)

난행(難行)이란 배우기 어렵고, 알기 어렵고, 행하기 어려운 것이다

하늘에는 해와 달이 있어 낮과 밤을 나눌 수 있고, 땅에는 풀과 나무가 있어 봄과 가을을 구별할 수 있다. 해가 가는 길은, 인(寅)에서 나와서 수(戌)로 들어가고, 묘(卯)에서 나와서 유(酉)로 들어가고, 진(辰)에서 나와서 신(申)으로 들어간다. 사람의 행운(行運)은 사(巳)에서 일어나서 묘(卯)로 떨어지고, 신(申)에서 일어나서 오(午)로 떨어지고 해(亥)에서 일어나서 유(酉)로 떨어진다. 천기(天機)는 움직이기 시작하면 해로써 속도가 정해지고, 사람과 합해져서 마침내 운동하여 세월이 가지만, 기(氣)가 살찌고 기(氣)가 마르는 것을 사람은 예측하지 못한다.

시간은 가고 또 오며, 물(物)도 또한 저절로 그러하다. 나무 한 그루의 성쇠(盛衰)를 보고 만인(萬人)의 행복과 불행[丕泰]을 살펴도 그러하다. 봄이 장차 돌아오려고 하면 나뭇가지에 싹이 터서 먼저 윤택해지고, 서리가 내리려고 하면 낙엽이 먼저 움직인다. 장차 왕성하게 일어날 사람은 (그 기운이) 먼저 양미간 사이에서[印堂]1) 나오지만, 황기(黃氣)가 필패(必敗)하

---

1) 인당(印堂) : 양쪽 눈썹의 사이. 양미간.

는 흐름이 모여들면 광대뼈는 썩어들어 티끌이 되고 낭만(浪漫)2)이 저절로
생겨서 만사(萬事)를 도모할 수 없게 된다. 큰 계책은 이미 이루어졌지만
자신의 한 몸은 보존하기 어렵다.

오행(五行)은 믿을 수 없고 물형(物形)이 가장 중요하다. 오행이 생(生)하
고 극(剋)하는 이치는 없지 않지만, 물형의 사생(死生)이 더욱 신험(神驗)하
다. 죽은 호랑이의 형체는 살아있는 짐승만 같지 못하고, 병든 학(鶴)의
모양이 어찌 날아가는 솔개[鴟]와 비슷하겠는가? 모름지기 눈에 힘을 모아
서 보아야 하고 거기에 바른 마음을 더한다면 비록 반쯤 죽은 것이나
반쯤 살아있는 것이라도 구별할 수 있을 것이다. 미워하는 사람도 사랑으로
보고, 사랑하는 사람도 미움으로 본다. 만약 심법(心法)을 어긴다면 눈은
그 기교를 잃어버린다. 눈으로 볼 뿐만 아니라 귀로 듣는 것도 또한 긴요하
다.

나의 지극한 공(公)으로 저 만인(萬人)을 거느리고 세월이 오래 흘러서
(관계가) 깊어지면 마음이 맺어져서 도(道)를 이루게 된다. 허령(虛靈)이
마침내 나와서 눈과 정신[眼神]이 서로 응하면 오랫동안 사람을 보지
못해서 기(氣)와 영(影)은 잃어버리기 쉽지만 삽시간에 길흉은 판별할 수
있다. 기(氣)는 몸을 움직이는 원천이고 영(影)은 길조를 품는 무늬이다.
기(氣)도 없고 영(影)도 없는 것을 다시 어찌 거론하겠는가? 단지 구부러진
몸뚱이의 각 부위(部位)에 대해서만 말할 뿐이다.

특히 심(心)자는 모든 뼈의 장수이고 한 몸의 군주이다. 발의 진퇴(進退),
손의 굴신(屈伸), 눈의 개폐(開閉), 입의 출납(出納)이 모두 마음 가는 것에
매여 있으니 어찌 가볍게 논할 수 있겠는가?

---

2) 낭만(浪漫) : 구애받지 않고 마음 내키는 대로 함.

겉은 곧으나 안이 굽은 자가 있고, 겉은 아름다우나 안은 간사한 자가 있고, 냉소적이어서 진실이 없는 자가 있고, 겉으로는 두터우나[厚] 안으로는 소루한[疎] 자가 있고, 다정한 듯이 보이지만 실제로는 무정한 자도 있다. 이러한 것들을 밝게 결단하는 것은 오로지 눈동자의 순간적인 흐름이나 얼굴에 출몰하는 정신에 있다. 웃음 속에 꽃이 피지만 요구하기 좋아하는 낭자는 그 정(情)이 오래 되지 않아서 말끝에 칼날이 보이고 원한을 품은 손님은 그 의도를 헤아리기 어려워서 멀리서 보고 길흉을 결단한다.

기(氣)의 허실(虛實)을 먼저 정하고 가까이서 보고 사생(死生)을 판별하면 정신의 진퇴를 알 수 있다. 골격이 비록 청수(淸秀)하더라도 기(氣)가 없고 정(精)이 없으면 나무 인형이라고 말할 수 있고, 피부와 근육이 비록 부드럽고 아름답더라도 신(神)도 없고 색(色)도 없다면 흙으로 만든 인형과 같은 신세를 면하지 못한다. 씻기 어려운 얼굴은 자연히 근심이 많고 향기가 있는 사람은 무거운 기대에 응한다.

난파된 배가 순풍을 만나면 일시에 구제되기를 도모할 수 있지만 아름다운 옥(玉)도 맹인을 만나면 또한 버려진다. 만 인(仞)의 버려진 금(金)도 양공(良工)을 얻으면 묘기(妙器)가 될 수 있고 말[馬]이 숙달된 손님[達客]을 만나면 높은 값을 다툴 수 있다.

기(氣)가 높고 심(心)이 중(重)한 사람은 향기를 백세에 남길 수 있지만, 정신이 혼탁하고 색(色)이 마른 자는 평생 무명(無名)으로 사는데, 그 행동을 보고 그 귀천(貴賤)을 알 수 있고, 그 음성을 듣고 그 선악(善惡)을 논할 수 있다. 장차 중병(重病)이 들 사람은 혼백(魂魄)이 먼저 출입하고, 큰 재물을 잃을 사람은 마음이 비어서 경망(輕妄)스러우며 이유 없이 분노를 표출한다. (이런 사람은) 반드시 큰 액운을 만나 놀라고 초조해 하며 걸어가다가 뜻밖의 재앙을 면하지 못한다.

세월이 흐르면 도(道)를 행할 수 있다는 것은 꼭 틀린 말이라고는 할 수는 없지만 또한 한 가지로 단언할 수는 없다. 만약 후용(厚聳)으로 길(吉)하다 하고 공결(空缺)을 흉(凶)하다고 한다면 안목이 없는 사람이다. 40이 넘어서도 낙비(落鼻)한 사람이 어찌 50을 넘기겠는가? 오로지 기(氣)와 신(神)을 정(精)하게 하는 것이 가장 중요하다.

4촌(四寸) 거환대요(居宦大要) 종(終)

〈목민대방〉

『목민대방(牧民大方)』 해제

1. 저자와 저술 시기

『목민대방』은 홍양호(洪良浩, 1724~1802)가 1792년에 지은 목민서이다. 18세기 대부분의 목민서와는 달리『목민대방』은 저자와 저술시기가 명백하게 밝혀진 몇 안 되는 목민서 가운데 하나이다. 홍양호의 본관은 풍산(豊山), 자는 한사(漢師), 호는 이계(耳溪)이다.1) 그의 6대조인 홍이상(洪履祥, 1549~1615)이 사헌부 대사헌을 지냈고, 4대조인 홍주원(洪柱元, 1606~1672)은 인목대비 소생 정명공주(貞明公主)와 결혼하여 선조(宣祖)의 부마가 되었으며, 홍주원의 외조부는 월사(月沙) 이정구(李廷龜, 1564~1635)였다. 그러므로 풍산 홍씨 가문은 동서(東西) 분당기에는 서인(西人)에 속하였다. 그런데 숙종(肅宗)대 서인이 노·소론으로 분당할 때 대부분의 풍산 홍씨들은 노론에 속하였으나 홍양호의 집안은 소론으로 좌정하였다. 이것은 그의 조부인 홍중성(洪重聖, 1668~1735)의 선택이었던 것으로 보인다.

홍중성은 관직은 비록 단양(丹陽) 군수에 그쳤지만 당대에 시(詩)와 문장

---

1) 홍양호의 생애에 대해서는 진재교(陳在敎),『이계(耳溪) 홍양호(洪良浩) 문학(文學) 연구(研究)』, 성균관대 대동문화연구원, 1999 참조.

으로 상당한 명성이 있었으며, 폭넓은 교유관계를 가졌다. 특히 그는 노론인 김창흡(金昌翕, 1653~1722)에게 시를 배웠으며, 소론인 최창대(崔昌大, 1669~1720) 등과 시사(詩社)를 만들어 교유하였다. 그런데 그가 홍양호의 아버지인 홍진보(洪鎭輔, 1698~1736)를 영조 때 영의정을 지낸 소론의 핵심이었던 심수현(沈壽賢, 1663~1736)의 딸과 결혼시킨 것은 홍양호 가문이 소론으로 좌정하는 결정적 계기가 되었던 것으로 보인다.

홍양호의 외숙인 심수현의 아들들은 영조대 소론 탕평파의 핵심으로 활동하였다. 저촌(樗村) 심육(沈錥, 1685~1753)은 하곡(霞谷) 정제두(鄭齊斗, 1649~1736)의 수제자였고, 백하(白下) 윤순(尹淳, 1680~1741)과 함께 정제두를 이어서 영조대 소론 탕평파의 이론가 역할을 하였다. 심악(沈鐸)은 영조대 이조판서까지 올랐으나 을해역옥(乙亥逆獄)에 연루되어 처형되었으며, 심필(沈鉍)은 유배당하였다.

홍양호는 심육을 스승으로 모시고 학문과 삶의 자세를 배웠다. 이때 정제두에서 심육으로 이어지는 양명학(陽明學)을 깊이 체득하였던 것으로 보인다. 홍양호의 학문이 후일 정조로부터 '가학(家學)적 연원(淵源)'이 있다고 인정받은 것은 바로 이러한 외가의 양명학적 학풍을 지칭한 것이었다. 홍양호는 영조 28년(1752)에 정시 문과에 급제하여 청현직을 두루 거쳤다. 1755년 을해옥사 당시에 외숙들이 연루되어 정치적 위기에 처하였으나 노론 탕평파인 이천보(李天輔)와 영조의 정치적 배려로 무사하였다고 한다. 1762년 임오화변(壬午禍變)을 전후한 시기에는 사도세자(思悼世子)를 적극 옹호하는 입장을 견지하여 시파(時派)에 속하였으며, 당시 세손이었던 정조(正祖)를 보호하는 데 진력하였다. 정조 등극 이후에는 그의 친족이었던 홍국영(洪國榮) 일파의 탄핵으로 다시 정치적 위기에 몰렸지만 정조의 비호를 받아 경흥부사로 좌천되는 것에 그쳤다.

  정조 4년(1780) 홍국영이 숙청된 이후에는 다시 중앙 정계로 복귀하여
정조 탕평책을 뒷받침하였다. 이후 이·호·예·형·공조의 판서를 두루
역임하고 정조 17년(1793)과 24년(1800)에는 홍문관과 예문관 대제학으로
서 문형(文衡)을 담당하는 등 현달하였지만 노론 벽파의 지속적인 공세에
시달렸으며, 정조가 죽은 뒤 장령 유현장(兪鉉章) 등의 논척을 받고 판의금
부사에서 물러나지 않을 수 없었다. 그럼에도 불구하고 대부분 노론으로
활동하였던 풍산 홍씨 가문에 대항하여 홍양호에서 손자 홍경모(洪敬謨)로
이어지는 소론 명가로서의 기반을 구축한 것은 홍양호에서 시작했다고
해도 과언이 아니다.

  그 과정에서 그는 소론 탕평파의 입장을 분명하게 견지하였던 것으로
보인다. 그가 홍국영 일파의 탄핵을 받은 후 초명이었던 '양한(良漢)'에서
돌림자인 '한(漢)'자를 버리고 '양호(良浩)'로 개명하고, 그의 아들들 역시
돌림자인 '락(樂)'자 대신 '희(羲)'자를 쓰도록 한 것은 풍산 홍씨 일문의
노론적 성향에 대한 그의 반감의 정도를 보여준다.[2] 이처럼 그가 소론과
시파의 의리를 강경하게 고수하면서도 정조 탕평책을 뒷받침 할 수 있었던
것은 현실을 중시하는 그의 유연한 권도론(權道論)이 있었기 때문에 가능하
였던 것 같다.[3]

  홍양호는 소론에 독특한 정치론으로서의 탕평론을 평생 견지하였는데,
그의 교유관계 역시 이에 걸맞게 당파와 문지를 넘어서서 전개되어 그의
독특한 실학사상 형성에 기여하였다. 그는 소북(小北)계 인물로서 지리학
(地理學) 전문가인 신경준(申景濬, 1712~1781)과 30여 년에 걸쳐서 학문적

---

  2) 진재교, 「풍산(豊山) 홍문(洪門)과 이계(耳溪) 홍양호(洪良浩)」, 『문헌과 해석』 24,
     2004 참조.
  3) 박현모, 「홍양호의 정치론, 원칙과 예외적 조치」, 『문헌과 해석』 24, 2004 참조.

으로 교유하면서 역사지리학에 대한 인식을 공유하였다. 또한 남인의 영수로서 정조 탕평책의 한 축을 형성하였던 채제공(蔡濟恭, 1720~1799)과 도 밀접하게 교류하였다.[4]

그리고 그는 여항인(閭巷人)·예인(藝人)들과도 특별한 관계를 유지하였 다. 송석원시사(松石園詩社)의 맹주인 천수경(千壽慶), 단원(檀園) 김홍도(金 弘道)와의 교유는 그 대표적인 예이다. 그는 당시의 유력한 여항시인들과 교유하였을 뿐만 아니라, '란사(蘭社)'와 같은 신분과 당색을 넘어서 예술을 매개로 맺어진 문학적 동인 그룹을 결성하여 활동하기도 하였다. 여기에는 성대중(成大中, 1732~1812)과 같은 서얼(庶孼) 출신, 송재도(宋載道, 1727~1793)와 같은 처사 등 출신성분과 현실적 처지가 매우 이질적이고 다양한 인물이 포함되어 있었다.[5]

또한 홍양호가 1782년과 1794년 두 차례의 청나라 사행을 통해서 적지 않은 청나라 인사들과 친교를 맺었다는 사실도 빠트릴 수 없다. 그는 이때『사고전서(四庫全書)』의 편찬을 주도한 청의 대표적 고증학자인 기윤 (紀昀, 1724~1805)과의 학문적 교유를 통해서 고증학(考證學)과 서학(西學) 을 수용하는 계기가 되었다. 특히 기윤과는 아들과 손자대에 이르기까지 3대에 걸쳐서 50여 년 동안 학술적 교류를 지속하는 기연을 연출하기도 하였다.[6]

그러나 무엇보다도 홍양호 실학사상의 골간을 형성하게 한 것은 소론 양명학파와의 교류였다. 우선 그가 수산(修山) 이종휘(李種徽, 1731~1797)

---

4) 서인원(徐仁源),「耳溪 洪良浩 硏究의 現況과 課題」,『東國史學』34, 2000 참조.

5) 진재교,「洪良浩의 交遊關係와 文學活動에 대하여」,『漢文敎育硏究』13, 1999 참조.

6) 진재교,「18세기 朝鮮朝와 淸朝 學人의 학술교류」,『古典文學硏究』23, 2003 참조.

와 남다른 관계를 유지하였다는 점이 주목된다. 그는 단군－기자－위만－삼국으로 이어지는 체계와 함께 단군과 부여·고구려의 계승 관계를 아울러 강조한 이종휘의 정통론을 수용하였다. 이러한 역사인식은 자연스럽게 북쪽 국경에 대한 확대된 인식으로 이어져 백두산 정계를 비롯한 국경 문제의 내용과 유래를 정리하는 저술을 남기게 된다. 이종휘의 주체적 역사지리학에는 주자학(朱子學)에 비판적인 양명학적 사유가 그 저변에 깔려 있었다는 점 역시 홍양호와 같았다.

또한 홍양호는 스승이자 외숙인 심육을 이어서 강화학파의 일원인 이광려(李匡呂, 1720~1783), 신대우(申大羽, 1735~1809)와 밀접하게 교유하였다. 홍양호는 이광려를 이용후생(利用厚生)을 적극 실천하고 박학(博學)한 지식과 견문을 가진 선배 학자로 존경하였다. 신대우와는 10년이 넘는 나이 차이에도 불구하고 그를 학문적 동지로 인정하고 금석문과 문학에 대해 토론하면서 학문적 지평을 넓혀 나갔다.

주목되는 것은 이광려가 홍양호를 '국계(國計)와 민생(民生)'을 위한 '독서인'으로 평가하고 있다는 점이다.[7] 이광려는 '국계(國計)와 민생(民生)'을 이용후생(利用厚生)의 제도 도입을 위한 지향점으로서 제시하고도 있었는데, 이는 주자학과는 다른 양명학적 경세론의 특징을 집약적으로 드러낸 것이었다. 고증학과 서학을 수용하는 소론 양명학파의 기본 입장에는 이와 같이 '국계(國計)와 민생(民生)'을 일치시키려는 제도 개혁에 대한 지향이 깔려 있었던 것이다. 이러한 기본 입장은 『목민대방(牧民大方)』과 같은 목민서 저술의 기본 원칙으로 작용하였다고 생각된다.

7) 진재교, 앞의 논문, 1999, 313쪽 참조.

2. 편찬과 구성

소론 탕평파로서 홍양호의 정치적 행적은 노론 내지 노론 벽파의 정치적 표적이 되었는데, 그로 인해 위기에 봉착할 때마다 그는 영조와 정조의 배려로 지방관을 전전하게 된다. 1755년 을해옥사 직후인 1758년에는 강동(江東) 현감, 1759년 경주(慶州) 부윤, 1760년 홍주(洪州) 목사를 연이어 역임한 것, 정조 원년인 1777년에 경흥(慶興) 부사로 나간 것 등은 그러한 사례에 해당된다.

이러한 지방관 시절에 홍양호는 실사구시(實事求是)적 자세에 입각한 이용후생(利用厚生) 사상을 유감없이 실천하였다. 그가 지방관으로 부임할 적마다 식수(植樹)와 치수(治水) 사업에 주목할 만한 업적을 남긴 것이 그것을 잘 보여준다. 그가 강동 현감으로 있을 때 '만류제(萬柳堤)'라는 제방을 쌓아 홍수와 가뭄을 극복하게 한 것, 홍주 목사로 있을 때 합덕지(合德池)를 대대적으로 보수하여 인근 12고을의 약 만여 명의 농민이 그 혜택을 입은 것은 그 대표적인 사례이다. 3년간 경흥 부사로 있을 때에는 북관의 산하 곳곳을 기행하고 『북새기략(北塞記略)』이라는 지리지를 완성하여 새로운 역사지리학을 선보이기도 하였다. 그런가 하면 1770년 황해도 관찰사가 되어서는 합덕지 중수의 경험을 살려 연안(延安)의 남대지(南大池)를 파내고 보수하였다.

홍양호가 『목민대방』을 편찬한 것은 그가 67세 되던 1791년에 평안도 관찰사로 부임하였을 때이다. 그가 여기서 그간의 행정 경험을 바탕으로 지방관의 자세와 실무의 지침이 되는 목민서로서 편찬한 것이 바로 『목민대방』이었다. 『목민대방』의 총목차는 다음과 같다.

篇題
吏典之屬

  1. 立規模, 2. 嚴內外, 3. 分職統, 4. 擇任使, 5. 敎文數,

  6. 均差役, 7. 考事例, 8. 釐弊瘼, 9. 時點閱, 10. 節財用

戶典之屬

  1. 核戶丁, 2. 禁游惰, 3. 勸耕種, 4. 敎蒔畜, 5. 察災傷,

  6. 限徵納, 7. 平斗斛, 8. 完蓋藏, 9. 詳簿籍, 10. 輕剩餘

禮典之屬

  1. 正風化, 2. 禮齒德, 3. 獎節行, 4. 敬祀享, 5. 勤講試,

  6. 廣書籍, 7. 資婚嫁, 8. 恤孤獨, 9. 尊上司, 10. 安賓旅

兵典之屬

  1. 修城壕, 2. 謹管鑰, 3. 審烽燧, 4. 檢名籍, 5. 括逃漏,

  6. 課武藝, 7. 繕器械, 8. 設巡徼, 9. 養戰馬, 10. 備車乘

刑典之屬

  1. 恢聽斷, 2. 簡推逮, 3. 申科禁, 4. 盡民情, 5. 愼獄訟,

  6. 察幽枉, 7. 明律令

工典之屬

  1. 葺廨宇, 2. 浚堤渠, 3. 繕橋梁, 4. 治道路, 5. 明堠站,

  6. 養山藪, 7. 惠工匠

什伍相聯之制

  統首職掌, 牌長職掌, 里監職掌, 里正職掌, 譏察將職掌, 風憲職掌

牧民大方 後題

3. 특징

『목민대방』에서 주목되는 것은 우선 6전 체제에 맞추어 목민서를 편찬하였다는 점이다. 『목민대방』은 6전 체제에 맞추어 편찬된 최초의 목민서로

보인다. 이것은 18세기 탕평책 추진과 함께 영조대『속대전』, 정조대『대전
통편』의 편찬을 통해서 법과 제도에 의한 통치 규범을 재정비하려는 중앙정
치의 흐름과 그 맥을 같이 한다고 생각된다.

　영·정조대 탕평책은 단순히 당색을 조제 보합하는 정국운영의 차원을
넘어서 당시의 조선 봉건국가를 유지 발전시키기 위해서는 양반 지주의
특권과 전횡을 법과 제도에 의해 차단하고, 대동과 균역을 원칙으로 하는
제도의 변통과 개혁을 추진하려는 지향이 담겨 있었다. 영·정조대 탕평책
추진에 적극 동조하였던 홍양호는 그러한 흐름이 지방정치 차원에서도
구현되어야 한다고 보고, 국계(國計)와 민생(民生)을 일치시키려고 시도한
것이 바로『목민대방』과 같은 6전 체제에 입각한 목민서 편찬으로 나타났던
것이다.

　둘째,『목민대방』은『치군요결』이나『목민고』와 같은 그 이전의 목민서
의 존재를 의식하고 나온 것이라는 점이다.『목민대방』이전에 편찬된
이들 목민서에는 전정(田政)·군정(軍政)·환곡(還穀)과 조세 징수와 관련
된 세세한 규정이 수록되어 있는데,『목민대방』에는 그러한 내용이 매우
간략하게 처리되어 있다.[8] 이것은 홍양호가『목민고』를 전제하고, 그 큰
강령이 되는 것만을 압축하여 간결하게 제시하고자 한 의도의 산물이라고
생각된다. 이후 정약용(丁若鏞)이『목민심서(牧民心書)』를 편찬하면서, 6전
체제와　함께　부임(赴任)·율기(律己)·봉공(奉公)·애민(愛民)·진황(陳
荒)·해관(解官) 등을 등치시켜서 나열한 것에서도 그러한 홍양호의 의도를
짐작할 수 있다. 즉 정약용은『치군요결』·『목민고』류의 목민서와『목민대

---

8) 김영주(金英珠),「耳溪 洪良浩의 牧民思想」,『淑大史論』11·12, 1982 참조. 필자는
　이것을『목민대방』의 약점으로 간주하였으나, 이는『목민대방』과『목민고』의
　관계를 소홀히 다룬 결과로 보인다.

방』과 같은 서로 다른 두 계통의 목민서를 『목민심서』로 종합하여 집대성하였던 것이다. 여기서 홍양호의 『목민대방』은 정약용이 『목민심서』를 편찬하는 징검다리가 되었음을 분명하게 이해할 수 있다.

셋째, 『목민대방』에는 왕양명(王陽明)의 십가패법(十家牌法)을 연상시키는 「십오상련지제」에 대한 상세한 규정이 수록되었다는 점이다. 『치군요결』·『목민고』와 같은 이전의 목민서들이 지역의 토착 토호 세력인 양반 지주와 향리들의 권력 남용과 전횡을 배제하고 국가의 통치 방침을 지역사회에 구현하는 방안을 세밀하게 제시하고 있는데, 홍양호는 그것을 효과적으로 달성하는 방안으로서 「십오상련지제」를 시행해야 한다고 생각하였던 것 같다. 이것은 집권력 강화를 통해 관리들의 중간수탈을 배제함으로써 봉건국가의 위기를 해소해보고자 한 탕평책의 지향과도 일맥상통하는 것으로서, 중세사회 해체기에 등장한 새로운 근대지향적인 국가운영 방안으로서 주목된다고 하겠다.

이와 같이 『목민대방』은 18세기 소론 탕평파 내지 소론 양명학파의 국가 구상을 지방통치 차원에서 집약적으로 보여 준다는 점에 그 중요한 특징이 있었다. 여기에는 양반 지주의 특권과 전횡을 막고 국가의 집권력을 강화시켜서 국가와 민생을 동시에 안정시키려 한 탕평론 및 실학 사상의 지향이 담겨 있었던 것이다. 이것은 당시 봉건사회의 모순을 극복하고자 한 관인·유자 일각의 지향을 반영한 것으로서, 결국 근대지향적인 국가 구상의 일단을 드러낸 것이었다.[9]

---

9) 홍양호에 대한 보다 자세한 내용은 다음 논문 참조. 김용흠, 「洪良浩 實學思想의 系統과 『牧民大方』」, 『朝鮮時代史學報』 56, 朝鮮時代史學會, 2011 ; 「18세기 官人·實學者의 政治批評과 蕩平策－耳溪 洪良浩를 중심으로」, 『역사와 경계』 78, 부산경남사학회, 2011.

머리말[篇題]

목민(牧民)의 방도에는 3경과 6전이 있다. 무엇을 3경이라 하는가? 다스림[治], 기름[養], 가르침[敎]이 그것이다. 무엇을 6전이라 하는가? 이(吏)·호(戶)·예(禮)·병(兵)·형(刑)·공(工)이 그것이다. 경(經)이란 항상[常]이라는 뜻으로서 정치의 근본이다. 전(典)이란 법(法)이라는 뜻으로서 정치의 도구이다. 근본이 없으면 설 수 없고 도구가 없으면 실천[行]할 수 없다. 정치를 한다는 것은 크고 작은 구별이 없지만, 나누면 군(郡)과 현(縣)을 다스리는 것이고, 쌓이면 나라[邦國]가 되는데, 모두 목민(牧民)이라는 공통점이 있다. 그러므로 군을 다스리든 나라를 다스리든 그 방도는 하나이다. 우(虞)¹⁾나라의 삼사(三事)²⁾와 주(周)³⁾나라의 육관(六官)⁴⁾이 바로 그것이다.

---

1) 우(虞) : 순(舜)의 조상이 봉해진 나라. 우(禹)가 순(舜)의 아들 상균(商均)을 봉한 나라.

2) 삼사(三事) : 정덕(正德)·이용(利用)·후생(厚生)을 말한다[『서경(書經)』우서(虞書), 대우모(大禹謨) 제3].

3) 주(周) : 은(殷)나라 다음에 일어난 중국의 고대 왕조. 처음 위수분지(渭水盆地)에서 건국하여 기원전 1121년 무왕(武王)이 은나라 주왕(紂王)을 쳐 없애고 주왕조를 세움. 호경(鎬京)에 도읍하였으나 기원전 770년 13대 평왕(平王) 때 동쪽 낙양(洛陽)에 천도한 뒤 세력이 떨치지 못하더니 38왕 867년 만에 진(秦)나라에게 망하였음 (1050~256 B.C.).

다스림[治]이란 무엇인가? 경(經)을 세워서 기강을 펼치고 선(善)을 권하여 악(惡)을 징계하는 것일 뿐이다. 기름[養]이란 무엇인가? 백성의 쓰임을 편리하게 하고[利用] 백성의 삶을 풍요롭게 만드는 것[厚生]과5) 만물의 뜻을 밝혀서 인간의 질서를 마련하는[開物成務]6) 것일 뿐이다. 가르침[敎]이란 무엇인가? 자신을 바르게 하여 다른 사람을 거느리고 풍속을 바꾸는 것일 뿐이다. 이(吏)와 병(兵)과 형(刑)은 다스리는 도구이다. 호(戶)와 공(工)은 기르는 도구이다. 예(禮)는 가르치는 도구이다. 3경에 근본을 두고 6전으로 행한다면 천하 국가도 균평해질 것인데 하물며 군(郡)을 다스리지 못하겠는가?

다스림이 기름보다 앞서는 이유는 다스려지지 않으면 민이 혼란에 빠져서 마침내 기를 수 없게 되기 때문이다. 기름이 가르침보다 앞서는 이유는 기르지 않으면 민이 흩어져서 그 가르침을 펼 곳이 없기 때문이다. 그러나 기름과 가르침은 모두 다스림을 기다린 후에야 비로소 완성되므로 다스림이 바로 처음과 끝을 완성하는 방도이구나! 그러므로 (아래에서 논하는) 6전에 속하는 것들은 다스리는 도구를 가장 상세하게 보여주는 것이다.

---

4) 육관(六官) : 중국 주대(周代)의 여섯 개의 중앙 행정기관. 즉, 천관(天官) 곧 치(治), 지관(地官) 곧 교(敎), 춘관(春官) 곧 예(禮), 하관(夏官) 곧 병(兵), 추관(秋官) 곧 형(刑), 동관(冬官) 곧 사(事)를 담당함. 육직(六職).

5) 이용후생(利用厚生) : 원래 이 말은 『서경(書經)』 대우모(大禹謨)편에 보인다. '이용'이란 백성의 쓰임에 편리한 것으로서 공작기계나 유통수단 등을 의미하고, '후생'은 의식(衣食) 등의 재물을 풍부하게 하여 백성의 삶을 풍요롭게 만드는 것이다.

6) 개물성무(開物成務) : 『주역(周易)』 계사(繫辭) 상(上), "夫易開物成務 冒天下之道 如斯而已者也."

정조 16년 임자(壬子) 원월(元月) 인일(人日)

풍산(豊山) 홍양호(洪良浩)7)가 쓰다

---

7) 홍양호(洪良浩, 1724(경종 4)~1802(순조 2) : 조선후기의 문신. 본관은 풍산(豊山).
초명은 양한(良漢). 자는 한사(漢師), 호는 이계(耳溪). 만회(萬恢)의 증손으로, 할아
버지는 군수 중성(重聖)이고, 아버지는 진보(鎭輔)이며, 어머니는 심수현(沈壽賢)
의 딸이다. 1747년(영조 23) 진사시에 합격하고, 1752년 정시문과에 병과로
급제해 사헌부 지평, 홍문관 수찬·교리 등을 역임하였다. 1774년 등준시(登俊試)
에 뽑히기도 하였다. 1777년(정조 1) 홍국영(洪國榮)의 세도정치가 시작되면서
경흥 부사로 밀려났다가 홍국영이 실각되면서 1781년 한성부우윤이 되었다.
이어 사간원 대사간·사헌부 대사헌·평안도 관찰사·이조판서 등을 거쳐 1799
년에는 홍문관·예문관 양관(兩館)의 대제학을 겸임하는 최고의 영예를 지냈다.
두 차례에 걸쳐 연경(燕京)을 다녀오면서 중국의 석학들과 교유해 문명(文名)을
날렸으며, 고증학(考證學)을 수용·보급하는 데 기여하였다.『영조실록』·『국조
보감』·『갱장록(羹墻錄)』·『동문휘고(同文彙考)』를 비롯한 각종 편찬사업을 주
관하기도 했으며, 지방관의 지침서인『목민대방(牧民大方)』을 저술하였다. 1801
년 판중추부사로 물러났다가 이듬해 79세의 나이로 죽었다. 학문과 문장이
뛰어나『이계집』37권 외에『육서경위(六書經緯)』·『군서발배(群書發排)』·『격
물해(格物解)』·『칠정변(七情辨)』·『해동명장전(海東名將傳)』·『고려대사기(高
麗大事記)』·『흥왕조승(興王肇乘)』·『삭방습유(朔方拾遺)』·『북새기략(北塞記
略)』·『만물원시(萬物原始)』·『향약절중(鄕約折中)』등의 많은 저술을 남겼다.

이전(吏典)에 속하는 것들[吏典之屬]

1. 규모를 세움[立規模]

수령이 되면 처음에 반드시 먼저 규모를 세워야 한다. 가령 지역의 사방이 먼가 가까운가, 고을[邑]의 세력이 쇠약한가 융성한가, 민의 풍속이 두터운가 박한가, 이서의 습속이 진실한가 속이는가 등을 묵묵히 살펴서 두루 안 연후에야 다스리는 강도를 느슨하게 할 것인가 사납게 할 것인가, 시책을 펴는 일을 늦출 것인가 서두를 것인가 등이 모두 나의 계산 안에 있어서, 넘쳐서 여유가 있을 것이다. 몸가짐은 반드시 엄중하게 해야 하고 아랫사람을 접할 때는 반드시 과묵해야 하며, 마음가짐은 반드시 공정해야 하고 일을 처리할 때는 반드시 정밀해야 한다. 일을 꾸밀 때는 사려 깊게 해야 하고 명령을 내려서 시작했으면 그것을 고치는 것을 어렵게 생각해야 한다.

매일 새벽녘[平明]에 일어나서 반드시 세수하고 의관을 바로잡은 다음 아랫사람들의 참알(參謁)[1]을 받고 그 날에 집행해야 할 업무를 물은 뒤 지체되는 일이 없게 한다. 국기일(國忌日)[2]이나 제삿날[齋日]이 아니면

---

1) 참알(參謁) : 관속들이 상관에게 나아가 배알하는 것.
2) 국기일(國忌日) : 임금과 왕비가 돌아가신 날.

관아 문을 닫아서는 안 된다.

2. 내외를 엄하게 함[嚴內外]

내외의 경계는 반드시 베어내듯이 엄하게 단절시켜야 한다. 관아의 노(奴)는 주렴(珠簾)을 드리운 문[簾門] 밖으로 한 발짝도 나가지 못하게 한다. 관속의 무리들이 혹 여러 가지 물건을 바칠 일이 있더라도 절대로 오래 서서 사사로운 말을 하지 못하게 해야 한다. 그리고 이런 일 외에는 문을 열지 못하게 한다.

아객(衙客)[3]은 바깥사람과 서로 접촉하지 못하게 한다. 비록 관속이라도 일이 없으면 책방(冊房)[4]에의 출입을 허락하지 말아야 하고, 관가의 정령(政令)도 참여해서 듣지 못하게 해야 한다.

읍내에 사는 유생[邑子][5]은 공적인 일이 아니면 관부(官府)에 들어오는 것을 허락하지 않는다. 잡인(雜人)이나 청탁 편지는 절대로 들이지 못하게 한다. 문지기는 (문)을 지켜서 떠나지 못하게 한다.

3. 직무의 계통을 나눔[分職統]

안으로는 향임(鄕任)[6] · 군교(軍校)[7] · 이서(吏胥)[8]와 노비(奴婢)들이 맡

---

3) 아객(衙客) : 지방 관아의 수령을 찾아와 관아에 묵고 있는 손님.

4) 책방(冊房) : 조선시대 고을 수령의 비서(秘書)사무를 맡아보던 사람. 관제에 있는 것이 아니고 사사로이 임용하였음.

5) 읍자(邑子) : 읍내에 사는 유생.

6) 향임(鄕任) : 조선시대 지방 수령의 자문 · 보좌를 위해 향반(鄕班)들이 조직한 향청(鄕廳)의 직임(職任).

은 직무를 나누고 각각의 계통과 소속 관사를 정한 뒤 서로 침범하여
혼란해지지 않도록 하고 그 임무를 완수할 책임을 지운다. 밖으로는 면임(面
任)⁹⁾과 이임(里任)¹⁰⁾ 이외에도 통마다 통수(統首)¹¹⁾와 오장(伍長)¹²⁾을 두고
통내의 일을 관장하게 하여 기강을 세우고 명분을 밝힌다.

4. 직임을 담당할 사람을 선택함[擇任使]

사람을 선택할 때는 반드시 성실하고 신중한[愿謹]¹³⁾ 사람을 구하고
영리하고 약삭빠른[伶巧] 자에게 현혹되지 말아야 한다. 사람을 쓸 때는
반드시 오랫동안 봉직한 사람[久次]¹⁴⁾을 골라서 지나친 경쟁[爭競]¹⁵⁾을
막는다.

---

7) 군교(軍校) : 각 군영(軍營)에 속한 권무군관(勸武軍官)·별무관(別武官)·지구관
(知彀官)·기패관(旗牌官)·별무사(別武士)·교련관(教鍊官)·별기위(別騎衛) 등
과, 지방 관아의 군무에 종사하는 속역(屬役)의 총칭. 군관(軍官). 병교(兵校).

8) 이서(吏胥) : 각 관아(官衙)에 속한 구실아치를 통틀어 말함. 서리(胥吏). 아전(衙前).
연리(椽吏). 하리(下吏).

9) 면임(面任) : 지방의 각 면에서 호적(戶籍) 기타의 공공사무(公共事務)를 맡아보는
사람. 임장(任掌)의 하나.

10) 이임(里任) : 지방의 동·리에서 호적 기타의 공공 사무를 맡아 보던 사역(使役)의
하나. 이장(里長).

11) 통수(統首) : 민호(民戶)를 편제(編制)한 통(統)의 우두머리. 처음 이름은 통주(統主).

12) 오장(伍長) : 주대(周代)에 호구제에서는 5가의 장(長)을, 군제에서는 5인의 장을
말한다. 조선시대에는 지방의 봉수(烽燧)에서 봉수군을 감독하던 사람. 다섯
봉화 아궁이에 한 사람씩 배치되었다. 또는 군사 다섯 사람을 지휘하던 직위나
그 직위에 있는 사람을 지칭한다.

13) 원근(愿謹) : 성실하고 신중함.

14) 구차(久次) : 오랫동안 같은 벼슬에 머물러 있어 승진하지 못함.

15) 쟁경(爭競) : 어떤 일에 관하여 우열·승패 따위를 겨룸.

각종 향리16)·무인17)·이서·노비는 모두 각 분야의 우두머리[首任]에
게 합당한 자를 천거하게 하고 만약 그 직임에 어울리지 못하여 일을
그르치면 그 천거한 사람을 같이 처벌한다.

각 면(面)의 풍헌(風憲)18)과 약정(約正)19)은 한 면의 장(長)이므로 반드시
선비[士人] 가운데 문장에 능하고 지식이 있으며[文識] 다른 사람을 압도할
위엄[風力]이 있는 자로 임명하여 한 면의 교화와 정령[敎令]을 주관하게
한다.

5. 문장과 수리를 가르침[敎文數]

이서(吏胥)는 한 읍의 전례(典例)를 담당하고[掌故]20) 있으므로 만약
문장과 수리에 능통하지 못하고 전례와 고사[故實]21)를 잘 알지 못하면

---

16) 향리(鄕吏) : 고려·조선시대 지방관청에 속해 지방관의 명령에 따라 그 지역의
　　행정실무를 처리하던 하급 관인계층. 이들은 토착적이고 세습적인 성격을 가지
　　며, 고려시대에는 각 지방의 실질적인 지배자로서 토호적 성격을 띠고 있었으므
　　로 고려왕조의 중앙집권화를 가로막는 요소가 되었다. 그리하여 고려말과 조선초
　　기에 여러 차례의 군현 개편과 시골 아전에 대한 억압정책을 실시하여 토호적인
　　그들의 세력을 제거하려고 하였다. 그 결과 향리는 향역(鄕役)이란 특정한 신역을
　　부담하는 신분층으로 떨어져버리고 말았다.
17) 무인(武人) : 지방 관아 소속 군교(軍校)를 말한다.
18) 풍헌(風憲) : 면임(面任) 중의 하나로, 각 면내의 수세(收稅)·차역(差役)·금령(禁
　　令)·권농(勸農)·교화 등 모든 일선 행정 실무를 주관해 1면의 민정을 장악하였다.
19) 약정(約正) : 조선시대 향약조직의 임원. 약정이라는 칭호는 시대와 지역에 따라
　　일정하지 않다. 약정은 면임(面任)을 의미할 경우 향약정(鄕約正 : 향약의 면책임
　　자)과 혼동되므로 부헌(副憲)이라고도 하여 풍헌(風憲) 다음을 뜻하나, 지역에
　　따라서는 행정계통의 풍헌에 대하여 교화를 맡는 집강(執綱)을 뜻하기도 한다.
20) 장고(掌故) : 전례(典例)를 맡은 벼슬아치.
21) 고실(故實) : 전례(典例)와 고사(故事).

일을 맡길 수 없다. 반드시 나이 든 이서[老吏] 가운데 경험이 많고 능숙한[練熟]22) 사람을 골라서 훈장(訓長)23)으로 정하고 근무를 쉴 때[休番] 가르치고 시험하여[教課] 상벌을 시행한다. 지인(知印)24)도 또한 이와 같이 한다.

6. 역의 분담을 균평하게 함[均差役]25)

이서와 노비들을 뽑아서 임명하여[差除]26) (특정한 역에) 보낼 때[出使]27) 사사로움에 치우쳐서는 안 되고, 모두 순서에 따라서 차례대로 뽑아

---

22) 연숙(練熟) : 경험을 쌓아 익숙함.

23) 훈장(訓長) : 서당에서 학생들에게 글을 가르치는 스승. 학구(學究)라고도 한다. 훈장은 한문이 들어오면서 존재하였을 것으로 추측되나 서당교육이 활발해진 조선중기 이후에 널리 일반화되었다. 자격은 천차만별이었으며, 학식의 표준도 일정하지 않았다. 그러나 경(經)·사(史)·자(子)·집(集)에 두루 통한 자는 드물었고, 이들의 사회적·경제적 지위도 열악하였다. 따라서 일반인에게 멸시의 대상이 되기도 하였다. 학문의 정도는 경전의 주석과 언해를 보고 그들의 뜻을 대강 해득할 수 있을 정도가 대부분이었으며, 심지어 벽촌의 훈장 가운데에는 한자문의 활용을 제대로 할 줄 모르는 자도 있었다. 심한 경우에는 도망한 노예가 법망을 피하는 수단으로 훈장노릇을 하는 경우도 있었다. 글짓기로는 표(表)·책(策)·기(記)·명(銘)을 짓고 시(詩)와 율(律)을 이해하는 자는 드물었으며, 겨우 사율(四律)을 빌려 옮기거나 십팔구시(十八九詩) 따위를 한두 마디 읊는 것이 보통이었다. 그러나 이름난 고관이나 학자들이 만년에 자연을 벗하면서 후진을 가르치는 경우도 있었다. 이들 훈장이 받는 보수는 매우 빈약하여서 양식이나 땔나무를 조달받거나, 계절에 따른 별식을 공궤받는 정도가 고작이었다. 학생을 교육하는 일 이외에 마을의 대서(代書)를 전담하기도 하였다.

24) 지인(知印) : 조선시대 함경도와 평안도의 큰 고을에 둔 향리직. 1414년(태종 14)에는 서울의 육조에도 녹사(錄事)와 함께 이 직을 설치하였으나 곧 폐지되었다. 함경도·평안도의 지인은 서울의 녹사와 비슷한 신분이었던 것으로 보이며, 이 지방의 토관(土官)들 밑에서 지방행정·군사에 관련된 일을 맡아보았다.

25) 차역(差役) : 등급에 따라 역부(役夫)를 징집하여 역역(力役)을 시키는 것을 말함.

26) 차제(差除) : 마땅한 사람을 가려서 벼슬을 줌.

보내어[差遣]28) 수고로움과 편안함을 균평하게 해야 한다.

7. 사례(事例)를 살핌[考事例]

읍의 고사(故事)는 갖추어 밝혀서[修明] 준수하지 않을 수 없다. 각 방의
해당 이서들은 등록된 문서에서 (관련된 고사를) 일일이 찾아내고, 없으면
나이 든 이서에게 찾아가 물어서 책자로 만들어서 오래도록 전해지게
해야 한다. 금성(錦城) 호장(戶長)이 일기를 쓰던 법29)을 모방하여 시행해야
할 것이다.

8. 폐단을 고침[釐弊瘼]

읍에서 관이 행하는 일이나 서리와 민에게 고칠 수 있는 폐단이 있다면
민을 널리 방문하여 (그들이) 원하는 것을 수집하고 혹은 여러 가지로
몰래 조사하여[廉察]30) 순서를 정하여 개혁한다. 만약 크게 변통해야 할
일이라면 반드시 먼저 감영(監營)에 보고하고 허락을 받은[許題]31) 후에

---

27) 출사(出使) : 포교(捕校)가 도둑을 잡으라는 수령의 명령을 받고 멀리 출장함.

28) 차견(差遣) : 사람을 시켜서 보냄. 차송(差送).

29) 금성호장(錦城戶長) 일기(日記) : 『금성일기(錦城日記)』를 가리킨다. 『금성일기』
는 나주(羅州)에 부임한 목사(牧使)・판관(判官) 등 수령의 부임(赴任)・이임(離任)
과 관찰사(觀察使)를 비롯한 각종 사신들이 나주에 들어 와서 떠난 일시를 시간
순서대로 정리한 자료이다. 고려 공민왕(恭愍王) 10년(1361)부터 조선 성종(成宗)
12년(1481)까지의 시기를 대상으로 나주 지역 향리인 호장(戶長)이 작성한 희귀한
기록으로서, 나주시 문화원에서 번역한 『국역 금성일기』(1989)가 바로 그것이다.
이에 대한 가장 최근의 연구로서 윤경진, 「15세기 고문서(古文書) 이례(二例)의
소개와 분석」, 『규장각(奎章閣)』 29, 2006이 있다.

30) 염찰(廉察) : 염탐(廉探).

시행하여, 마음대로 처리한다[專擅]32)는 의심을 피해야 한다.

9. 때때로 점검함[時點閱]33)

창고를 때때로 검사하고[反閱]34) 감옥의 죄수는 때때로 검찰(檢察)하며 이졸(吏卒)은 때때로 점고(點考)35)한다.

면주인(面主人)36)도 또한 예고 없이 점고하여 촌(村)과 이(里)에 출몰하는 폐단을 막는다. 여름이나 가을의 수확기에는 특히 엄하게 신칙하여 촌에 나가 구걸하지 못하게 해야 한다.

10. 재물의 쓰임새를 줄임[節財用]

관가의 모든 물건은 모두 민에게서 나온 것이니 반드시 다달이[排朔]37)

---

31) 허제(許題) : 백성들이 제출한 청원서, 진정서 따위의 민원 서류 여백에다가 그 처리와 관련된 지령(指令)을 써서 내어 주는 것.

32) 전천(專擅) : 어떤 사안에 대해서 상부의 지시나 또는 관계자의 협의 없이 자기 마음대로 일을 처리하는 것.

33) 점열(點閱) : 일종의 정기점검.

34) 번열(反閱) : 번고(反庫)와 점열(點閱). 번고는 창고에 있는 물건을 조사하고 정리하는 것.

35) 점고(點考) : 명부(名簿)에 하나하나 점을 찍어 가면서 수효를 조사함.

36) 면주인(面主人) : 특정한 면과 다른 행정구역 사이를 왕래하면서 물건을 전달하거나 행정 서류업무를 수행하던 사람. 조선시대에는 지방의 행정단위에서 행정사무의 편의와 효율을 기하기 위해서 행정 소재지 및 서울에 관련 행정 업무를 담당하는 사람들을 배치하였는데, 이들을 주인이라 하였으며, 서울에 주재하던 사람을 경주인이라 부른 것 등이 그러한 예에 속함.

37) 배삭(排朔) : 달마다 얼마씩 몇 달에 걸쳐서 벼름.

아껴 쓰고 쓸모없는 비용[冗費]을 줄여서 민의 힘을 펴주고, 남는 것은
비축하여 비상시에 대비한다.

매달 초와 보름에 두 번 회계(會計)하면 쓰임새의 정도를 알 수 있는데,
절대로 다음 달 치를 미리 끌어 쓰지[犯朔]38) 말아야 한다. 회계는 자기가
부리는 하인[私人]39)에게 맡기지 말고 좌수(座首)40)와 이방(吏房)41)에게
주관하게 한다. 관의 재물은 사사롭게 처리해서는 안 되고 이민(吏民)과
함께 쓰는 것이기 때문이다. 재물은 절약해서 써야 하는 것이지만 가난했을
때 친하게 지내던 사람이 산 넘고 물 건너[跋涉] 찾아와 그 다급한 처지를
알려 오면 그가 원하는 것을 모두 들어줄 수는 없더라도 또한 낭패(狼狽)42)
를 당하게 해서는 안 된다. 반드시 힘닿는 대로 조금이라도 도움을 주어서
사람을 친절하게 대접하는 풍속을 해치지 말아야 한다.

---

38) 범삭(犯朔) : 다음 달 치를 미리 끌어다 쓰는 것.

39) 사인(私人) : 자기가 부리는 하인.

40) 좌수(座首) : 지방의 주(州) · 부(府) · 군(郡) · 현(縣)에 둔 향청(鄕廳)의 우두머리.
육방(六房) 중의 이방(吏房)과 병방(兵房)을 맡아봄. 대한제국 때에 향장(鄕長)으로
고침. 아관(亞官). 수향(首鄕)이라고도 함.

41) 이방(吏房) : 중추원, 승추부, 사평부, 승정원 및 각 지방 관아에 두었던 육방의
하나. 또는 그 장관이나 수리(首吏). 관제, 법규, 인사 등에 관한 사무를 맡았다.

42) 낭패(狼狽) : 일이 실패로 돌아가 매우 딱하게 됨.

호전(戶典)에 속하는 것들[戶典之屬]

1. 호구의 장정을 조사함[核戶丁]

호구란 나라를 다스리는 데 있어서 중요한 것이고 (그것을 관리하는 것은) 한 고을의 큰 정치이다. 비록 호적을 작성하는 때가 아니더라도 매월 초하루나 말에는 이임(里任)에게 성책(成冊)을 손질하게 하여 아무개가 사망하고 도망가고 이사 간 것, 아무 집이 생산한 남녀 등을 일일이 기록에 올려서 면임에게 제출하면 면임은 몸소 조사하여 확인한 후 관부(官府)에 보고하여 (수령이) 민수(民數)의 늘어나고 줄어든 것을 알게 하고, 도망자와 사망자의 많고 적음을 상세히 파악할 수 있도록 한다.

빈 호구[虛戶]를 줄이고, 양호(養戶)¹⁾를 파하며, 호적을 위조하는 것[冒

---

1) 양호(養戶) : 부자(富者)가 가난한 자의 구실을 대납(代納)하여 공역(公役)을 면하게 해 주고, 자기 집에서 대신 부리던 민호(民戶). 지방의 토호(土豪)·관속(官屬)들이 자기의 경작지에 민전(民田)을 합록(合錄)해서 그 세(稅)를 자신이 거두면서 미두 (米豆)를 가렴(加斂)하여 그 수(數), 즉 자신이 부담할 세액(稅額)까지를 채우거나 평민의 농토를 겁탈(劫奪)하여 역가(役價), 즉 평민이 부담하는 각종의 세납(稅納) 과 요역(徭役)의 비용을 늑봉(勒捧)·절취(竊取)하는 대상이 되었던 민호(民戶)를 말한다(『續大典』, 戶典 收稅). 다시 말하면, 호호(豪戶)로부터 보양(保養)받는 대신 에 그들에게 각종의 역역(力役)과 물납(物納)의 부담을 졌던 잔호(殘戶)를 가리키 는 말로서, 과중한 부역을 피하려는 농민과 팔결위일부(八結爲一夫) 제도를 악용

籍]을 금하고, 빠진 장정[漏丁]²⁾을 찾아내며, 첩역(疊役)³⁾을 줄여준다.

호패법(號牌法)⁴⁾을 시행한다. 도식을 반포하여 보여주고 기한을 정해서 완성하되 직역과 성명은 하나같이 원래의 호적을 따른다. 민이 출입할 때 모두 패용하게 하고 소장을 올리면[呈狀]⁵⁾ 종이 끝에 이를 매달게 한다. (호패가) 없는 자는 누적률(漏籍律)⁶⁾을 적용한다.

한 호수(戶首) 및 간리(奸吏)의 작간(作奸)이 결합된 데서 발생한 것이다. 그런데 18세기 말엽부터는 종전에 양호(養戶)를 거느리던 부호(富豪), 즉 대체로 호수(戶首)였던 사람이 관속(官屬)들의 양호가 되고, 반대로 양호였던 잔민(殘民)이 호수가 되는 현상을 보였으니, 이는 8결(結) 내의 농민이 납부하여야 할 온갖 세납(稅納)의 수합·납부가 점차 어려워졌을 뿐 아니라, 이를 이행하지 못할 경우, 양호의 폐해를 막기 위하여 강화된『속대전(續大典)』의 벌칙(罰則)을 감수하여야 하는 고통이 뒤따르기 때문이었다. 고려시대에도 양호(養戶)라는 이름의 민호(民戶)가 존재했었는데, 이는 군호(軍戶)와 관계되는 존재였다.

2) 누정(漏丁) : 조선시대 군적(軍籍) 편성시 정남(丁男)으로 군적에서 빠진 정호(丁戶), 또는 군적에서 고의로 정호를 빠뜨리는 행위. 은정(隱丁)이라고도 한다.

3) 첩역(疊役) : 신역 부담자 한 사람이 동시에 두 가지 이상의 신역을 수행하는 것.

4) 호패법(號牌法) : 호패를 차도록 하는 법제. 조선 태종 때 처음 시행되었다가 잠시 폐지되고, 세조 4년에 다시 시행되어 거의 조선조 말까지 시행됨. 호패는 16세 이상 되는 남자가 차는 길쭉한 패찰로서 전면에는 성명, 나이, 생년의 간지를 새기고 후면에는 해당 관아의 낙인(烙印)이 찍혔으며 신분에 따라 구별이 있었음.

5) 정장(呈狀) : 소장(訴狀)을 관아(官衙)에 바침.

6) 누적률(漏籍律) :『속대전』에 규정된 처벌조항을 살펴보면 다음과 같다. ① 호적 작성 때 가장으로서 1정을 누락시킨 자는 장(杖) 100을 치고 도(徒) 3년에 처한다. ② 사족(士族)으로서 3정 이상을 누락시킨 자는 무기한 유배시킨다. ③ 평민으로서 3정 이상을 누락시킨 자는 충군(充軍)시킨다. ④ 공사천(公私賤)으로서 3정 이상을 누락시킨 자는 장 100을 치고 절도(絶島)로 유배시킨다. ⑤ 감관(監官)·색리(色吏)로서 5정 이상을 누락시킨 자는 장 80을 치고, 10정 이상을 누락시킨 자는 장 80을 친 다음 도(徒) 2년에 처한다. ⑥ 반면에 누정자가 호구성적(戶口成籍) 후 1개월 이내에 자수하면 그 죄를 면하게 한다.

승도(僧徒)에게는 도첩법(度牒法)[7]을 시행한다. 별도로 도식을 만들어 각 사찰에 반포하여 보여주고 승적(僧籍)을 두어서 출입을 알 수 있게 한다. 위반하는 자는 무겁게 처벌하기를 하나같이 『경국대전(經國大典)』[8] 의 규정에 따라 시행한다.

2. 놀면서 게으른 것을 금함[禁游惰]

옛날에 민을 4가지로 나누어 각기 그 업을 닦게 하였으니, 네 가지 이외에는 모두 난민(亂民)이다. 고을 경내를 신칙하여 만약 농사도 짓지 않고 장사도 안 하면서 노는 복장으로 놀고먹으면서 이익을 탐하고[牟利]

---

7) 도첩(度牒) : 고려・조선시대에 승려가 되고자 하는 사람은 관청으로부터 출가 허가장(出家許可狀), 즉 도첩(度牒)을 받도록 규제한 것을 말한다. 이것은 국가에 대하여 신역(身役)의 의무를 지고 있는 국민들이 함부로 승려가 될 경우, 부역 인구가 크게 줄어들 우려가 있기 때문에 취하여진 조치로, 중국에서는 남북조시 대에 시작해서 당(唐)나라 때 제도화된 바 있다. 조선시대에는 초기부터 억불책(抑 佛策)과 양역(良役) 확보책의 하나로 도첩 제도를 강화하여, 양반 자제는 포(布) 1백 필, 평민은 포 1백 50필, 천인은 포 2백 필을 각각 납부하여야만 도첩을 받을 수 있도록 규제되어 있었으나, 세조(世祖)와 문정왕후(文定王后)의 호불책(護 佛策)으로 한동안 정포(正布) 20필에 도첩을 발급하게 하는 폐단이 생기자, 문정왕 후 사후(死後)에는 도첩의 발급을 전면 중단하고 말았다. 그리하여 조선후기에는 불법적인 입산(入山)이 성행하게 되었으나, 정부에서는 호적(戶籍) 제도의 강화와 승려에 대한 부역의 증가 등으로 예방하고자 하였을 뿐, 도첩 제도의 부활이나 강화는 시도하지 않았다.

8) 경국대전(經國大典) : 조선 건국 초의 법전인 『경제육전(經濟六典)』의 원전(原典) 과 속전(續典), 그리고 그 뒤의 법령을 종합해 만든 조선시대 두 번째 통일 법전. 세조는 즉위하자마자 새로운 법령이 계속 쌓이고 그것들이 전후 모순되거나 미비해 결함이 발견될 때마다 속전을 간행하는 고식적 법전 편찬 방법을 지양하고 당시까지의 모든 법을 전체적으로 조화시켜 만세성법(萬世成法)을 이룩하기 위해 육전상정소(六典詳定所)를 설치, 통일 법전 편찬에 착수하였다. 이후 성종대 완성 하여 1485년 1월 1일부터 시행하였다.

빌어먹는 것을 업으로 삼는 자가 있다면 통렬하게 금지하여 민생을 살찌게 하고 민속을 바로 잡는다.

3. 논밭을 갈아서 씨뿌리기를 권함[勸耕種]⁹⁾

논밭을 갈아서 씨 뿌리는 방법은 그 지역의 토양과 풍속에 따라서 절목을 만들어 경내(境內)에 반포하여 보여 준다. 밭에 거름을 주고[糞田], 씨앗을 키우고[蓄種], 밭 갈고 씨 뿌리는 절차는 그 때를 놓쳐서는 안 된다. 매년 봄에 밭갈이 할 때마다 소가 없거나 양식이 없는 사람들을 골라내어 이웃에서 서로 돕게 하고 어기는 자는 무거운 벌을 준다.

소는 농가에서 크게 유용하다. 경내의 농우(農牛)는 암수와 털, 뿔 등에 대하여 일일이 장부를 만들어 관부(官府)에 두고 사고팔거나 사망하였을 때는 관의 증명서[立旨]¹⁰⁾를 제출하도록 한다. 십가패법¹¹⁾을 써서 1패 안에서 있는 것과 없는 것을 서로 교환하고[有無相資] 날짜를 배분하여 밭을 갈게 한다. 본 패 안에서 밭갈이를 마치기 전까지는 다른 이(里)에 (소를) 빌려주는 것을 허락하지 않는다.

각 면에는 권농도감(勸農都監)과 감관(監官)¹²⁾을 두고 관장하는 지역

---

9) 경종(耕種) : 논밭을 갈아서 씨뿌리기를 권함.

10) 입지(立旨) : 신청서 끝에 신청한 사실을 입증하는 뜻을 부기하는 관부의 증명.

11) 십가패법(十家牌法) : 왕양명(王陽明)이 만든 법. 열 집을 한 단위로 묶어 패(牌) 하나를 주고 열 집이 돌려가며 하루씩 패를 맡아 돌리는데, 유시(酉時)가 되면 패를 맡은 사람은 패를 가지고 집집마다 찾아가서 외출한 사람이 있으면, 무슨 일로 어디에 며칠 만에 돌아오는지, 또 손님이 왔을 경우, 성명은 무엇이며 어디에서 무슨 일로 왔는가를 조사하여 아홉 집에 알리고, 만약 의심스러우면 관가(官家)에 보고한다. 만일 사실을 은폐하였다가 발각되면 열 집이 함께 죄를 당한다.

내의 농사 형편과 빈부의 균일한 정도, 부지런하고 게으른 정도, 밭 갈고
씨 뿌리고 김매고 수확하는 절차 등을 두루 살펴서 매월 초하루마다 관부에
보고하게 한다.

황무지를 개간하고[開荒] 물을 저장하고[儲水] 하천을 막고[防川] 보(洑)
를 뚫는[鑿洑] 등의 일을 별도로 특별히 신칙하여 지리적 이점을 다 이용할
수 있게 한다.

4. 나무 심고 가축 기르기를 가르침[敎蒔畜]

농가의 이점은 곡식을 심고 거두는 일[稼穡]에만 있는 것이 아니다.
뽕나무, 닥나무, 대추나무, 밤나무 등과 같은 것을 그 토양에 따라서 파종하
고 모종을 내도록 권장한다. 그리고 본리에서 이를 책자로 만들어 관에
보고하게 하여 그것을 부지런히 하고 있는지 게으름을 피우고 있는지를
파악한다. 개·돼지·닭·오리 등도 또한 기르게 하여 양생(養生)의 자원으
로 삼는다.

5. 재해를 살핌[察災傷]

각 면 권농과 감관에게 들판을 순시하여 강우량의 많고 적음을 그때그때
보고하게 한다. 만약 가뭄이나 서리, 우박, 바람, 병충해 등과 같은 비상한
재변이 있으면 바로 보고하게 하여 수령이 담당 이서로 하여금 일일이
장부에 기록하게 하여 답험(踏驗)13)할 때를 기다려 흉년이 든 것을 증명하는

---

12) 감관(監官) : 각 관아나 궁방에서 금전출납을 맡아보거나 중앙정부를 대신하여
　　특정업무의 진행을 감독하던 관직.

증거로 삼는다.

답험할 때 논과 밭 가운데 재해를 입은 곳은 밭 가운데에 나무로 만든 푯말을 세우고 아무개의 아무 밭이 아무 재해를 얼마나 입었다고 상세히 기록한 뒤 불시에 적발하여 허실을 살핀다.

6. 징수하여 납부하는 것의 기한을 정함[限徵納]

모든 징수하여 거두는 법은 너무 늦추면 일에 미치지 못하고 너무 급하게 서둘면 민이 편치 못하다. 반드시 미리 기한을 정하여 민과 함께 약속하고 힘닿는 대로 갖추어 마련하여 기한을 넘기지 못하게 한다. 관아에서 쓰는 꼭 필요한 것에 대해서도 관례를 어기면서까지 덜어 주어 민의 칭찬을 사려고 해서는 안 될 뿐만 아니라 또한 경박하게 매질을 가하여 민의 힘을 피곤하게 해서도 안 된다.

조정에 내는 공물이나 상납하는 모든 것에 대해서는 마땅히 더욱 삼가서 몸소 납부하는 것을 감독하여 혹시라도 기한을 넘기지 못하게 한다. 환자·군포 등 으레 납부하는 것은 반드시 실정에 꼭 맞게 하고 혹시라도 작은 칭찬을 얻으려다 실질적인 폐단을 낳는 일이 없게 해야 한다.

7. 말과 섬을 고르게 함[平斗斛]

도량형을 잘 관리하는 것은 나라를 다스리는 데 중요한 일이다. 한

---

13) 답험(踏驗) : 농사가 잘되고 못된 것을 관원이 실제로 현장에 나가서 조사하여 그 손해에 따라 조세를 매기던 법. 한해의 농사 작황을 현지에 나가 조사하여 등급을 매기는 답험(踏驗)과 조사한 작황의 등급에 따라 적당한 비율로 조세를 감면해주는 손실(損失)의 합칭어로 답험손실이란 용어로 자주 사용되었다.

읍 내에서도 한 섬의 양이 고르지 못하다. 반드시 내외의 창고와 각 장시(場市)의 말과 섬을 호조에서 반포한 놋쇠 섬으로 교정하여 낙인을 찍어서 반포하고, 모든 분급(分給)할 때와 봉납(捧納)할 때 하나 같이 이 섬을 사용한다. 혹 섬은 작고 말은 큰 것이 있으면 또한 마땅히 교정하여야 한다. 모든 그릇의 바닥과 모서리를 평평하게 하여 혹 넘치게 거두는 일이 없게 한다.

8. 덮어서 저장하는 일을 완비함[完蓋藏]

창고는 반드시 고치고 이어서[修葺][14] 깨끗하게 하고 곡물이 습기로 썩거나 상하지 않게 한다. 담장은 마땅히 완전하고 견고해야 하고, 돌아가면서 번 서는 일을 엄격하게 하여 몰래 훔쳐가는 일을 막아야 한다. 가마니[藁石]는 반드시 견고하고 촘촘해야 하며 그물을 짤 때도 반드시 촘촘하게 짜서 새나가는 것을 막아야 한다.

창고에 쌀[米穀]을 저장할 때는 (바닥에) 반드시 나무판자를 깔아야 하고 벼[皮穀]를 저장할 때도 또한 벽돌을 깔아서 땅의 습한 기운이 스며드는 것에 대비해야 한다. 노적(露積)하는 곳은 반드시 위에는 가마니를 덮고 아래에는 나무와 돌을 깔아서 비와 눈을 막아야 한다.

곡식을 저장하는 방법 가운데 땅을 파고 저장하는 것이 가장 좋다. 만약 중국 제도를 조사하여 창고 내에 설치할 수 있다면 진실로 무궁한 이익이 될 것이다.

---

14) 수즙(修葺) : 지붕·바람벽 등의 허름한 데를 고치고 이음. 깁고 고침.

9. 장부는 상세하게 함[詳簿籍]

공공 물건이 훼손되고 간사한 이서가 농간을 부리는 것은 모두 장부가 분명하지 못한 데서 비롯된다. 수령은 크고 작은 것을 물론하고 반드시 자신이 몸소 검사하고, 항목마다 계산하여 비교해 본 이후에야 비로소 서명 날인하여 간사한 폐단을 막아야 한다.

10. 남는 것을 가볍게 함[輕剩餘]

10분의 1의 이자를 받는 것은 본래 쥐로 인한 감축에 대비하기 위한 것이었는데, 오늘날에는 정규적인 납부 항목이 되어버렸다. 또한 간색미[15] 와 낙정미[16]는 감고(監考)[17]의 생계 수단이 되어서 완전히 금지할 수도 없게 되었다. 그 한도를 참작해서 정해 가지고 이것이 절도(節度) 없이 지나치게 많아지지 못하게 해야 한다. 쌀과 벼를 그 나누는 횟수를 헤아려서 각각 색락기(色落器)[18]를 만들어서 이것을 제외하고 내게 한 뒤, 그 나머지 는 비록 한 되 한 홉의 적은 양이라도 그 민에게 돌려주는 것이 좋다.

---

15) 간색미(看色米) : 세미(稅米)를 거둘 때 쌀의 품질을 조사하기 위해 견본으로 삼는 쌀. 조선후기에는 이것을 창번(倉番)이나 고지기(庫直)에게 주는 보수로 이용하였으며, 이는 정식 세 항목에 포함되었다.

16) 낙정미(落庭米) : 말이나 되를 가지고 마되질을 하다가 땅에 떨어진 곡식.

17) 감고(監考) : 정부의 재정부서에서 전곡(錢穀) 출납의 실무를 맡거나 지방의 전 세·공물 징수를 담당하던 하급관리. 중앙에서는 서리, 지방에서는 향리들이 이 일을 맡았으므로 감고서원(監考書員) 혹은 감고색리(監考色吏)·감고색장(監 考色掌)이라고도 하였다.

18) 색락기(色落器) : 색락(色落)이란 세곡(稅穀)이나 환곡(還穀)을 받을 때에 간색(看 色)이나 헤어질 쌀을 채우기 위하여, 얼마쯤 가외로 더 받아들이던 곡식을 말하는 데, 조선후기에 이것을 징수하기 위해 따로 만든 그릇을 말한다.

예전(禮典)에 속하는 것들[禮典之屬]

1. 풍속을 바로잡아서 교화함[正風化]

풍속을 교화하는 것은 다스리는 방도의 큰 근본이다. 부임 초기에 먼저 효제(孝悌)·예양(禮讓)의 방도와 친척과 화목하고 구휼에 앞장서는 도리를 방을 걸어서 깨우친다. 혹은 여씨향약(呂氏鄕約) 가운데 서로 돕고 구하는 등의 일 가운데 간단하여 쉽게 따를 수 있는 것을 절목을 만들어 민간에 반포하고 이들과 더불어 약속하여 만약 따르지 않는 자가 있으면 드러나는 대로 경계하여 다스린다.

교화의 방도는 겉만 번지르르 하게[1] 해서는 안 되며, 또 하루아침에 이룰 수 있는 것도 아니다. 반드시 그 본말을 알고 선후를 따져서 실천하되 단계적으로 조금씩 (선으로) 인도하여 민이 날마다 선으로 나아가면서도 스스로 그것을 알지 못할 정도가 되어야 한다.

친척간에 서로 소송하는 것은 그 사정이 무엇인지를 물론하고 받아서 심리하는 것을 허용하지 않는다. 그러나 종계(宗系)[2]나 산송(山訟)[3]은 여기

---

1) 성음소모(聲音笑貌) : 겉만 번지르르한 모양.
2) 종계(宗系) : 종가(宗家)의 혈통(血統).

에 포함되지 않는다.

나이 어린 자가 어른을 능멸하는 것, 신분이 낮은 자가 높은 사람을 넘어서려고 하는 것, 강한 자가 약한 자를 괴롭히는 것 등과 같은 일은 엄하게 조목을 세워서 통렬하게 처벌함으로써 다른 사람을 경계해야 한다.

2. 나이든 자의 연륜과 덕행을 존중함[禮齒德]

나이든 자의 덕행[齒德][4]은 한 고을의 달존(達尊)[5]이다. 경내의 선비 중에서 나이 많고 덕망이 무거운 자로서 고을의 본보기[矜式][6]가 될 만한 사람은 몸소 방문하거나 편지로 다스리는 방도를 자문하여 민이 보고 감동하게 한다. 또는 향교[7]에 데려다가 두고 후학을 교도(敎導)하게 한다.

매년 초에 80세 이상 된 자를 가려내서 쌀과 고기를 선물하여 나이든 사람을 높이는 뜻을 넓힌다.

3. 절개 있는 행동을 장려함[奬節行]

교화의 근본은 절개 있는 행동을 숭상하고 장려하는 것보다 큰 것은 없다. 경내에 효자와 열녀로서 다른 사람보다 탁월한 사람이 있으면 그 호역(戶役)을 덜어주고 먹을 것을 내려준다. 그 중 가장 현저한 자에 대해서

---

3) 산송(山訟) : 묘지에 관한 소송사건.
4) 치덕(齒德) : 나이가 많고 덕행이 뛰어난 사람.
5) 달존(達尊) : 천하를 통하여 어떠한 시대에나 존중하여야 할 것. 곧 관작(官爵)과 나이와 학덕(學德)의 3가지.
6) 긍식(矜式) : 삼가 본보기로 삼음.
7) 학궁(學宮) : 향교.

는 공의(公議)를 널리 모아서 상급 기관에 보고한다.

만약 특출한 기예나 능력이 있는 선비는 반드시 표창[表章]8)하고 발탁[甄拔]9)하여 타인을 권장하는 계기로 삼는다.

4. 제사를 공경히 지냄[敬祀享]

문묘(文廟)10) · 사직(社稷)11) · 성황(城隍)12) · 여제(厲祭)13) 및 경내의 사

---

8) 표장(表章) : 표창.

9) 견발(甄拔) : 인재를 견별하여 발탁함.

10) 문묘(文廟) : 공자(孔子)를 받드는 묘우(廟宇). 안자(顔子) · 증자(曾子) · 자사자(子思子) · 맹자(孟子)를 배향(配享)하고 공문 10철(孔門十哲) 및 송조 6현(宋朝六賢)과 우리나라의 신라 · 고려 · 조선조의 명현 18현(十八賢)을 종사(從祀)해 태학생(太學生)들의 사표(師表)로 삼았다. 중앙에는 성균관, 지방에는 각 향교에 건치(建置)하고 있다. 조선조에서는 공자를 정위(正位)로 하여 4성(四聖)과 공문 10철, 송조 6현을 대성전(大成殿)의 좌우에 배열, 배향하고, 동무(東廡)에 중국 명현 47위(位)와 우리나라의 명현 9위를 종사하고, 서무(西廡)에 역시 중국 명현 47위와 우리나라의 명현 9위를 종사하였다.

11) 사직(社稷) : 국가에서 백성의 복을 위해 제사하는 토지의 신(神)인 사(社)와 곡식의 신인 직(稷). 사에는 구룡(句龍)을, 직에는 후직(后稷)을 배향함. 군주(君主)가 나라를 세우면 먼저 사직과 종묘(宗廟)를 세우는데 사직은 궁성(宮城)의 왼쪽에, 종묘는 오른쪽에 세움. 군주를 사직의 주인이라고 하여 국가가 존재하면 사직의 제사가 행하여지고 망하면 사직의 제사는 폐지됨. 그러므로 사직은 국가라는 뜻으로 쓰임.

12) 성황(城隍) : 민간에서 일반적으로 마을의 수호신으로 받들어지는 신. 신수(神樹)에 잡석을 쌓아 놓은 돌무더기나 신수에 당집이 복합된 형태의 서낭당에 깃들어져 있다고 믿어지는 신격으로 성황(城隍) · 선왕 등으로도 불린다. 마을 수호신적 성격이 강하지만 경계신적 성격도 지니며, 성황제에 대한 문헌기록을 보면 전쟁 수호신으로도 믿어졌음을 알 수 있다.

13) 여제(厲祭) : 여귀(厲鬼)에게 지내는 제사. 여귀란 여러 가지 사정으로 인하여 제사를 받을 수 없는 무사귀신(無祀鬼神) 또는 무적귀신(無籍鬼神)을 말한다. 이들 무사귀신은 사람에게 붙어 탈이 나기 때문에 이를 제사지냄으로써 미연에

당[祠廟] 가운데 관에서 제사지내는 것은 반드시 몸소 진행하고, 제수(祭需)
는 반드시 몸소 검사하여 정밀하게 마련하며, 모든 집사(執事)는 반드시
경건하고 성실한 자를 별도로 선발한다. 서원(書院)과 사당·묘지의 제수
역시 관에서 헤아려서 돕는다.

부임 초에 맨 먼저 두루 돌면서 배알한 뒤, 수선하고 청소하여 정성과
공경을 다한다.

기우제(祈雨祭)14)와 기청제(祈晴祭)15)는 생민(生民)의 운명과 관련된 것
이니 더욱 경건하고 청결하게 정성을 다하여 지내서 제사의 효과가 나타날
수 있게 해야 한다.

교생(校生)16) 가운데 재주 있고[精敏]17) 글을 아는 자를 선택하여 의주(儀

방지하고자 한다. 조선시대에는 예조에서 사관(祀官)을 파견하여 매년 2회(7월
15일, 10월 15일) 북교(北郊)에 있는 여단(厲壇)에서 성황(城隍) 1위와 무사귀신
15위를 제사지냈다.

14) 기우제(祈雨祭) : 가뭄이 들었을 때 비가 내리기를 비는 제사. 조선시대에는 기우제
를 자주 지냈는데,『조선왕조실록』을 찾아보면 기우제가 음력으로 4월에서 7월
사이의 연중행사였음을 알 수 있다. 이렇게 나라에서 지내던 기우제 중에는
국행기우제(國行祈雨祭)의 12제차가 있어서 각 명산·대천·종묘·사직·북교
의 용신들에게 지내는 복잡한 절차가 있었다. 12제차는 가뭄의 정도에 따라서
5월에 1차, 6월에 2차를 지내기도 하고, 5월에 5차까지, 6월에 8차까지 하기도
하고, 심하면 4월에 10차까지 하고 5월에 12차까지 다 끝내는 때도 있었다.
이러한 국행기우제에는 대신들을 제관으로 파견하였다.

15) 기청제(祈晴祭) : 장마가 연일 계속되어 피해가 예상될 때 나라에서 비가 멎기를
빌던 제사. '영제(禜祭)'라고도 한다. 원래 '영(禜)'이란 산천신에게 빌어 수재·한
재·여역(癘疫)을 물리치는 제사를 말한다. 고려 때부터 조선시대까지 지속된
농경의례의 하나로 주로 입추(立秋) 뒤까지 장마가 계속되어 흉년이 예상될
때에 날이 개기를 빌던 제사이다. 따라서 음력 7, 8월에 가장 많이 행해졌고
그 다음이 6월, 그리고 이밖에 특별한 행사가 있을 때에도 비가 그치기를 빌었다.

16) 교생(校生) : 지방 향교나 서원(書院)에 다니는 생도로서, 원래 상민(常民)으로
향교에서 오래 공부하면 유생(儒生)의 대우를 받았으며 우수한 자는 생원 초시(生
員初試)나 생원 복시(生員覆試)에 응할 자격을 얻었다.

註)18)와 호창(呼唱)19)을 강습하여 예의(禮儀)에 맞지 않게 (제사를 지내는
일이) 없도록 해야 한다.

5. 강독과 시험을 삼가서 시행함[勤講試]

　교화의 근본이 오로지 강독과 시험에만 있는 것은 아니지만 그러나
선비를 육성하는 방도로서 강독과 시험을 제외하고는 그 교육의 정도를
확인할 방법이 없다. 경내에서 문장과 식견 및 연륜이 가장 높은 자를
추천하게 하여 도훈장(都訓長)을 정하고 각 면 역시 면훈장(面訓長) 한
사람을 정한다. 그리고 면 안의 유생 명단에서 뽑아내어 경전과 역사를
물론하고 원하는 대로 강에 응하게 하고 매달 초하루와 보름에 각 면훈장이
시강하여 관에 보고하면 수령이 도훈장과 같이 등수를 매겨서 상벌을
시행한다.
　매년 가을과 겨울에는 강독하고 봄과 여름에는 제술(製述)20)하게 한다.
제술하는 법은 책(策)·논(論)·표(表)·시(詩)·부(賦)21)와 경전 가운데 원

---

17) 정민(精敏) : 사리(事理)에 정통하고 재지(才智)가 예민함. 학식이 많고 재주가
　　있음.

18) 의주(儀註) : 여러 가지 의식(儀式)의 상세한 절차, 또는 이를 기록한 서첩(書牒).
　　의주(儀注)라고도 한다.

19) 호창(呼唱) : 본래는 앞에서 큰 소리로 불러 외치는 행위를 말함. 조선시대에는
　　그 뜻이 확장되어 ① 의식이나 예를 행할 때 중간에서 진행되는 과정을 외치는
　　것, ② 조정관원의 행차가 저잣거리를 지나갈 때 행차 앞에서 행차하는 관원의
　　관직을 크게 외쳐서 사람들로 하여금 예를 표하게 하는 것 등을 의미하게 됨.

20) 제술(製述) : 과거 문과의 시험과목의 한 가지. 시(詩)·부(賦)·표(表)·전(箋)·의
　　(疑)·의(義)·송(頌)·명(銘)·잠(箴)·기(記)·대책(對策)·제(制)·조(詔) 등을
　　제술하게 함.

21) 책(策)·논(論)·표(表)·시(詩)·부(賦) : 과거 문체. 책(策)은 고시관이 당면한 여

하는 대로 출제한다. 매월 초하루에 15개를 출제하여 각 면훈장이 권장하여 (답안을) 작성하여 제출하게 하고 그 등급을 매겨서 우수한 등급에 해당되는 자는 향교에 들어가게 한다. 그리고 그 가운데 몇 사람을 뽑아내서 (향교의) 기숙사에 거주하게 하고 관에서 식량을 제공하여 오로지 학습에만 몰두하게 한다. 혹은 시험장을 개설하고 그 능력을 시험하여 선비를 선발한다. 어린이[童蒙]는 고시(古詩)22)와 사서(四書)23)의 뜻을 시험하는데, 역시 원하는 대로 과제로 부과한다. 모든 강독과 제술하는 법은 별도로 절목을 만들어 영구히 준수하게 한다.

6. 서적을 널리 보급함[廣書籍]

관부와 향교의 서책은 일일이 점검하여 떨어진 책과 손상되고 헤진 것은 일일이 보수한다. 책판이 닳아서 없어진 부분은 그때그때 첨가하여 간행하고, 혹은 나무를 모아서 목활자를 만들어 서적을 인출하여 향교와 각 면에 반포한다.

경내에 있는 선배의 문집이나 이름난 유학자가 저술한 책자를 널리 모아서 만약 채택할 만한 것이 있으면 널리 알리고 보급한다.

─────────────

러 가지 문제를 응시자인 선비에게 제시하여 그 책략을 구하면 그에 응답하는 것, 논(論)은 고대 논설문의 일종으로 사리를 판단하여 시비를 밝히는 문체, 표(表)는 신하가 소회(所懷)를 진술하여 왕에게 올리는 글, 부(賦)는 여섯 글자로써 한 글귀를 만들어 짓는 글, 그리고 운문(韻文)인 시(詩)가 있었다.

22) 고풍(古風) : 고시(古詩).

23) 사서(四書) : 유교 경전인 논어(論語)·맹자(孟子)·대학(大學)·중용(中庸)을 말한다. 남송(南宋)의 주희(朱熹)에 의해 성리학(性理學)이 집대성되면서 유교(儒敎) 경전(經典)으로서 중요시되기 시작하여 조선시대 유자(儒者)들의 필독서가 되었다.

혹은 서방(書房)을 창설하여 경내의 많은 선비들로 하여금 출자하게
하여 이식을 취해서 서책을 사들인다.

7. 혼인을 도움[資婚嫁]

혼인이란 인륜의 시작이다. 선비의 집이 가난하거나 혹은 고아가 되어
혼인할 상대를 구하여 혼례를 하지 못하는 것은 실로 수령의 책임이다.
연초에 각 면에 명령을 내려 사족(士族)이나 서인(庶人)을 가리지 않고
만약 나이가 지났는데도 혼인하지 못한 자가 있으면 (그 명단을) 책자로
만들어서 관에 보고하게 하고, 그 친척과 이웃에서 혼처를 구하여 서로
돕게 하며, 혼례를 마친 후 관에 보고하게 한다. 관가에서도 역시 마땅히
힘닿는 대로 도움을 주어야 한다.

8. 고아와 홀로 사는 늙은이를 돌봄[恤孤獨]

사민(四民)[24]이란 가난한 민 가운데서도 누구에게 하소연하여 도움을
바랄 곳이 없는 사람[無告][25]들로서, 왕정(王政)[26]에서 먼저 인(仁)을 베풀
어야 할 대상이다. 각 면에 명령을 내려 홀아비와 과부 및 고아와 자식이
없는 늙은이 가운데 의지할 곳이 없는 사람의 (명단을) 책자로 만들어서
관에 보고하게 하고 그 친척과 이웃 가운데 위엄이 있는[風力][27] 자를

---

24) 사민(四民) : 여기서는 '환과고독(鰥寡孤獨)'을 말한다.

25) 무고(無告) : 누구에게 하소연하여 도움을 바랄 곳이 없는 이들. 곧 홀아비[鰥]나
    과부[寡], 부모가 없는 고아[孤], 자식이 없는 사람[獨]을 말함.

26) 왕정(王政) : 왕도(王道)로써 다스리는 정치. 인정(仁政). 『맹자(孟子)』양혜왕(梁惠
    王) 하(下) 참조.

보주(保主)[28]로 정하여 힘을 합해 돌보게 하여 극단적인 상황에 이르지 않게 한다. 관에서도 또한 힘닿는 대로 구휼하고, 만약 농사를 지을 수 있는 자라면 식량과 종자를 대주어 생업을 잃지 않도록 한다.

9. 상사(上司)를 존경함[尊上司]

경(經)에 말하기를 "윗사람의 신임을 얻지 못하면 아랫사람을 부릴 수 없다"고[29] 하였으니, 상관을 섬기는 예는 삼가지 않을 수 없다. 감영(監營)[30]과 중앙 관청[京司]은 나의 상관이니 존경을 다하고 체통을 훼손하는 일을 하지 말아야 한다. 오고 가는 문서를 지체시키지[稽滯][31] 말며, 상납하는 물종에 흠이 나거나 축이 나지 않게 하여 책망을 자초하지 말도록 해야 한다.

10. 찾아오는 손님을 편히 묵게 함[安賓旅]

사신[使客][32]이 내려와서 나의 경내를 지나가는 자는 그 높고 낮음에

---

27) 풍력(風力) : 사람의 위력.

28) 보주(保主) : 관리를 임용(任用)할 때 책임지고 보거(保擧)하는 사람. 만약 적재(適才)가 아니거나 흠이 있는 사람을 추천했을 때에는 벌을 받음. 보증인(保證人).

29) 『후한서(後漢書)』 권4, 화상제기(和殤帝紀) 제4, 화제(和帝) 영원(永元) 6년 3월 병인(丙寅), "有官人不得於上 黎民不安於下 有司不念寬和 而競爲苛刻 覆案不急 以妨民事 甚非所以上當天心 下濟元元也."

30) 감영(監營) : 조선시대 각도 관찰사가 집무하던 관청. 상영(上營). 순영(巡營). 영문(營門).

31) 계체(稽滯) : 일이 밀리어 늦어짐.

32) 사객(使客) : 연로(沿路)에 있는 고을의 수령이 봉명(奉命)사신을 이르는 말.

따라서 잘 접대해야 한다. 음식을 대접하는 것도 마땅히 신칙하여 주인이 손님을 접대하는 도리를 다해야 한다. 비록 관작이 낮고 미미한 사람이라도 만약 봉명 사신[別星]33)이거나 공무[公幹]34)로 왔다면 반드시 존경하는 예를 더하여 조정을 존중하는 뜻을 보여야 한다.

　행인이 양식이 끊어지고 병들어 머물고 있는 자는 아는 사람이든 아니든 모두 도와주어 경내에서 굶어 죽는 일이 없도록 해야 한다.

---

33) 별성(別星) : 중앙 정부에서 지방에 파견하는 대소 관원을 두루 일컬음.

34) 공간(公幹) : 공무(公務).

병전(兵典)에 속하는 것들[兵典之屬]

1. 성(城)과 해자를 수축함[修城壕]

성이 무너지고 해자가 막혀서 통하지 않는 곳은 힘닿는 대로 수리하고, 성 안의 각 이(里)에 자표(字標)를 배정하여 돌보게 한다. 우리나라의 수령은 원래 친히 거느리는 군대[親兵]가 없다. 오직 서리와 노비 및 거주하는 민으로 대오를 편성하여 완급에 대비하고 있을 뿐이다. 평상시에는 먼저 성을 지키는 절목을 의논하여 정한 뒤, 성가퀴를 나누어 파수하게 한다. 만약 치성(雉城)[1]과 옹성(甕城)[2]이 없는 곳은 상급 관청에 보고하고 재물을 모아서 설치한다. 대체로 석성(石城)은 벽돌성[甓城]만 못하고, 벽돌성은 토성(土城)만 못하니, 그 지리적 이점에 따라서 축성한다.

---

1) 치성(雉城) : 성위에 낮게 쌓은 담. 성가퀴.
2) 옹성(甕城) : 큰 성 문 밖의 작은 성. 원형 또는 방형으로 성문 밖에 부설하여 성문을 보호하고 성을 든든히 지키기 위해 만듦.

2. 성문 자물쇠를 삼가서 관리함[謹管鑰][3]

성문을 열고 닫는 일은 하나같이 관문의 열고 닫는 시간에 따른다. 외방은 물시계[更漏]가 없으면 목탁(木柝)이나 부고(桴鼓)[4]와 같은 것을 설치해서 시간을 구분한다[更點].[5] 성문 열쇠의 출납은 장교(將校)의 우두머리가 관장하게 하고, 문지기가 받아 갈 때는 크게 소리 지르면서 왕래하여 고을 사람들에게 모두 들리게 하여 행인이 다니는 시간을 정하게 한다. 만약 야간(夜間)에 갑자기 문을 열어야 할 일이 있다면 반드시 관에 고하고 지휘하는 깃발[令旗][6]을 청하여 살펴보고 난 이후 거행한다.

3. 봉수(烽燧)를 살핌[審烽燧]

봉수대와 기계(器械)는 몸소 돌면서 살펴보고, 혹 군교를 교대로 보내어 일일이 고치고 보수한 뒤, 혹 불시에 적간(摘奸)하여 궐직(闕直)[7]을 막는다.

4. 군적을 검찰함[檢名籍]

군병(軍兵)도 농민이니, 너무 자주 모여서 점호하는 것은 농사를 방해하

---

3) 관약(管鑰) : 열쇠, 자물쇠를 채움.

4) 부고(桴鼓) : 북채로 북을 침. 전쟁을 할 때나 시가지에서 민중들을 경계할 때에 친다.

5) 경점(更點) : 북과 징을 쳐서 밤의 시간을 알리는 것.

6) 영기(令旗) : 군중(軍中)에서 군령을 전달할 때에 쓰는 기(旗). 두 자 남짓한 푸른 비단으로 만들었는데, 가운데에 붉은 색으로 쓴 영(令)자가 있기 때문에 붙여진 이름.

7) 궐직(闕直) : 사유(事由)가 있어서, 또는 무단으로 입직(入直)하지 않음.

기 쉽다. 봄과 가을의 대규모 점고 이외에는 초하루마다 초관(哨官)[8]을 신칙하여 사사롭게 스스로 점고하여 빠진 사람이 생기는 대로 보고하게 한다. 만약 노약자로서 군대 생활을 감당할 수 없는 자는 수령에게 보이게 하여 몸소 살핀 후 면제를 허락하고 ·대신 충정한다.

여러 종류의 군병이 사용할 요패(腰牌)를 만들어서 관에서 낙인(烙印)을 찍어서 주고 출입할 때 모두 차게 한다. 나이 들어 면제되는 자[老除][9]와 사망자[物故][10]는 모두 요패를 반납하게 하고 이를 위반하는 자는 누적률 (漏籍律)[11]로 처벌한다.

군병을 임명하는 사령장[差帖][12]은 으레 소지(小紙)에다가 초서(草書)[13] 로 쓰니, 군제(軍制)도 아닐 뿐 아니라 거짓을 막지도 못한다. 도식(圖式)을 만들어 나무판에 새겨서 인쇄하여 반포하고, 나무판은 관에 보관한다.

5. 도망자와 빠진 자를 찾아 냄[括逃漏]

도망자와 사망자를 대정(代定)[14]하는 법은 허실(虛實)이 서로 섞여서

---

8) 초관(哨官) : 조선시대 병사집단인 초(哨)를 통솔하던 종9품 관직. 100인 단위의 병사집단인 초를 통솔하던 직위이다.

9) 노제(老除) : 국역(國役)을 진 정남(丁男)의 나이가 60이 되면 노(老)라고 하여 군역(軍役) 등의 신역을 면제시키는 것.

10) 물고(物故) : 죄를 짓거나 사고 등으로 인하여, 사람이 죽음을 당하는 일.

11) 누적률(漏籍律) : 국역에 나가야 할 장정을 누락시키는 자를 처벌하는 규정.

12) 차첩(差帖) : 하급 관리의 임명 사령서(辭令書).

13) 초서(草書) : 서체(書體)의 하나. 전례(篆隷)를 간략하게 한 것으로, 흔히 행서(行書) 를 더 풀어 점획을 줄여 흘려 쓴 글씨.

14) 대정(代定) : 군역(軍役)이나 요역(徭役)에 동원할 장정이 탈(頉)이 나서 다른 장정 으로 그 역을 대신하게 하는 것.

간사한 짓과 거짓이 많이 나오니 엄하게 조사하여 막아야 한다. 그래서 한번 대정을 할 때마다 경내가 소란해진다. 우선 이(里)에서 대정하는 규칙을 적용하여 한계로 삼고, 본 이(里)에서 남는 장정이 없을 때 가까운 이에서 대정한다.15)

빠진 장정[漏丁]을 조사하여 채울 때 그 요점을 얻지 못하면 오히려 소요가 일어날 수 있다. 그 요령을 얻어 행하다면 점차로 찾아낼 수 있을 것이므로 한정(閑丁)16)을 얻지 못할 근심은 없어질 것이다.

6. 무예(武藝)를 시험함[課武藝]

모든 장교(將校)는 활쏘기를 시험하고 (병서를) 고강(考講)17)하는 것을 법으로 그 한계를 정해서 그 잘하고 못함을 시험한 다음 상벌을 내린다. 경내의 무사는 유생이 그러하듯이 봄과 가을에 모여서 활쏘기를 익히고 취재(取才)18)한다.

---

15) 이정법(里定法)을 말하는 것 같다.

16) 한정(閑丁) : 나이 15세부터 60세 사이의 장정으로서 국역(國役)에 나가지 않는 사람을 말함.

17) 고강(考講) : 과거(科擧) 가운데 경서를 강(講)하게 하여 시험하는 것. 경서나 병서 등을 어느 정도 외우고 풀이하는가를 시험하는 것.

18) 취재(取才) : 조선시대 하급 관리를 채용하기 위해 실시한 과거. 취재에는 수령 (守令)·외교관(外敎官)·역승(驛丞)·도승(渡丞)·서제(書題)·음자제(蔭子弟)· 녹사(錄事)·도류(道流)·서리(書吏)를 선발하는 이조취재(吏曹取才)와, 의학(醫 學)·한학(漢學)·몽학(蒙學)·왜학(倭學)·여진학(女眞學)·천문학·지리학· 명과학(命課學)·율학(律學)·산학(算學)을 전공한 기술관(技術官) 및 화원(畵 員)·도류·악생(樂生)·악공(樂工)을 선발하는 예조취재(禮曹取才)가 있었다.

7. 기계를 수선함[繕器械]

군과 읍의 수비를 관장하는 자에게 군기(軍器)보다 더 중요한 것은 없다. 창고 건물이 무너진 곳은 일일이 보수하고, 기계가 훼손된 것은 일일이 고치며, 수직(守直)19)과 순라(巡邏)20) 등의 일은 별도로 더욱 신칙한다.

지형을 이용하여 성을 지키는 데는 활과 쇠뇌[弓弩]21)보다 유용한 것은 없다. 성과 해자에서 가까운 주변의 요새지에 반드시 연노(連弩)22)와 강노(强弩)23)의 제도를 연구하여 설치해 두고 연습해야 한다.

8. 순찰 도는 법을 만듦[設巡徼]

관부는 돈과 곡식 및 무기가 있는 곳이므로 비록 평상시라도 경계하는 법을 만들어 두지 않을 수 없다. 순찰하는 절목을 마련하여 성 안의 각 이(里)에 패장(牌將)24) 및 순찰병 몇 명을 두고 순번을 나누어 밤에 경비를 맡아서 관부와 창고를 돌면서 지키게 하고, 또한 읍내의 마을[閭里]을 기찰(譏察)하게 하여 비상시에 대비한다. 바람이 강하게 불 때는 별도로 불조심할 것을 신칙한다. 매 경(更)마다 관문(官門)에 무사함을 고하면 문지기는 북을 쳐서 응답하는데, 그 경수(更數)에 따라서 북을 친다.

---

19) 수직(守直) : 관아의 건물이나 물건 등을 지킴. 또는 그 사람.
20) 순라(巡邏) : 도둑이나 화재 따위를 경계하기 위하여 밤에 궁중과 도성둘레를 순시하던 일.
21) 궁노(弓弩) : 활과 쇠뇌.
22) 연노(連弩) : 일시에 화살을 쏠 수 있게 한 활.
23) 강노(强弩) : 쇠뇌. 여러 개의 화살을 쏘아 한꺼번에 나가게 하는 활의 일종.
24) 패장(牌將) : 포도청 당번 책임 장교. 좌포도청은 순찰구역이 1패에서 7패, 우포도청은 1패에서 8패까지 였음.

읍 바깥에 있는 창고와 마을[村里]에는 별도의 수직(守直)²⁵⁾하는 법을
시행한다.

강변이나 험한 고개가 있는 곳에는 반드시 나무를 많이 심고 벌목을
엄금하여, 지리적 이점을 극대화하고 땔감을 공급하는 원천으로 삼는다.

9. 전투에 쓸 말을 기름[養戰馬]

우리나라에서는 말을 키우는 것이 소에 미치지 못한다. 따라서 민가에서
말을 키우는 자가 매우 드물어서, 이른바 마병(馬兵)이란 자들도 또한
전투에 쓸 말을 모두 갖추지 못하고 훈련이 있을 때마다 돈을 주고 빌려서
때우니, 급할 때 무엇을 믿겠는가? 이러한 폐단을 구제하는 방도는 먼저
그 근본을 다스리는 것보다 좋은 것은 없다. 경내에서 말이 있는 호(戶)는
반드시 장부를 만들어 두고 옛 중국의 구승(丘乘)²⁶⁾ 보마(保馬)의 제도²⁷⁾를
모방하여 치모(齒毛)²⁸⁾를 갖추어 관가에 보고하게 하고, 땔감을 채취하는
것과 같은 잡역을 면제해 주어 말을 키우는 것을 돕게 한다. 만약 말이

---

25) 수직(守直) : 맡아서 지킴. 당번이 됨.

26) 구승(丘乘) : 옛날 토지(土地)의 구획(區劃)을 말한다. 『주례(周禮)』 지관(地官) 초인
    (稍人) 소(疏)에 "4정(井)이 1구(丘)가 되고 4구가 1전(甸)이 되고 4전이 1현(縣)이
    되는데, 1전에서 병거(兵車) 한 대를 부세(賦稅)로 내므로 구승이라 한다"고 하였
    다.

27) 보마법(保馬法) : 백성에게 조합(組合)을 설치하게 하고 말 기르기를 원하는 보정
    (保丁)에게 관마(官馬)를 주고 해마다 그 발육 정도와 죽고 병든 것을 조사하여
    5등에 나누어 보상하게 하는 법. 왕안석(王安石) 신법(新法) 중의 한 가지.

28) 치모(齒毛) : 『주례』에 명씨(冥氏)·옹씨(雍氏)가 추관(秋官)에 속해 있는데, 명씨
    는 함정을 만들어서 맹수를 잡아 피혁과 치모(齒毛)를 바치고 옹씨도 또한 함정을
    관장했다고 한다. 여기서는 이러한 『주례』의 제도를 본받아서 말을 관리하자는
    의미로 이해된다.

병들어 죽어서 그 장부를 고치고자 하는 자는 관에 고하게 하여 표를
붙여 두고, 만약 말을 훔치거나 잃어버리는 일이 생기면 찾는[推尋]29)
근거로 삼는다. 그 중 전투에서 사용하기에 적합한 말은 마병으로 하여금
사들이게 한다. 관에서 공적으로나 사적으로 말을 써서 짐을 날라야 할
일이 있으면 돈을 후하게 주고 빌려 쓰고, 절대로 싼 값에 억지로 빌리지
못하게 한다.

10. 수레를 갖춤[備車乘]

수레는 나라에서 크게 쓸 수 있고 민을 살리는 이로운 기계이므로 하늘
아래 사용하지 않는 곳이 없다. 그런데 우리나라만 유독 지형이 불편하다고
핑계대고 (수레에) 익숙하지 못한 습속에 얽매여 끝내 만들어 쓸 줄을
모르니, 식자들이 이를 개탄한 지 오래되었다. 전투용 수레[戰車]는 지방에
서 갑자기 만들어 낼 수 없지만 타는 수레[乘車]나 농사용 수레[農車],
그리고 수차(水車)는 그 이점이 매우 많고 그 제도가 매우 간편하므로
반드시 연구하여 만들어서 점차 풍속에도 익숙해진다면 부국강병의 기술
이 이로부터 시작[權輿]30)될 것이다.

---

29) 추심(推尋) : 찾아내서 가져옴.
30) 권여(權輿) : 사물(事物)의 시작 또는 처음.

형전(刑典)에 속하는 것들[刑典之屬]

1. 송사를 듣고 판결하는 길을 넓힘[恢聽斷]

민이 소장을 관에 낼 때는 소송 당사자가 관정(官庭)에 직접 제출하게 하고, 그에 대한 심리를 일각이라도 지체해서는 안 된다. 만약 시급하게 원통함을 호소하는 자가 있다면 비록 아침에 관아에서 업무를 시작하기 전이나 저녁에 관문을 닫은 후라도 즉시 들어오는 것을 허락해야 한다.

원고와 피고[兩民]가 서로 소장을 제출한 경우에는 작은 것은 서서 판결을 내려 주고, 큰 것은 양자가 작성한 문안을 검토하여 공평한 마음으로 세세하게 조사하고 명백하게 분석하여 그 잘잘못을 밝힘으로써, 소송에 진 자도 억울하다고 할 수 없게 한 뒤에는 즉시 판결하여 날짜를 허비하지 말아야 한다. 판결을 내리기 전에는 절대로 관속이 수령의 의향을 미리 탐지하여 간사한 폐단을 일으키는 일이 없도록 해야 한다.

2. 체포하는 일을 간략히 함[簡推逮]

이졸(吏卒)이 마을[村里]에 나가면 반드시 (민을) 침해하여 소요를 일으키

는 폐단이 있다. 민의 소장[民狀]¹⁾에서 (피고를) 쫓아가서 잡아달라고 청하
더라도 절대로 사람을 보내지[發差]²⁾ 말고 그 소장을 낸 사람에게 잡아
오게 하여 서로 대면하여 변론하게 한다. 혹 수령이 쫓아가서 잡아오도록
명령할[知委]³⁾ 일이 있더라도 면주인(面主人)을 보내지 말고 장시(場市)가
열릴 때 전령(傳令)을 부쳐 보내거나, 혹은 '아무 리 아무개는 아무 날에
와서 기다리라'고 쓴 방을 관문에 내걸어서 기일에 맞춰 오게 한다. 만약
이를 거역하는 자가 있거나 기타 부득이한 일이 있으면 면의 차인[面差]⁴⁾에
게 반드시 기한 안에 이를 전하고 오게 하고, 만약 기한을 넘으면 무겁게
처벌한다. 만약 중대한 옥사에 관계된 자라면, 나졸이나 형리를 정하여
포승으로 결박하여[封臂]⁵⁾ 기한 안에 잡아 오게 한다.

3. 금령을 널리 알림[申科禁]

소와 소나무 및 술, 3가지는 국가에서 크게 금지하는 것이다. 반드시
먼저 방을 내걸어서 방방곡곡의 민을 깨우쳐서 죄를 멀리하게 해야 한다.
향약(鄕約)⁶⁾에 의지하거나 십가패법(十家牌法)⁷⁾을 활용하여 만약 어기는

---

1) 민장(民狀) : 백성의 송사(訟事) · 청원(請願) 같은 것에 관한 서류.

2) 발차(發差) : 죄 지은 사람을 잡아 오려고 사람을 보냄.

3) 지위(知委) : 통지나 고지 따위의 형식으로 명령을 내려 알려줌.

4) 면차(面差) : 지방 행정 구역의 단위인 면의 소임을 맡은 사람.

5) 봉비(封臂) : 관아에서 조례(皁隷)를 시켜 급한 명령을 전할 때에 그의 팔뚝을
노끈으로 통증이 심하도록 단단히 동이고 종이를 붙여 서압하는 일.

6) 향약(鄕約) : 조선시대에 권선징악(勸善懲惡)을 취지로 한 향촌의 자치 규약. 본시
중국 송(宋)나라 때의 여씨향약(呂氏鄕約)을 본뜬 것으로, 덕업상권(德業相勸) · 과
실상규(過失相規) · 예속상교(禮俗相交) · 환난상휼(患難相恤)의 네 가지를 주된
강목(綱目)으로 삼았다. 중종(中宗) 14년(1519)에 실시되었다가 곧 폐지하였는데,

자가 있으면 그 통수(統首)⁸⁾도 같이 처벌하여 절대로 용납하여 은폐하는
폐단이 없게 해야 한다.

조정의 금령이 새로 반포된 것이 있으면 반드시 조항마다 조심스럽게
써서 모든 관청 및 이청(吏廳)⁹⁾의 벽에 내걸어 빠짐없이 준행하게 해야
한다. 만약 민간의 풍속에 관계된 것이 있으면 또한 마땅히 마을 구석구석까
지 포고하여야 한다.

4. 민의 실정을 반영함[盡民情]

수령의 도리로서 편안하고 손쉽게 민을 가까이 하는 것보다 좋은 것은
없다. 송사를 처리할 때 반드시 민을 가까이 오게 하여 그가 하고 싶은
말을 모두 하게 한 뒤 그 실상과 거짓을 살펴서 옳고 그름을 판결한다.
그리고 반드시 사리를 상세하게 알려서 어리석은 백성도 환히 깨달아
알게 해야 하며, 미혹하게[迷眩] 해서는 안 된다.

명종(明宗) 11년(1556) 이황(李滉)의 예안향약(禮安鄉約)을 시작으로, 선조(宣祖)
4년(1571) 이이(李珥)의 해주향약(海州鄉約)을 비롯하여 이후 지방에 따라 여러
가지 향약이 시행되었다. 보통 각 읍의 향교 또는 향소를 중심으로, 약정(約正)・부
약정(副約正)・직월(直月) 또는 유사(有司) 등 여러 임원을 두었다.

7) 십가패법(十家牌法) : 왕양명(王陽明)이 만든 법. 열 집을 한 단위로 묶어 패(牌)
하나를 주고 열 집이 돌려가며 하루씩 패를 맡아 돌리는데, 유시(酉時)가 되면
패를 맡은 사람은 패를 가지고 집집마다 찾아가서 외출한 사람이 있으면, 무슨
일로 어디에 며칠 만에 돌아오는지, 또 손님이 왔을 경우 성명은 무엇이며 어디에
서 무슨 일로 왔는가를 조사하여 아홉 집에 알리고, 만약 의심스러우면 관가(官家)
에 보고한다. 만일 사실을 은폐하였다가 발각되면 열 집이 함께 죄를 당한다.

8) 통수(統首) : 민호(民戶)를 편제(編制)한 통(統)의 우두머리. 여기서는 십가패법에
서의 통수를 지칭한다.

9) 이청(吏廳) : 아전들의 집무소.

5. 옥사와 관련된 송사를 삼감[愼獄訟]

중대한 옥사나 중죄수를 다룰 때는 반드시 마음을 절제하고 신중하게 하여, 그 실정과 이치를 살펴서 법령에 따라서 행하고, 편견을 갖고 판단하지 말며, 나태한 마음으로 소홀히 해서도 안 된다.

살인 사건에서 시체를 검사할 때는 반드시 몸소 살펴보고 시장(尸帳)10)에 기록하여 올리는 데 아무리 작은 것이라도 그냥 지나치지 말고, 몸소 문안을 작성하는 데 한 자라도 소홀히 하면 안 된다. 옥에 갇힌 죄수 가운데 상사(上司)와 관련된 자는 더욱 주의를 기울여 지키고 때때로 간사함을 적발하여 나태함을 경계하고, 때때로 몰래 살펴서 간사한 폐단을 막는다.

날씨가 추운 겨울이나 더운 여름에는 반드시 죄가 가벼운 죄수를 석방하여 은혜를 베풀려는 뜻을 보인다. 소민은 죄가 있으면 즉시 판결하여, 죄 없이 오래 옥에 갇혀 있는 일[滯囚]11)이 없게 해야 한다.

6. 감춰진 억울함을 살핌[察幽枉]

민간에 씻지 못할 원한을 품은 자가 있으면 때때로 방문하여 물어보고 혹은 몰래 조사하여 묵은 억울함을 풀어 준다. 오래된 죄수로서 의심스러워 판결하지 못한 자는 성의를 다하여 사실을 조사하고 여러 방면으로 탐문하여 반드시 살길을 열어 주어, 풀릴 길 없는 억울함[覆盆]12)과 음지에도 조정의 은덕이 미치게 해야 한다.

---

10) 시장(尸帳) : 시체를 조사하여 여러 상황을 적어 놓은 장부.
11) 체수(滯囚) : 죄가 결정되지 않아 오래 갇혀 있음. 또는 그런 죄수.
12) 복분(覆盆) : 뒤집어 놓은 동이 속이 컴컴하다는 데서 억울함을 풀 길이 없음을 비유하는 말.

7. 법률과 명령을 밝힘[明律令]

율령(律令)이란 시왕(時王)의 제도[13])이니 수령은 분명하게 익혀 삼가서 지키지 않을 수 없다. 『대명률(大明律)』[14])과 『경국대전(經國大典)』[15]) · 『속대전(續大典)』[16]) 등은 반드시 익숙해질 때까지 보아서 환히 알고 있어야 한다. 죄수에게 법률을 적용할 때 하나같이 법령을 따라야 하며, 감히 (함부로) 올리고 내리지 말아야 한다. 그러나 요점은 옛 사람이 법을 제정한 본뜻을 묵묵히 살피고 인정과 사리를 참작하여 반드시 사문화된 법 조항에만 매달리지 않게 된 연후에야 비로소 법률을 잘 해석한다고 말할 수 있다.

---

13) 시왕지제(時王之制) : 당대의 왕이나 왕조에 시행되는 법과 제도. 고제(古制) · 고법(古法)에 대응된다.

14) 『대명률(大明律)』 : 중국 명대(明代)의 기본적인 형법전(刑法典). 당률(唐律)을 참고로 해서 편찬하여 건국 초에 명령(明令)과 더불어 공포하고 수차 수정하였는데 1397년 수정 공포된 것이 최후의 율. 명례율(名例律) · 이율(吏律) · 호율(戶律) · 예율(禮律) · 병률(兵律) · 형률(刑律) · 공률(工律)의 7편 30권 460조(條)로 됨. 청률(清律)과 조선왕조의 법에 큰 영향을 주었다.

15) 경국대전(經國大典) : 조선 건국 초의 법전인 『경제육전(經濟六典)』의 원전(原典)과 속전(續典), 그리고 그 뒤의 법령을 종합해 만든 조선시대 두 번째 통일 법전.

16) 『속대전(續大典)』 : 1746년(영조 22)에 『경국대전(經國大典)』 시행 이후에 공포된 법령 중에서 시행할 법령만을 추려서 편찬한 통일 법전. 6권 4책.

공전(工典)에 속하는 것들[工典之屬]

1. 관아를 수리함[葺廨宇]

객사(客舍)[1]와 공해(公廨)[2]는 사람들이 주막[傳舍]처럼 보고 마음을 다해 수리하려 하지 않아서 끝내는 헐어서 무너질 지경에 이르고 마니, 관을 집처럼 보아야 하는 뜻에서 매우 어긋난다. 크고 작은 것을 논하지 말고 공해는 반드시 훼손되는 대로 보수하고, 비록 크게 공사를 해야 할 곳이라도 또한 반드시 물력을 헤아려서 행하여 완전하고 보기 좋게 만들어서 겉보기에도 위엄이 있어야 한다. 창고와 같은 것은 더욱 하루라도 무너진 채로 방치하지 말고 즉시 수리해야 한다.

2. 제언을 수축하고 도랑을 팜[浚堤渠]

제언(堤堰)으로 물을 저장하고 도랑으로 하천을 끌어들이므로, (이것들

---

1) 객사(客舍) : 고려 · 조선시대 때, 궐패(闕牌)를 모셔두고, 왕명을 받들고 내려오는 벼슬아치를 묵게 하던 집. 고을마다 두었다.

2) 공해(公廨) : 관아의 건물. 협의로는 공무를 집행하는 청사만을, 광의로는 청사와 부속 건물은 물론 관에서 건설한 창고, 누정 등도 포함하여 지칭함.

은) 모두 농정의 근본으로서 사람의 힘으로 하늘의 재앙을 막을 수 있게 하는 것이다. 초봄에 얼음이 녹을 때 각 면에 영을 내려 방죽과 도랑이 있는 곳은 그 넓이와 길이, 크고 작음, 관개(灌漑)의 많고 적음 등을 일일이 정리하여 책자로 만들어서 보고하게 하고, 면임(面任)을 통하여 그 혜택을 받는[蒙利] 민인(民人)들에게 알려서 때맞추어 수축(修築)하고 준설[疏濬] 하게 한다. 만약 이들 몽리민들만으로 힘이 부족하면, 그 옆의 근처 제언의 몽리민들로 하여금) 서로 역을 돕게 한다. 그리고 별도로 사람을 보내 간사함을 적발하거나 혹은 몸소 나가 살펴서 태만하지 못하게 한다.

3. 교량을 수선함[繕橋梁]

전하는 말에 "해마다 10월에는 사람만 다니는 작은 다리[徒杠]³⁾를 완성 하고, 11월에는 수레가 지나갈 수 있는 교량[輿梁]이 완성되었지만 민은 병들어 건너지 못 한다"고 하였다. 교량은 사신이 왕래하고 여행자가 건너서 통과하는 곳이므로 수리해 두지 않을 수 없다. 매년 추수가 끝나고 곡식을 갈무리 한[登場]⁴⁾ 후 경내를 신칙하여 혹은 나무를 베어내는 것을 허용하고, 혹은 가마니를 지급하여 일일이 수리하게 하고 그것이 견고한가 아닌가를 살펴서 상벌을 시행한다.

4. 도로를 다스림[治道路]

도로는 수레와 말이 지나다니는 곳이니, 고개의 험준한 곳과 구릉과

---

3) 도강(徒杠) : 도보자(徒步者)만 건너는 작은 다리.

4) 등장(登場) : 곡물을 수확하여 건조대에 올림.

계곡의 함몰된 곳은 일일이 수리하여 여행자들을 편리하게 한다. 밭두둑을 떼어 내어 경작하는 것은 또한 마땅히 통렬하게 금지하여 이전의 길을 복구하게 해야 한다. 관로의 좌우에는 느릅나무와 버드나무를 많이 심어 읍(邑)과 이(里)를 보호한다.

5. 이정표와 역참을 밝힘[明堠站]

역마을의 객사[郵亭]5)는 반드시 수리하여 여행하는 사람을 편안하게 해야 하고, 이정표는 반드시 견고하게 심고 노정을 상세하게 기록한다. 대로(大路)는 매 5리마다 하나의 이정표를 세우고 아무 읍 아무 리, 관문까지의 거리는 몇 리, 아무 읍의 경계까지는 몇 리라고 일일이 상세하게 쓴다. 갈림길에서는 동서남북으로 아무 경계까지는 몇 리라고 반드시 삼가서 밝혀야 한다. 큰 마을 앞에는 목패를 세우고 마을 이름 및 관문과의 거리가 몇 리인지를 써 두어서 지나가는 자가 분명하게 알게 해야 한다.

6. 산과 늪을 관리함[養山藪]

산과 못은 나라의 부고(府庫)이고 수풀과 늪은 읍의 울타리[藩籬]이다. 경내의 높은 산과 큰 연못은 반드시 감관(監官)과 산지기를 정하여 금단하고 보호해야 한다. 읍의 주산(主山)6)과 안산(案山)7) 및 수구(水口)에서 자라나

---

5) 우정(郵亭) : 역마을의 객사.

6) 주산(主山) : 묏자리나 집터 또는 도읍터의 뒤쪽에 있는 산. 풍수지리(風水地理)에서 그 터의 운수 기운이 매였다고 하는 산. 주룡(主龍).

7) 안산(案山) : 가택이나 묘택이 있는 혈(穴) 맞은편의 낮고 작은 산. 주산(主山)·청룡(靑龍)·백호(白虎)와 함께 풍수학상의 네 가지 요소 중 하나이다. 여러 산이

는 수풀도 역시 지키는 사람[守直]을 정하여 땔감을 채취하지 못하게
금지해야 한다.

7. 공장(工匠)에게 은혜를 베풂[惠工匠]

관에서 필요한 많은 것이 공장(工匠)에게서 나온다. 반드시 모집하여
장적을 완성한 뒤 그 세를 감면해주어서 안정되게 본업에 종사하게 하고,
공용이 아니면 절대로 사역시키지 않는다. 만약 부득이하여 사역할 때는
(정해진) 양식[糧料] 이외에 별도의 대가를 지불하여 그 노동을 보상한다.

겹쳐 있으며, 내안산(內安山)과 외안산(外安山)으로 구별된다. 안산과 떨어져 있는
또 하나의 산을 조산(朝山)이라 하는데, 이들 산이 남주작(南朱雀)에 해당된다.
안산은 혈 위에 있는 주산(主山 : 玄武)에 대하여 책상 혹은 안석[廓案]과 같은
구실을 맡고 있다. 안산은 조산의 발치 기슭에 위치함이 보통으로서 그 모습이
단정하고 원만하며, 평정(平正)하고 반듯하며 사물을 포용하는 형국이면 좋다고
한다. 형상이 좋더라도 물에 흘러 날아 가버리듯 혈을 향하여 찌르듯 하면 좋지
않다. 혈(穴, 또는 穴場)로부터 안산은 가까이 있고 조산은 멀리 있는 것이 원칙이
다. 풍수지리에 의하면 국도(國都)·읍성(邑城)·왕릉(王陵) 등에는 조산이 필요
하고, 보통의 묘자리(墓宅 : 陰宅風水)나 집터(家宅 : 陽基風水)에는 안산이 꼭 필
요하다. 서울의 경우 남산이 안산에 해당된다.

10가와 5가를 서로 연결하는 제도
[什伍相聯之制]

5가(家)마다 1통을 만들고 통수(統首) 1인, 오늘날의 제도를 이용한다. 5가(家) 중에서 조금 일에 밝은 자를 선택하여 한 통내의 일을 관장하게 한다. 패장(牌將) 1인을 둔다. 10가 안에서 중인과 서얼 이하의 문자에 약간 능한 자를 택하여 한 패 내의 일을 관장하게 한다. 이(里)마다 이감(里監) 1인, 권농유사(勸農有司)를 겸한다. 이(里) 내의 향리(鄕吏)·품관(品官)·중서(中庶) 중 문자를 알고 다른 사람을 압도하는 위엄이 있는 자를 택하여 (임명하며), 한 이 내의 문서 보고 및 풍속 교화와 금령, 권농 등의 일을 관장하게 한다. 이정(里正) 1인, 서민 중에서 부지런하고 재간이 있으며, 일에 밝은 자 중에서 택하여 한 이 내에서 납부하는 물건을 검사하고 역을 담당할 자를 정하며 (죄인을) 쫓아가서 잡아오는 일 등을 관장하게 한다. 기찰장(譏察將) 1인을 둔다. 장교 중에서 부지런하고 재간이 있는 자를 택하여 한 이 내의 순찰과 경비, 금령(禁令) 등을 관장하게 한다.

면(面)마다 풍헌(風憲) 1인, 권농감관(勸農監官)을 겸한다. 향리나 품관 중에서 문자를 알고 남을 압도하는 위엄이 있는 자를 택하여 한 면 내의 문서 보고와 풍속 교화, 권농 등의 일을 관장하게 한다. 부헌(副憲) 1인, 오늘날의 약정(約正)과 같은데,

약정이라는 호칭은 옛날의 향약정이다. 여기서 혼동하여 칭하면 안 되므로 (이름을) 고쳐서, 풍헌을 돕게 하였다. 한산(閑散)[1]이나 중인 또는 서얼 가운데서 부지런하고 재간이 있으면서 문자를 알고 일에 밝은 자를 택하여, 한 면 내의 권농, 역 담당자를 정하는 일, 금령 등의 일을 관장하게 한다. 풍헌이 유고이면 대신 문서 보고 등의 일을 맡는다. 검독(檢督) 1인, 중인이나 서얼, 장교 중에서 부지런하고 재간이 있는 자를 택하여, 면 안에서 납부하는 물건을 검사하고 (죄인을) 쫓아가 잡는 일 등을 관장한다. 도장(都將) 1인, 장교 중에서 남을 압도하는 위엄이 있는 자를 택하여, 면 안에서 순찰과 경비, 금령 등의 일을 관장하게 한다. 훈장(訓長) 1인, 선비 중에서 문장에 능하고 덕망이 있는 자를 택하여, 면 내에서 강독을 권장하고 이를 평가하는 일을 맡는다. 또 한 읍 중에서 조정의 관인이나 생원, 진사를 물론하고 문장을 잘한다는 소문이 있어 한 향(鄕)이 믿고 따르는 자를 택하여 향교에서 추천하여 도훈장으로 삼고 한 읍의 유생 고강(考講)[2]과 과거[課製] 등의 일을 전적으로 관장하게 한다. 4계절마다 첫째 달 초하루 날에 모두 모여서 각 면 훈장이 휘하 유생들을 거느리고 향교에 와서 도훈장이 약속하는 일을 듣는다. 향약정(鄕約正) 1인을 둔다. 선비 중 나이 많고 덕망이 무거운 자를 택하여, 면 내의 향약과 조사하여 바로 잡는 일 등을 관장하게 한다. 또 한 읍에서 명망이 있는 자를 추천하여 도약정(都約正)으로 삼아서 향약에서 교화의 일을 전적으로 주관하게 한다. 면약정은 혹 훈장이 겸해도 된다. 읍 안에는 무학훈장(武學訓長) 1인, 읍에서 무과에 합격한 전직자, 혹은 출신(出身)[3] 중 무예에 능하고 병학(兵學)에 익숙한 자를 택하여 맡게 한다. 혹 향(鄕)의 별장(別將)[4]이나 천총(千摠)[5]이 겸한다. 장교와 한량에게 활쏘기를 권장하고 시험하는

---

1) 한산(閑散) : 품계만을 가지고 직무 없이 한가하게 지내는 관직. 산직(散職).
2) 고강(考講) : 경서(經書)나 병서(兵書) 등을 배운 후 어느 정도 외우고 풀이하는가를 시험하는 것.
3) 출신(出身) : 문무과(文武科)·잡과(雜科)에 급제하고 아직 벼슬에 나서지 못한 사람.
4) 별장(別將) : 조선시대 군사제도상의 관직. 훈련도감별장 2인, 어영청별장 1인, 호위청별장 3인은 정3품이고, 용호영 금군별장 1인은 종2품, 수어청별장은 2인으

일을 관장하게 한다. 관리훈장(官吏訓長) 1인을 둔다. 늙은 이서 중에서 문장과
수리에 능한 자를 택하여, 관리와 지인(知印),[6) 교수(敎授), 고강(考講) 등의 일을 관장하
게 한다. 경사(經史)와 율문(律文), 서법(書法), 술수(術數) 등을 분야를 나누어 권장하고,
4계절마다 첫째 달 초하루 날에 그 시험한 기록을 수령에게 올려서 상벌을 행한다.

통수가 맡은 일[統首職掌]

통내 사람과 동물의 생산·사망·도망, 출가(出家)[7)와 퇴속(退俗),[8) 수재
와 화재 및 도적 등의 일을 패장(牌將)과 더불어 이감(里監)에게 고하면,
이감은 풍헌(風憲)에게 고하여 관부에 보고하게 한다.

통내에서 도살(屠殺)·양조(釀造)·금송(禁松) 및 인명을 살상하거나 타
인의 물건을 몰래 훔친 일 등을 즉시 이감에게 발고(發告)한다. 만약 숨기고
발고하지 않았다가 다른 일로 인해 드러나면 통수는 범죄자보다 한 등급
낮은 벌을 받는다.

통내에 부모를 따르지 않는 자, 나이 어린 사람이 자기보다 나이 많은

로 여주목사와 이천부사가 겸임하고 관리영별장(管理營別將) 2인을 두었다. 그리
고 각 지방 산성과 나루터 등의 수비책임자로 종9품 1인씩을 두었다. 여기서는
종9품 무관을 가리킨다. 지방의 산성(山城), 나루(渡津), 포구(浦口), 보루(堡壘),
소도(小島) 등의 수비를 맡아보았는데 조선조 후기에는 광산개발 및 둔전개척
등 특수임무를 맡기도 하였다.

5) 천총(千摠) : 속오군의 지휘관. 본래 조선후기 훈련도감(訓練都監)·금위영(禁衛
營)·어영청(御營廳)·수어청(守禦廳)·총융청(摠戎廳)등의 군영에 딸렸던 정3품
의 무관직, 또는 그 벼슬아치를 말하나, 여기서는 파총(把摠), 초관(哨官)과 함께
속오군(束伍軍)의 지휘관을 의미한다.

6) 지인(知印) : 각 관아에서 관인(官印)을 맡아 관리하는 이속(吏屬).

7) 출가(出家) : 속세의 생활을 버리고 불교에 귀의함.

8) 퇴속(退俗) : 중이 도로 속인(俗人)이 됨.

사람을 능멸한 자, 남녀 사이에 분별이 없는 자, 행동거지가 수상한 자 등이 있으면 즉시 이감에게 발고하여 풍헌과 도약정을 거쳐서 연명으로 수령에게 보고한다.

가호(家戶)를 계산하여 통을 나눌 때 만약 남는 호가 있는데 1통에는 다 차지 않으면 다른 이(里)와 통을 합하지 말고 남는 호수로 1통을 만들어서 새로운 호가 들어오기를 기다린다.

패장이 맡은 일[牌長職掌]

10가(家)마다 목패(木牌)를 하나 만들어서 10가의 호수(戶首)의 성명(姓名)과 역명(役名)을 하나같이 가좌(家坐)9)의 순서에 따라서 나열하여 쓰고, 양반은 이름 아래에 수노(首奴)의 이름을 쓰고, 조정의 관인은 이름을 쓰지 말고 그를 대신하는 노의 이름을 바로 쓴다. 관에서 낙인(烙印)하고 이임(里任)이 이름을 쓰고 서명한 뒤 패장의 집에 두는 일을 거행한다.

10가 안에 만약 금령을 범하였거나 법령을 어긴 자가 있는데, 통수가 숨기고 발고하지 않으면 패장이 즉시 관에 고하여야 한다. 만약 같이 붙어서 고하지 않으면 패장과 통수는 같은 죄를 받는다.

패 안에 유랑하다가 와서 살려는 자 및 노비를 사들이거나 사람을 고용하여 거느리는 일 등이 있으면 그 내력과 성명, 나이, 용모 등을 써서 이감 및 풍헌에게 고하고 이어서 수령에게 보고하여 입지(立旨)10)를 받아 낸

---

9) 가좌(家坐) : 집의 앉은 위치나 순서를 말함. 오늘날의 지번(地番)과 비슷함. 조선시대 작통(作統)할 때, 이 가좌차서에 따라 하였음.

10) 입지(立旨) : 신청서 끝에 신청한 사실을 입증하는 뜻을 부기(附記)하는 관부(官府)의 증명.

후에 그 거느리는 것과 머무는 것 및 장적에 넣는 것을 허락한다.

패 안에 지나가는 손님이 머물면서 3일이 지나도 떠나지 않는 자가 있으면 그 거주지와 성명, 나이, 데리고 온 사람과 말이 얼마이며 무슨 일로 인하여 어디로 가는지 등의 일을 문서로 상세하게 이감에게 고하면 이감은 "아무 이(里) 아무개가 아무 월 아무 일에 어떤 일로 사람이 머무는 것을 허락하였는데, 며칠 후 아무 지방으로 향하여 갔다"고 상세히 기록하여 책자를 만들어 풍헌에게 보고하고, 풍헌은 한 면에서 고해 온 것을 모두 모아서 매월 초하루와 보름에 책자를 완성하여 수령에게 보고한다.

패 안에서 이사 오고 이사 가는 자가 있으면 "아무 이 아무개가 아무 월 아무 일에 이사 왔다"고 즉시 이감에게 고하고 이감은 풍헌에게 보고하면, (풍헌은) 매월 말에 책자를 완성하여 수령에게 보고한다.

패 안에 검험(檢驗)[11]과 사문(査問)[12] 등의 일이 있으면 통수와 패장은 하나같이 나란히 이름을 쓴다.

한 패 안에 좋은 일과 흉한 일에 서로 도우며, 있는 것과 없는 것을 서로 나누고, 수재와 화재를 서로 구하는 것과 같은 약속을 어기는 자가 있으면 본 이(里)에서 경중에 따라서 벌을 시행한다.

봄에 경작하고 가을에 수확할 때 한 패가 힘을 합하여 서로 돕고, 같이 사람을 고용하여 농사짓는다. 농사에 쓰는 소와 농기구는 한 패 안에서 순서대로 빌려 쓰고 그 값을 받는 일이 없도록 한다. 그리고 본 패가 경작을 마친 후에 다른 패에 빌려주는 것을 허락한다.

패 안에서 사람을 거느리거나 가축을 기르는 일, 소와 말을 매매하는

---

11) 검험(檢驗) : 범죄로 인해 사람이 죽었을 때 사인을 밝혀 내기 위해 담당 관원이 시체를 검시(檢屍)하고 검안서(檢案書)를 작성하던 일.

12) 사문(査問) : 사실을 밝히기 위하여 조사하여 신문함.

일, 문서를 잃어버린 일 등을 관에 고하고 입지를 받을 일이 있으면 패장과 통수가 (문서의) 끝에 이름을 쓴 연후에야 시행을 허용한다.

이감이 맡은 일[里監職掌]

이(里) 안에서 풍속 교화에 관계되는 금령을 어기는 자는 즉시 낱낱이 풍헌에게 보고하여 연이어 수령에게 보고되게 한다.

매년 봄에 경작할 때 들판을 두루 살펴서 경작과 개간을 신칙하고, 경작을 마친 후 본 리 내의 전답 몇 결 몇 부의 경작을 마친 형지(形止) 및 묵어서 경작을 하지 않는 곳[陳廢], 새로 경작한 곳[新起], 하천에 쓸려 간 곳[川反], 모래가 덮인 곳[覆沙] 등을 일일이 책자로 만들어서 풍헌에게 제출하여 관부에 보고하게 한다. 가을에 경작하고 수확할 때도 이와 같이 한다. 매년 가을에 답험(踏驗)할 때 면임(面任)·서원(書員)과 같이 참가하여 심사한다.

매월 초하루에 각 패장을 불러 모아 맡은 업무를 물어서 확인하고 깨우쳐서 신칙한다.

이(里) 안에 사람과 동물의 죽고 산 것, 도망, 이사 오고 이사 간 것, 중이 된 것, 퇴속(退俗), 집이 불 탄 것, 집 지은 것 등의 일을 모두 패장이 보고한 것에 따라서 책자로 만들어서 면임에게 고하여 관부에 보고하게 한다.

이정(里正)이 맡은 일[里正職掌]

본 이(里) 안에서 환자와 군포를 검사하여 납부하고, 한정(閑丁)을 찾아내고, 사람을 쫓아가서 잡아오는 등의 일을 모두 관장하여 거행한다.

이(里)마다 길옆에 길잡이가 되는 사람[堠人]을 세우는 일, 동네 입구에 목패(木牌)를 세우고, '아무 주(州) 아무 이(里) 아무 촌(村), 관문과의 거리는 몇 리, 아무 창고와의 거리는 몇 리'라고 크게 쓴다.

각 이(里)에 뽕나무, 닥나무, 대추나무, 밤나무 등을 그 토양에 따라서 심어 가꾸기를 권장한다. 100그루 이상의 나무를 심은 사람은 면임에게 고하여 관에 보고하여 시상하게 한다.

기찰장(譏察將)이 맡은 일[譏察將職掌]

이(里) 안에 도적이나 행동거지가 수상한 자가 있으면 몰래 관찰하고 풍헌에게 고하여 관에 보고하게 한다. 강도가 위협하는 일이 있으면 직접 달려 와서 관부에 고한다.

성 안의 관부가 있는 곳은 봄에 순찰하는 법이 있다. (성) 밖의 마을은 이(里)마다 밤에 돌아가면서 지키는 군졸[守卒] 2명을 정해 놓고 이(里) 내를 순찰하면서 경비하게 하여 비상한 일에 대비한다.

풍헌(風憲)이 맡은 일[風憲職掌]

면(面) 안에서 간사한 것을 적발하는 것, 조사하고 전령을 알리는 것 등의 일에 대하여 관의 명령을 거행한다. 모든 조사하는 일은 해당 이감(里監)과 같이 모여서 (시행하고), 서명하여 관에 보고한다.

면 안에서 풍속 교화에 관계 된 일, 사람과 동물을 살상한 일, 행동거지가 수상한 자 등이 있으면 모두 본 이(里)에서 고한대로 관에 보고하여 규명하여 다스리게 한다.

면 안에서 생산과 사망, 이사 가고 온 것 등에 대해서는 매월 말에 책자로 만들어서 보고한다. 물난리와 화재, 도적, 괴변에 관계된 일 등은 즉시 보고한다.

면 안에서 소와 술, 금송(禁松) 등에 대해서는 수시로 적간하고 신칙하며, 만약 이를 범하는 자가 있으면 즉시 관에 보고한다. 바람이 강한 시기를 만날 때마다 촌과 리를 두루 돌아보고 불에 대한 금령으로 엄하게 경계한다.

면 안에서 밭 갈고 씨 뿌리고 김매고 수확하는 역, 묵어서 폐기된 땅과 하천이 되어 버린 땅의 수, 물난리와 가뭄, 병충해와 우박의 재해 등에 대해서는 책자로 만들어서 매월 말에 관에 보고하여, 답험할 때 비교하여 조사하는 자료가 되게 한다.

면 안의 제언, 산과 늪, 교량과 도로 등을 수시로 적간하여 만약 황폐하도록 방치한 것이 있으면 관에 보고하여 엄하게 신칙하게 한다.

목민대방 후기[牧民大方後題]

좌측에 새김[左銘] : 민을 인도하고 풍속을 바로잡는 근본에 대한 총설

어리석은 백성이 무지하지만 또한 공자와 같은 신령함이 있어서, 멸시하면 오랑캐가 되지만 길들이면 인간이 된다. 아침에는 선량하다가 저녁에는 간사하고 완고하게 변하는 것은 본성이 그래서 그런 것이 아니라 이끌어서 변화시키기 나름이다. 다스릴 때 법조문으로 단속하기만 하면 피하기만 할 뿐 자발적으로 따르지 않아서, 혹 은혜를 베풀어도 업신여겨서 연못물을 써서 말라버리는 것과 같을 뿐이다. 각박하게 하지 말고 제멋대로 놔두지도 말라. 민은 마침내 스스로 깨달을 것이다. 그러면 민(의 마음)을 얻어서 덕으로 바로 잡을 수 있다. 우리의 존장이고 우리의 상전이라고 하면서 그 마음으로 맺어질 것이니, 모든 목민관들은 존경하여 잊지 말지어다.

우측에 새김[右銘] : 자기를 절약하여 민을 여유 있게 하는 것의 의로움을 오로지 말한다.

역(易)의 박(剝)괘는 혼란하게 할 수도 있고 다스릴 수도 있으니, 산은 높지만 위태롭고 땅은 넓지만 낮다. 소인이 만나면 그 오두막집을 부숴버리지만 군자가 거하면 나를 지지하는 무리를 얻는다. 하나의 양(陽)이 위에

있고 다섯의 음(陰)이 아래 있으니 양(陽)이 능히 음(陰)을 덮을 수 있지만 다수(5음)가 혹 소수(1양)를 이길 수도 있다. 그래서 성인이 근심하여 경계하기 위해 상(象)을 지었다.[1] 흙[土]이 아래서 두텁게 받쳐 주어서 집[宅]이 위에서 편안하다. 네가 입은 옷과 네가 먹는 음식은 모두 민의 피[血]이고 민의 기름[脂]이니, 소민은 업신여기기 쉽지만 위에 있는 하늘은 속이기 어려우니라.

정조(正祖) 16년(1792) 임자(壬子) 정월 보름[上元日][2]

평안도(平安道) 관찰사(觀察使) 홍양호(洪良浩)가 다시 쓰다.

---

1) 『주역(周易)』권9, 박(剝), "象曰 君子得輿 民所載也. 小人剝廬 終不可用也."(☷ ☶)
2) 상원일(上元日) : 음력 정월 보름날.

참고문헌

1. 공구서(工具書)

『고법전용어집(古法典用語集)』, 法制處, 1979.
『국어대사전』, 民衆書林, 1982.
『사원(辭源)』, 商務印書館, 1950.
『유교대사전(儒敎大辭典)』, 儒敎辭典編纂委員會, 1990.
『중국역대인명대사전(中國歷代人名大辭典)』, 上海古蹟出版社, 1999.
『중국유학백과전서(中國儒學百科全書)』, 中國大百科全書出版社, 1997.
『중문대사전(中文大辭典)』, 中華學術院, 1973.
『한국고전용어사전』, 세종대왕기념사업회, 2001.
『한국민족문화대백과사전』, 韓國精神文化研究院, 1991.
『한국인명대사전(韓國人名大事典)』, 新丘文化社, 1967.
『한국한자어사전(韓國漢字語辭典)』, 檀國大 東洋學研究所, 2002.
『한화대사전(漢和大辭典)』, 至誠堂, 1913.

2) 법전류(法典類)

『각사수교(各司受敎)』, 청년사, 2002.
『경국대전(經國大典)』, 한국정신문화연구원, 1985.
『경제육전(經濟六典)』, 신서원, 1993.
『대명률직해(大明律直解)』, 서울대 규장각, 2001.
『대전속록(大典續錄)』, 법제처, 1975.
『대전회통(大典會通)』, 고려대 민족문화연구소, 1982.
『수교집록(受敎輯錄)』, 청년사, 2001.
『신보수교집록(新補受敎輯錄)』, 청년사, 2000.
『심리록(審理錄)』, 민족문화추진회, 1998~2007.

『양전편고(兩銓便攷)』, 법제처, 1978.

『육전조례(六典條例)』, 법제처, 1964, 1967.

『전록통고(典錄通考)』, 법제처, 1969, 1674.

3) 번역서(飜譯書)

『거관대요(居官大要)』, 법제처, 1983.

『경세유표(經世遺表)』, 민족문화추진회, 1977.

『만기요람(萬機要覽)』, 민족문화추진회, 1971.

『목민심서(牧民心書)』, 민족문화추진회, 1969.

『목민심서(牧民心書)』, 현암사, 1974.

『목민심서(牧民心書)』, 창작과비평사, 1981.

『반계수록(磻溪隨錄)』, 여강출판사, 1991.

『성호사설(星湖僿說)』, 민족문화추진회, 1977.

『신증동국여지승람(新增東國輿地勝覽)』, 민족문화추진회, 1970.

『연려실기술(燃藜室記述)』, 민족문화추진회, 1967.

『오주연문장전산고(五洲衍文長箋散稿)』, 민족문화추진회, 1979.

『우서(迂書)』, 민족문화추진회, 1982.

『인정(人政)』, 민족문화추진회, 1979.

『임관정요(臨官政要)』, 을유문화사, 1974.

『청장관전서(靑莊館全書)』, 민족문화추진회, 1980.

『춘관지(春官志)』, 법제처, 1976.

『추관지(秋官志)』, 법제처, 1975.

『탁지지(度支志)』, 법제처, 1977.

『혜정요람(惠政要覽)』, 법제처, 1980.

『흠흠신서(欽欽新書)』, 법제처, 1985.

찾아보기

근대 한국학 총서를 내면서

　새 천년이 시작된 지도 벌써 몇 해가 지났다. 식민지와 분단국가로 지낸 20세기 한국 역사의 와중에서 근대 민족국가 수립과 민족문화 정립에 애써 온 우리 한국학계는 세계사 속의 근대 한국을 학술적으로 미처 정립하지 못한 채, 세계화와 지방화라는 또 다른 과제를 안게 되었다. 국가보다 개인, 지방, 동아시아가 새로운 한국학의 주요 연구대상이 된 작금의 현실에서 우리가 겪어온 근대성을 다시 한 번 정리하고 21세기에 맞는 새로운 모습으로 탈바꿈시키는 것은 어느 과제보다 앞서 우리 학계가 정리해야 할 숙제이다. 20세기 초 전근대 한국학을 재구성하지 못한 채 맞은 지난 세기 조선학·한국학이 겪은 어려움을 상기해 보면, 새로운 세기를 맞아 한국 역사의 근대성을 정리하는 일의 시급성은 아무리 강조해도 지나치지 않다.

　우리 '근대한국학연구소'는 오랜 전통이 있는 연세대학교 조선학·한국학 연구 전통을 원주에서 창조적으로 계승하고자 하는 목표에서 설립되었다. 1928년 위당·동암·용재가 조선 유학과 마르크스주의, 그리고 서학이라는 상이한 학문적 기반에도 불구하고 조선학·한국학 정립을 목표로 힘을 합친 전통은 매우 중요한 경험이었다. 이에 외솔과 한결이 힘을 더함으로써 그 내포가 풍부해졌음은 두말할 나위가 없다. 연세대학교 원주캠퍼스에서 20년의 역사를 지닌 '매지학술연구소'를 모체로 삼아, 여러 학자들이 힘을 합쳐 근대한국학연구소를 탄생시킨 것은 이러한 선배 학자들의 노력을 교훈으로 삼은 것이다.

이에 우리 연구소는 한국의 근대성을 밝히는 것을 주 과제로 삼고자 한다. 문학 부문에서는 개항을 전후로 한 근대 계몽기 문학의 특성을 밝히는 데 주력할 것이다. 역사부분에서는 새로운 사회경제사를 재확립하고 지역학 활성화를 위한 원주학 연구에 경진할 것이다. 철학 부문에서는 근대 학문의 체계화를 이끌고 사회과학 분야에서는 학제간 연구를 활성화시키며 근대성 연구에 역량을 축적해 온 국내외 학자들과 학술교류를 추진할 것이다. 이러한 연구들은 일방성보다는 상호 이해와 소통을 중시하는 통합적인 결과물의 산출로 이어질 것이다.

근대한국학총서는 이런 연구 결과물을 집약적으로 정리하기 위해 마련하였다. 여러 한국학 연구 분야 가운데 우리 연구소가 맡아야 할 특성화된 분야의 기초 자료를 수집·출판하고 연구 성과를 기획·발간할 수 있다면, 우리 시대 연구자들뿐만 아니라 학문 후속세대들에게도 편리함과 유용함을 줄 수 있을 것이다. 새롭게 시작한 근대 한국학 총서가 맡은 바 역할을 충분히 할 수 있도록 주변의 관심과 협조를 기대하는 바이다.

연세대학교 원주캠퍼스 근대한국학연구소